公司集团的治理

The Governance of Corporate Groups

© Cambridge University Press
The Governance of Corporate Groups was originally published
by Cambridge University Press in 2000.
This translation is published with the permission
of the Syndicate of the Press
of the University of Cambridge, Cambridge, England.

《公司集团的治理》于2000年首次以英文出版，此中译本由剑桥大学出版社授权出版，并限于中华人民共和国境内（不包括中国香港、澳门、台湾地区）销售发行。

Company Law and
Corporate Governance
Translation Series
公司法与公司治理译丛

〔英〕珍妮特·丹恩 著

The Governance
of Corporate Groups

黄庭煜 译

公司集团的治理

北京大学出版社
PEKING UNIVERSITY PRESS

北京市版权局著作权合同登记号：图字 01-2005-1913 号
图书在版编目（CIP）数据

公司集团的治理/（英）丹恩著；黄庭煜译.—北京：北京大学出版社，2008.10
（公司法与公司治理译丛）
ISBN 978-7-301-14310-0

Ⅰ.公… Ⅱ.①丹… ②黄… Ⅲ.企业集团－企业法－研究 Ⅳ.D912.290.4

中国版本图书馆 CIP 数据核字（2008）第 152775 号

书　　　名：	公司集团的治理
著作责任者：	〔英〕珍妮特·丹恩　著　黄庭煜　译
责 任 编 辑：	谢海燕
标 准 书 号：	ISBN 978-7-301-14310-0/D·2150
出 版 发 行：	北京大学出版社
地　　　址：	北京市海淀区成府路 205 号　100871
网　　　址：	http://www.pup.cn　电子邮箱：law@pup.pku.edu.cn
电　　　话：	邮购部 62752015　发行部 62750672　编辑部 62752027
	出版部 62754962
印 刷 者：	三河市新世纪印务有限公司
经 销 者：	新华书店
	650mm×980mm　16 开本　17.75 印张　242 千字
	2008 年 10 月第 1 版　2008 年 10 月第 1 次印刷
定　　　价：	28.00 元

未经许可，不得以任何方式复制或抄袭本书之部分或全部内容。
版权所有，侵权必究
举报电话：010-62752024　电子邮箱：fd@pup.pku.edu.cn

序　言

我有一个倾向,即在讨论(几乎)任何问题时,都恨不得拿公司法作为例子。我的同事们时常对此加以评论,"指控"我企图用公司法来"接管整个世界"。在本书中我发现,不仅仅公司法,而且公司,都几乎企图接管这个世界,并使我们面临着一个令人恐惧的现实——收入两极分化以及贫穷在全球蔓延。本书的"心脏"部分,是对于在全球基础上运营并脱离了监管控制的公司集团所进行的讨论。然而,为了理解有助于导致这一现实的法律机制,我首先审视了单个公司的哲学基础(对这些理论基础所做的选择,透露出应用于国内或民族国家以及国际层面上的监管机制),证明了股东控制的概念是如何地力不从心(impoverished),系统地审查了若干监管理论,揭示了对某种基础理论的选择是如何对集团的法律概念及其治理产生影响的,以及对冲突法被用来作为一种对相互联系的公司进行监管的机制进行了探索。最后,在对全球公司的能力和监管豁免作出一个我个人预期是相当令人恐惧的分析之后,我提出了一种解决方式:将一些法律工具交给压力集团。这样做可以增强这些压力集团动员消费者的能力,来抵制那些以损害世界或弱势群体的方式而生产的产品。

为完成这本书的写作,我得感谢我在埃塞克斯大学法律系的所有同事。我想他们每个人在过去两年的一些时间里,都已经感觉到我是多么地沉迷于此。特别感谢 Steve Anderman、Nick Bernard、Jim Gobert、Gerry McCormack、David Ong、Peter Stone 和 Bob Watt。还要感谢 Sheldon Leader,特别是其有关社群理论的分析。一如既往地,感谢我亲爱的家人,Keith、Rob、Helen 和 Liz。此外,大量的耐心也是必需的。

目 录

1 公司和公司治理的理论基础 … 1
   关于公司存在的理论 … 3
   公共利益:确保公司正确运营的权利 … 39
   谁是公共利益的监护人 … 40
   朝向"选民"/多层信托模型 … 41
   结论:公司治理中的危机 … 47

2 公司集团的治理:比较法的视野 … 48
   集团:它们是什么 … 51
   多国和跨国集团 … 53
   主要问题 … 55
   利用公司面纱在公司之间转移资源 … 56
   "集团"决策的利弊 … 81
   界定单一经济单元所面临的困难 … 83
   结论 … 85

3 法律的冲突和公司集团的治理 … 86
   什么是冲突规范 … 88
   解决法律冲突的工具 … 89
   公司法律冲突中的问题 … 106
   当前英国法 … 109
   作为连结点的居所及设立经营场所的自由 … 127
   结论 … 132

2　公司集团的治理

4　有关公司及公司集团的监管理论和模式　*134*
　　监管的理由和结构　*134*
　　监管的正当性　*135*
　　各种理论的监管后果　*149*
　　监管的类型或模式及方法的正当性　*162*
　　金融服务部门的监管　*172*
　　监管手段　*185*
　　结论　*189*

5　失控的跨国公司　*191*
　　发展问题　*193*
　　国内生产被取代　*196*
　　国际货币和银行体系的影响　*197*
　　政治体制的蚀变及对跨国公司控制的缺失　*200*
　　环境问题　*202*
　　劳工法问题　*206*
　　结论　*221*

6　前方的路　*223*
　　未进行协商的后果　*227*
　　缺乏章程上的能力：《欧洲劳资联合会指令》的影响　*230*
　　职工参与：Davignon 报告　*233*
　　挑战　*234*
　　信托义务：根据"公司的利益"行动　*236*
　　用什么可以取代简单的股东标尺　*238*
　　结论　*253*

案例列表　*255*
法条列表　*263*
索引　*265*

1 公司和公司治理的理论基础

公司是社会的产物和组成部分,因此要了解它就需要洞察公司是如何成为一种社会现象的。通过研究其历史的和理论的基础,并进而构造一个作为动态实体的公司机能的概念,或许可以揭示这一点。不同法域关于公司在社会中地位的理论决定了其所采用的公司模式。有关公司起源和目的的各种不同理论,影响到采用何种公司模式,并因此决定了公司与经济活动中的其他所有参与者、监管者之间的关系。在对监管框架进行规划时,如果对前述问题缺乏研究,将导致其内部连贯性的缺失。因此,Bottomley 说:

> 对公司理论予以检讨的主要且基本的目的在于发展出一个框架。在这个框架之内,我们能够评估那些人们据以对大量案件、改革建议、立法修正案和习惯——正是它们构成了现代公司法——进行区分、归类的价值和假设。现代公司法并非是在一夜之间冒出来的。我们需要一些方法,将作为公司法建构基础的各种不同的哲学或政治观点加以分离。[1]

或者,换个更简洁有力的说法,"如果不从公司所担当的社会角色出发,就没人能够睿智地讨论一家公司关闭其所属工厂的行

---

[1] S. Bottomley, "Taking Corporations Seriously: Some Considerations for Corporate Regulation" [1990] 19 *Federal Law Review* 203 at 204.

为是否是负责任的"[2]。

需要注意的是，为寻求提供有关公司的解释，一些理论致力于研究公司的起源，另外一些盯着公司的运行方式，还有一些则两者兼顾。例如，公司可被视为发起人之间所订立的契约的产物（法律契约主义）。这是一个基础性的理论。但当被用于对股东作为公司"所有权人"的支配性地位作出正当性解释时，它就变成了一个具备可操作性的理论。但是，契约主义在试图解释公司的运作时遇到了一些困难，因为在未能了解基础性契约和公司运作的动力（dynamics）两者之间差异的情况下，基础性的理论就被用以解释公司运作。这种差异的关键点在于，公司章程不仅仅是以契约的方式发挥作用的，对于关注于本质上一直处于发展变化中的利益的那些人来说，更是作为他们权利和义务的仲裁者而发挥作用的。把公司看成是一个有机体的观念，则是一种纯粹操作性的理论，而且将公司看作是具备可控的思维和意志的"他我"（alter ego）*的观念，已经被用于刑法中作为对公司定罪的正当性基础。[3] 这一理论提出的主要目的是用以解释如下疑问：如果公司是政府权力给予让步后的虚拟产物，那么它如何能够形成自己的意志。但是不管其理论基础被认为是什么，它都可以适用于任何一家运营中的公司。

决定特定的社会采取哪种公司模式并因此决定其与其他参与者和监管者的关系的一个关键因素，就是如何看待"公司的面纱"（corporate veil）。公司面纱的强度和用途直接来源于所在法域所采取的、决定着其公司模式的那些理论。公司面纱的状况反映出所采取的公司模式的本质，也反映出那些试图对公司进行监管的

---

[2] K. Greenfield, "From Rights to Regulation" in F. Patfield (ed.), *Perspectives on Company Law*: 2 (Kluwer, London, 1997), 1.

* alter ego（他我），又译作"另一个自我"、"第二个自我"、"化身"等，是相对于自我（ego）而言的。——译者注

[3] *Tesco Supermarkets v. Natrass* [1972] AC 153; *H. L. Bolton (Engineering) Co Ltd v. T. J. Graham & Sons Ltd* [1957] 1 QB 159; *DPP v. Kent and Sussex Contractors Ltd* [1944] KB 146.

人得出的重要经验教训。公司人格(Corporate personality)和公司面纱都可以被看作是一种简略表达,用来概括各种有关公司存在的理论基础和社会学基础。

因此,如果要引导公司在正确的方向上前进,最为关键的是如何去理解公司的起源。对于那些可能产生的、存在争议的问题如何给予正确的定性,这种理解也是必不可缺的。比如:两个股东之间关于更改公司章程的争议,是应当被界定为契约上的争议,还是应当被界定为章程上的争议从而强制适用公法原则。正确的界定将在相当程度上依赖于是把公司视为政府的创造物,还是视为一群人之间的契约安排(contractual arrangement)。

本章试图梳理各种完全不同的理论是如何导致了各种不同的公司模式。这一分析的最终目的在于:判断对公司进行监管的最佳基础,并进而分析由相关公司组成的公司集团的情形。

关于公司存在的理论

在理解合适的法人治理模式时,回顾一下关于公司存在的各种理论是非常重要的,关键的原因在于他们影响到了政府干预的程度——不仅是在"公司利益"的构成范围方面,而且在公司事务的处理上,政府干预都被认为是合适的。尽管各种理论重叠并相互交织在一起,但有观点认为,通过把在决定公司模式方面富有影响力的三种理论视作一个起始点,则仍然可以勉强建立一个便利的分析框架。这三种理论就是契约理论(the contractual theories)、社群理论(the communitaire theories)和特许理论(the concessionary theories)。契约理论和社群理论代表了两个极端,因为他们分别反映出如下不同的理念:公司作为自由放任的个人主义(laissez-faire individualism)的产物和公司作为政府的工具。特许理论则提供了一个可能是相对不那么极端的"中间道路"。

契约理论(Contractual theories)

法律契约主义(Legal contractualism)

根据法律契约理论[4],两个或两个以上的当事人达成合意[5]而签订一项契约以开展商业活动,而公司正是诞生于这一契约。[6] Bottomley 给这一理论贴上了"聚合(aggregate)"理论的标签[7],他是这样来解释各种不同的说法的:

> 契约为公司在司法和政治上的地位提供了解释框架。在国内,公司被看作是个体的联合(association)或聚合(aggregation);它包括各个公司成员(members)*之间,以及公司成员和管理层之间的契约关系。[8]

将契约作为公司的理论基础,其逻辑结果是限制了公司的社会责任并创造了一个远离监管性干预(regulatory interference)的实体。因为对使用可得的自由企业工具(the free enterprise tool)**的

---

[4] 这不同于契约理论的经济连结点(nexus),参见 J. Parkinson, Corporate Power and Responsibility (Clarendon, Oxford, 1995), 75—76。亦可参见后面关于经济理论的讨论。
[5] 关于这一理论如何准确地适用于一人公司,是不明确的。
[6] Bottomley, "Taking Corporations Seriously"。
[7] Ibid., 208. 他将这一标签的提出归功于 J. C. Coates, "State Takeover Statutes and Corporate Theory: the Revival of an Old Debate" (1989) 64 *New York University Law Review* 806。
  * 指公司的股东,下文同。——译者注
[8] See D. Sullivan and D. Conlon, "Crisis and Transition in Corporate Governance Paradigms: The Role of the Chancery Court of Delaware" (1997) *Law and Society Review* 713。
  ** 指在充分竞争和最小政府监管的环境下,企业自主经营、自负盈亏的自由及制度性工具。——译者注

权利的任何否认,都往往与这一公司观念相悖。[9] 这一理论的后果之一是把公司推到了私法领域,认为它所行使的权力的合法性来源于公司成员的企业家行为(entrepreneurial activities),并且削减了政府监管性干预的正当性。[10]

这一学说在1985年《英国公司法》第14条中得到了体现[11],该条规定:

> 根据本法有关规定,章程大纲和细则(memorandum and articles of association)*一经登记就约束公司及其成员,视同每一个公司成员分别签名盖章予以确认,并包含了由所有公司成员达成的遵守其中所有规定的合意。

尽管这很好地阐释了契约理论[12],法院在其解释过程中遇到

---

[9] D. Sugarman and G. Rubin (eds.), *Law, Economy and Society*, 1750—1914 (Professional Books, Abingdon, 1984)一书第12—13页的注释:"契约自由的思想在19世纪的英国公司法自由化中曾经是一个重要因素……然而,和私法的其他领域一样,契约自由的动力、法律形式主义的勃兴(rise)以及可能还有时不时对经济增长作用的赞同,促使法院经常披的是法律节制主义者而非护法者的斗篷(mantle)。"

[10] Ibid, 209.

[11] 以及《澳大利亚公司法》中相对应的第180(1)条,参见 S. Bottomley, "From Contractualism to Constitutionalism: A Framework for Corporate Governance" (1997) *Sydney Law Review* 281。

* 与大陆法系公司法上单一的公司章程文件不同,在英美法系,章程性的文件由两部分构成。这两部分文件在英国分别被称 Memorandum of Association 和 Articles of Association,前者被译为组织大纲、组织简章、组织章程大纲等,后者被译为组织细则、组织章程、组织章程细则等。在美国则被称为公司组织章程(Articles of Incorporation)和公司章程细则(Bylaws)。英美两国公司法上,这两个文件的性质、内容和作用基本相同,前者列出公司名称、居所、营业范围、成立时之注册资本及公司性质等,主要用以指导公司与外界关系的,被称为公司的外在宪章;后者记载公司内部运作之各项细则,主要规定了公司与股东的关系,被称为公司的内部宪章,并被视为是公司与股东之间以及股东之间的契约。因此,本书根据其性质、内容和习惯译法,统一译为组织章程大纲和组织章程细则,并分别简称为章程大纲(the memorandum)和章程细则(the articles)。——译者注

[12] See also *Automatic Self-Cleansing Filter Syndicate Co v. Cunninghame* [1906] 2 Ch 34.

的困难还是表明了这一理论的局限性。[13] 比如，如果原告以股东以外的身份起诉，则该"契约"不再适用[14]；并且法院已经把这些由章程细则赋予"特殊"权利的人归类为"外部人"（outsiders），目的在于排除他们有权适用第 14 条所指的契约。[15] *Eley v. Positive Government Life Assurance* 一案[16]就是一个很好的例子，说明了法院所面临的这一困境。该案中，被告公司的章程细则第 118 条规定公司为 Eley 提供无固定期限的雇佣合同（indefinite employment）。该条规定，Eley 只有存在不当行为才可以被解雇。Eley 起草了该章程细则。尽管 Eley 是公司的股东，但法院拒绝允许他适用该条款。

尽管法院使用的是契约上的语言，但是关于这些案件一个更好的解释可能是，将章程细则看作是一项契约不过是人为的拟制，事实上它们是一个章程性的文件，需要运用某些公法原则对其进行正确的解释。[17] 这些原则中就很可能包括防止某一律师，通过利用他作为章程起草人形成的特权地位来确保其受雇佣。但是，正如下面要解释的，这一想法需要采纳有关公司的特许理念。

鉴于法律契约理论在解释"契约"效力方面的"捉襟见肘"，

---

[13] Bottomley, "Contractualism".

[14] *Eley v. Positive Government Security Life Assurance Co Ltd* (1876) 1 ExD 88 (Court of Appeal).

[15] See also *Hickman v. Kent or Romney Marsh Sheepbreeders Association* [1915] 1 Ch 881; *Beattie v. Beattie Ltd* [1938] Ch 708. 但是在以下案件中管理权看来仍得以适用：*Quin & Axtens v. Salmon* [1909] AC 442, *Pulbrook v. Richmond Consolidated Mining Co* (1878) 9 Ch D 610 以及 *Imperial Hydropathic Hotel Co, Blackpool v. Hampson* (1882) 23 ChD 1。

[16] (1876) 1 ExD 88.

[17] 相反，有观点主张股东可以行使任何权利，即使那是他们偶然地以"外部人"的角色而可能获得的，见 K. Wedderburn, "Shareholder's Rights and the Rule in *Foss v. Harbottle*" [1957] *Cambrige Law Journal* 194. 但也有人坚持依据章程的规定（确定股东的权利），参见 G. Goldberg, "The Enforcement of Outsider Rights under s26(i) of the Companies Act 1948" (1972) 35 *Modern Law Review* 362 and G. Prentice, "The Enforcement of Outsider Rights" [1980] 1 *Company Lawyer* 179, arguing along constitutional lines.

Bottomley 提出了以下两种解释[18]：第一，他将不具备法人资格（unincorporated）的合股公司（joint stock company）*的历史演进，看作是合伙和信托概念混合的产物；第二，"它允许我们通过界定其成员的权利来定义公司的边界"。[19]

第一种解释因其保守而遭到了他的抛弃，即其前提是需要我们接受时间仍然驻留于19世纪中叶的假设。尽管这已经是一个有效的批判，但还不限于此。人们可以看到，从由政府向商业组织授予贸易和政治上的行为能力的时期[20]，到后来只要手续妥当，几个人就可以联合起来组建他们自己的公司的情形，公司的外部环境已经发生了剧烈的变化。

因此，当强调的重点从诸如越权等理念转向交易和契约的观念时，这一点都不会让人感到惊讶。但直到我们接受了政府仍然在新公司——以承担有限责任为本质特征——中扮演着重要的角色时，这一描述才趋于完整。[21] 我们现在的公司以承担有限责任的方式开展商业活动，使其与非法人的合股公司之间有了巨大的差异。为此，可以追溯到这一差异的两个渊源：1844年改为以登记方式设立公司[22]和1855年授予有限责任[23]这两件标志性事件的到来。尽管有可能通过私法上的机制发展出某种形式的有限责任[24]，但

---

[18] Bottomley, "Contractualism", 282.
 * 英国早期的公司形态。其资本被分为若干份价值相等的、可转让的股份，但合伙人对公司债务和义务承担无限责任，是一种带有部分合伙特征、部分股份公司特征的公司形式。直到1662年，查理二世以条例形式确立了东印度公司及其他合股公司的全部成员的有限责任形式，真正意义上的股份公司才开始出现。——译者注
[19] Ibid., 283.
[20] 参见后面关于特许理论的讨论。
[21] 有关股东控制的一些公法问题的讨论，可参见 R. Nolan, "The Proper Purpose Doctrine and Company Directors", in B. Rider (ed.), *The Realm of Company Law* (Kluwer, London, 1998).
[22] 1844年《合股公司法》。
[23] 1855年《有限责任法》。
[24] F. Maitland, *Selected Essays* (ed. H. D. Hazeltine, G. Lapsley, P. Winfield) (Cambridge University Press, Cambridge, 1936).

"很明显,如果没有立法介入,有限责任不可能以如此令人满意且清晰的方式出现,而且正是这一立法介入最终确立了公司作为经济发展最主要工具的地位。关于这一点,商业推广方面迅速且令人吃惊的增长就是充分的证据。"[25]

对第二种解释的批判基于法院寻求用契约来区分内部人(insiders)和外部人(outsiders)的做法,区分的目的在于判断能否适用章程细则项下的某项权利。[26] 正如我们上面所看到的,法院对此类问题的处理强有力地支持了这一观点:位于公司组织结构核心的是章程而非一项契约。但对公司成员与公司之间契约的强调,其进一步的结果就是不可避免地具有排除其他人参与该经济体(the economic enterprise)的效果,从而给我们提供的是一个仅仅服务于股东的狭隘的公司模式。如此,这一基础理论具有将"公司利益"限定为订约人(contractors)的利益的显著倾向[27],并强调了订约人的自由企业权(the free enterprise rights)[28]。Stokes 争辩说,契

---

[25] L. Gower, *Gower's Principles of Modern Company Law* (6th edn, ed. Paul Davies, Sweet & Maxwell, London, 1997) at 46. 该文引用了 Shannon (1931—2) *Economic History* (第二卷)第 290 页给出的一组数据。数据表明,从 1844 到 1856 年间,有 956 家公司登记注册。在接下来的 6 年间,登记注册的公司有 2,479 家。1864 年,它们的实缴资本达 3,100 万英镑。

[26] *Quin & Axtens Ltd v. Salmon* [1909] 1 Ch 311, [1909] AC 442; *Eley v. Positive Government Security Life Assurance Co Ltd* (1876) 1 ExD 88 (Court of Appeal).

[27] "(经济)契约主义预示了这样一种框架:对那种将公司作为一个构成物(construct)分析的考虑予以回避或贬低,而重点关注经理人和股东的作用。"(Bottomley, "Contractualism", at 287)

[28] 以及创立者的所有权。M. Wolff 通过引用一个由 5 个发起人(promoters)将财产转移至新设公司的例子,对此观点进行了批判:"如果我们假设……这五个股东仍然是财产的所有权人,我们必须加上这样一条但书——'但是,在无论什么情况下处理这些财产,都应视同所有权人不再是这些股东,而是一个新的第六人成为了所有权人。'"他认同"经济"所有权而非"法律"所有权是争议关键的观点有其合理性,但同时觉得即使在这里它也"并非完全站得住脚。在一个公司里,不是所有的公司成员(从经济学的立场看)都是企业的主人和公司财产的所有权人。如果一个公司成员拥有 95% 的股份,单单他就决定了这个企业的命运"。M. Wolff, "On the Nature of Legal Persons" (1938) *Law Quarterly Review* 494 at 497。

约模式使得董事会的职权得以合法化,因为他们是由所有权人任命的。"因此,通过援引财产所有权人就其财产享有订约自由的理念,那些赋予公司经理层的职权便看起来合法化了,这是由契约自由一般原则自然得出的结论。"[29]反过来由此导致了一种"目的导向"[30]行为:"如果公司的行动和决策与合同条款一致,就可以主要依据这些行动和决策是否实现了某一预期目标——而非它们对有关人员权利和利益的影响——来对它们作出评判。"[31]

正如以上所阐释的,将法律契约主义的理念应用于公司的操作层面导致了勉力应付的局面,一个关键原因就是当公司处于运营中时,我们需要做出各种不同的考虑来平衡各个参与者的权利义务。在这一点上,这一基础理论日益变得不那么让人信服。

我们可以看到,契约理论在很多规则中都有反映,比如源自 Foss v. Harbottle 一案的英国规则*,它认同在大多数情况下,订约人根据章程(契约)上规定的股东权利所作出的多数派决议,代表了公司的意志。因此,根据弗里德曼(Friedman)**的观点[32],股东拥有公司并应该能够依靠他们的代理人(董事)赚取尽可能多的钱;而要求公司考虑其他社会利益(social concerns)就相当于未经股东同意就向其课税了。

---

[29]　M. Stokes, "Company Law and Legal Theory" in Twining (ed.), *Legal Theory and Common Law* (Blackwell, Oxford, 1986), 155, 162.

[30]　Bottomley, "Contractualism", at 289.

[31]　Ibid.

　*　也称 Foss v. Harbottle 规则,指在英国公司法上从1843年的 Foss v. Harbottle 一案中所形成的规则及其后司法实践中发展起来的规则例外。该规则一般性地禁止少数派股东诉讼,即只要受指控的不当行为在法律上能够得到追认,无论独立的少数派股东是否真正有机会考虑此事,该规则都禁止少数派股东提起诉讼。——译者注

　**　指米尔顿·弗里德曼(Milton Friedman)(1912—),美国经济学家。由于创立了货币主义理论,提出永久性收入假说,他获得了1976年诺贝尔经济学奖。——译者注

[32]　Milton Friedman, "The Social Responsibility of Business Is to Increase Its Profits", *NewYork Times Magazine*, 13 September 1970.

这种看法扎根于现实主义者[33]的理论当中,"依据该理论,团体(groups)天生就具有道德和法律上的人格"[34],而且公司被看作是由自然人组成的,多数派股东就代表了公司的意志。公司因此被政府授予自治权,这也是其成员相关意愿的天然表达。

结果,公司从政府那里获得了独立的政治地位和相应的独立法律地位。[35] 正如 Greenfield 令人信服地指出,围绕公司目的所产生的争论正陷入了以"权利"为基础的各种理念的泥沼之中,并且这些理念是建构在与所有权和契约有关的一堆晦涩的法律隐喻(metaphors)之上的。[36]

法律契约主义极大地区别于经济契约主义,因为前者有着更强的适应性,允许将各种合理并公正的理念视作契约的必备部分(intergral)。然而,两者立论于相同的基础之上,即在它们看来,公司的本质都存在于企业参与者(actors)之间的契约关系之中。

经济契约主义(Economic contractualism)

经济分析始于主张"传统上,公司更多地被认为是股东间的自主团体(voluntary association),而非政府的创造物"的观点。[37]* Cheffins 主张,"公司立法已经自行并在实质上对动态交易施加了最低限度的影响,这说明了企业的本质和形式。据此分析,公司法

---

[33] 特别参见:"与其说是组织不能脱离其成员而抽象地存在,还不如说是个体不能与其所所属的组织相分离或相隔离"(P. Ewick, "In the Belly of the Beast: Rethinking Rights, Persons and Organisations" (1988) 13 *Law and Social Inquiry* 175. At p179);亦可参见 Bottomley "Contractualism", n11 above, at 288。关于组成一个团体就意味着要牺牲一些自私的"目的"(ends)之类的研究,可参见 S. Leader, *Freedom of Association* (Yale University Press 1992),尤其是第七章;以及下文有关对这些问题进行更为全面处理的监管方法的讨论。

[34] Leader, *Freedom of Association*, p. 41.

[35] G. Mark, "The Personification of the Business Corporation in American Law" (1987) 45 *University of Chicago Law Rev* 1441 at 1470.

[36] Greenfield, "From Rights to Regulation", p. 15.

[37] B. Cheffins, *Company Law: Theory, Structure and Operation* (Clarendon, Oxford 1997), 41. Gower, *Principles of Company Law* 一文则对此不以为然(参见前文)。

* 指注释 25 及相应的正文。——译者注

人(an incorporated company)和其他类型的企业一样,从根本上讲也是若干合同的连结(a nexus of contracts)。"出于经济分析的目的,企业运营的合法性来源是个人,而非政府。对一个由自然人群体的参与者组成的实体具有独立的人格(a separate personality)[38]加以否认[39]则是应用市场理论的必要基础,因为该理论的前提假设就是通过大量的市场参与个体(players)在信息充分的条件下进行交易,以实现效益最大化。[40] 秉承认为自由市场是最有效率的财富创造系统的观点[41],包括科斯(Coase)在内的新古典主义经济学家,分析了对于一个包含市场参与各方(parties)之间一系列交易的复杂市场,公司[42]作为减少市场成本工具之一的作用[43]:可以通过公司的组织设计减少交易成本[44]。"公司法假定大多数股东将与经理人订立契约以确保后者追求公司利润的最大化,并通过模拟投资者及其代理人欲订立的具有代表性的契约设立了一套标准化的(off-the-rack)法律规则。"[45]

以上理论建构于理性、效率和信息这些概念之上。经济学家假定,一个理性人倾向于进行一项增进其自身福利的交易;在一桩买卖交易中,双方当事人按照理性行事将达到互惠互利,并进而促

---

[38] S. J. Stoljar, *Groups and Entities: An Enquiry into Corporate Theory* (ANU Press, Canberra 1973), 40; and G. Teubner, "Enterprise Corporatism: New Industrial Policy and the 'Essence of the Legal Person'" (1988) 36 *American Journal of Comparative Law* 130.

[39] 但 Bottomley, "Taking Corporations Seriously"一文将其看作是"掩盖存在于个人价值观和团体价值观之间的张力(the tension)"的一种方式(第211页)。

[40] Cheffins, *Company Law*, 6.

[41] 在 A. Smith, *The Wealth of Nations* (J. M. Dent & Sons, London, 1910)之后。

[42] 以及并非一定采取公司形式的其他企业。

[43] Alice Belcher, "The Boundaries of the Firm: the Theories of Coase, Knight and Weitzman" (1997) 17 *Legal Studies* 22.

[44] O. E. Williamson, "Contract Analysis: The Transaction Cost Approach" in P. Burrows and C. G. Velanovski (eds.), *The Economic Approach to Law* (Butterworth, London 1981); Williamson, "Transaction-Cost Economics: The Governance of Contractual Relations" 21 *Journal of Law and Society* 168.

[45] Greenfield, "From Rights to Regulation", 10.

进整个社会的福利。[46] 但是,关于效率衡量标准的观点是多样化的。帕累托效率(Pareto efficiency)要求,一人获益的同时没有人因此受损。而卡尔多—希克斯标准(Kaldor-Hicks tests)主张,"某政策给受益者带来的利益足以潜在地补偿其给受损者带来的损失,甚至情况更好,则此政策被认为是有效率的。"[47]

对什么是"理性的"的解释,从简单的财富最大化到包括利他主义(altruism)在内的各种复杂动机,同样是千差万别。而后者招致了相当激烈的批评:"从根据理性的自利(self-interest)来理解动机的观点出发……如果我们以自利作为解释进行后向扩展(expand backward),它最终将吸收包括利他主义在内的一切,然后也就意味着归于虚无——即缺乏解释特性或解释力。"[48]

经济分析的第三个支柱是信息流。理性的市场参与者被视为在掌握充分且完美的信息(full and perfect information)的情况下做出理性选择。

理性参与者利用完美信息,通过在市场上做出充分利用竞争的选择,产生最优的配置效率。然而,除非所有的交易成本都被内部化(internalised)了,否则配置效率是不会发生的。因此,如果一个公司对一条河流造成了污染,对河流的其他利用者造成了损害,但没有受到惩罚,那么该公司生产的商品将在定价上比同类产品更低。相反,对于那些依赖于市场行为和私法手段并仅仅施以最低限度的监管的人们来说,这种行为明显将带来真正的问题。

---

[46] Ogus 给出了下面的例子:"比尔同意以 5,000 磅的价格将一辆轿车出售给本。正常情况下做如下推断是合适的:比尔对该车的估价少于 5,000 磅(比如 4,500 磅),本的估价却高于 5,000 磅(比如 5,500 磅)。如果合同得到履行,双方当事人都将获得 500 磅的额外利益,并因此增进整个社会的福利——该车在本的手里获得了更有价值的用途……也就是说达到一个在配置上'有效率的'结果。" A. Ogus, *Regulation: Legal Form and Economic Theory* (Oxford, Clarendon Press, 1994).

[47] 有关解释,见 Ogus, *Regulation*, 24。Ogus 立即指出,获益者并没有必要去补偿受损者。参见下文的批评部分。

[48] I. Ayres and J. Braithwaite *Responsive Regulation* (Oxford University Press, Oxford, 1992), 23.

将市场经济理论应用于公司法,意味着不是将公司看作是一个不受约束的常设机构,而应当是所有参与者之间的交易网络,他们在掌握完美信息的情况下理性行事。公司法的效用在于避免个人与任何一个参与者达成交易的高成本。公司法由此降低了交易成本。

这一路径有着一系列的后果。政府干预,比如法院关于章程问题的判决,被视为向股东间的契约强制性添加了若干默认条款;并强制规定了若干董事义务,因为他们的利益和股东的利益之间并非完美地契合。波斯纳(Posner)[49]解释说,因为经营管理层和股东(在利益上)并非完全一致,经营管理层存在着挪用企业资源为其自身所用的潜在可能性,由此导致处于自由谈判地位的股东坚持公司章程(charter)中的"保护性特征"(protective features)。在这个方面,通过"把股东可能期望坚持拥有的标准权利——其中最重要的就是投票权——作为每个公司章程的默认条款"[50],公司法在公司治理方面降低了交易成本。"这是默认条款方法的一个变种,但是它接近于识别出企业章程的本质。"[51]正如上面所提到的,公司法本身被看作是一套标准化的默认条款,采纳它们可以减少进行单个交易的成本。仅仅在作为矫正市场缺陷(imperfections)的一种手段时,监管才是必需的。从自由和完善的市场促成财富最大化这个前提出发,意味着仅仅在存在着"市场失灵"的情况下,政府才有必要介入以努力修复这种失灵,让市场重新正常

---

[49] R. Posner, *Economic Analysis of Law* (4th edn, Little Brown, Boston, 1992).
[50] F. Easterbrook and D. Fischel, *The Economic Structure of Corporate Law* (Harvard University Press, Cambridge, MA, 1991)一书,在公众公司公开筹资的背景下,提供了一个对契约理论的新近重述。为确保基于筹集资本所作出的承诺被遵守,并防止被经理人以及其他人滥用,治理结构被认为是必要的。
[51] Posner, *Economic Analysis*, 411.

运作。[52]

将有限责任原则置于不那么重要的地位,是很多新古典主义经济学范式有趣的一面。有限责任被认为能够激励投资[53],但是在提供这一存在"操纵市场"潜在可能的机制方面,政府的作用总的来说是被贬低了[54];而且有观点认为,即使政府没有提供有限责任作为公司的有效属性,参与者也会将其加入到单个的交易协议中去。[55]但是,这种观点把它描绘成仅仅是为了移除交易成本并再造一个更加完善的市场的机制,从而贬低了这种从根本上改变了市场结构的机制。[56]

契约/团体现实主义者拒绝将政府权力作为组织合法性的来源,这样做的结果就是不愿意接受政府的重要作用。与主张政府

---

[52] 应该注意到,这种财富最大化的路径并非没有遭到批评。See C. E. Baker, "The Ideology of the Economic Analysis of Law" (1975) 5 *Philosophy and Public Affairs* 3; R. M. Dworkin, "Is Wealth a Value?" (1980) 9 *Journal of Legal Studies* 191; D. Campbell, "Ayres *versus* Coase: An Attempt to recover the Issue of Equality in Law and Economics" (1994) 21 *Journal of Law and Society* 434(认为交易中隐含的社会关系被忽视了); D. Campbell and S. Picciotto, "Exploring the Interaction between Law and Economics: the Limits of Formalism" (1998) 18 *Legal Studies* 249; and R. Cooter, "Law and Unified Social Theory" (1995) 22 *Journal of Law and Society* 50.

[53] Posner, *Economic Analysis*, 392.

[54] See F. Easterbrook and D. Fischel, "Limited Liability and the Corporation" (1985) 52 *University of Chicago Law Review* 89. 该文回避了 A. Manne 的观点,后者通过论证有限责任是将责任转移给了债权人,从而认为如果没有有限责任,拥有大量小投资者的现代公众公司将无法生存。这种回避可能是对的,但面对向股东筹资的需求则无法搪塞过关(explain away)。关于 A. Manne 的观点,参见 A. Manne, "Our Two Corporation Systems: Law and Economics" (1967) 53 *Vanderbilt Law Review* 259。

[55] See Cheffins, *Company Law*, 41 and 502. 但是与之相反的是,该书第250页指出了19世纪授权立法的重要性。See also Gower, *Company Law*, chs. 2 and 3.

[56] 与之对立的观点可参见:Maitland, *Selected Essays*, 392 一文认为有限责任如果未被法律引进,则将从契约中诞生;以及 J. Farrah, *Company Law* (4th edn, Butterworth, London, 1998), 21 对波斯纳和威廉森(Posner and Williamson)观点的引用。

担当的仅仅是"授权性"的角色而非控制性的强势组织的观念相关联,那种认为无论如何应当把公司当作一种社会工程学手段(social engineering)*来使用的建议,简直就是一个诅咒。Ballantine 教授——他在 20 世纪 30 年代为加利福尼亚州起草了新的法案——对授权观点做了很好的阐释。他写道:

> 公司法的主要目的不在于监管。他们是授权性的法律,即授权商人利用公司制的优越性,组织和运营他们或大或小的买卖。他们的目光专注于促进企业的有效经营和迎合不断变化的需求。[57]

但是,将任何制度完全视为授权性的,也是幼稚的。任何体系结构不可避免地既授权,又予以限制。因此,纯粹的授权总是虚拟的。格林菲尔德对此做了很好的阐释,他认为:

> 这并非是说……那些最近脱离了共产主义制度的东欧国家,简单地通过让政府从其公民的经济决策中完全解脱出来,就将成功地成为经济强国。相反,开始就要适当地制定一套关于经济互动的基本规则,辅之以契约和财产权制度,这样,市场个体才能够围绕它们进行磋商。此外,还需努力确保争议能够得到公平的解决。[58]

监管仅仅在作为"市场失灵"的一个矫正手段时才是有用的,但这是一个令人困惑的提法,能够涵盖完善市场(perfect market)里几乎任何一种被视为失衡的情形。在一个完善的市场里,参与者"不计其数并理性地行事,对出售中的产品掌握了充分信息,能够

---

* 社会工程学手段(Social Engineering),指一种利用受害者的本能反应、信任、好奇心、贪婪等心理弱点构筑陷阱,进行欺骗、伤害并取得自身利益的手法。有人将其视为使受害者顺从其意愿、满足其欲望的一门艺术与学问。——译者注

[57] J. Ballantine, *Equity, Efficiency and the US Corporation Income Tax* (American Institute for Public Policy Research, Washington, DC, 1980), 42.

[58] Greenfield, "From Rights to Regulation", 19.

以几乎无成本的方式订立契约,有着充足的金融资源支持交易,可以毫无困难地进入市场或从中脱身,并且愿意履行他们答应承担的那些义务"。[59] 关于在这种理论背景下监管的正当性及其成形过程(shaping),将在下文中予以讨论。[60]

对契约理论的批评

在契约主义理论中,经济契约主义倾向于更为极端。很多批评也正是指向它的,当然有一些也与法律契约主义有关,下面将对此予以分析。

经济契约主义在公司概念和公司法概念的层面上,以及在可认知的政治分析结论方面,都招致了相关的批评。[61] 前一层面的批评针对的是理论分析本身的效用和精确性。后一层面的批评所针对的则包括了对政府监管的拒绝,以及因此得出的"自由市场"的结论——这在跨国公司和全球性公司的背景下得到特别的认可及文本方面的支撑。[62] 下一章将对此做详细的思考。[63]

对于第一个层面,我们看到关于理性概念的理解多种多样,并且该理论的主张者离纯粹的财富最大化动机越远,经济契约主义作为分析工具的价值就越小。而且,他们还用理性参与者所掌握的大量信息把理性包装起来。由于相信"完美信息"不过是一个虚构,大多数经济学家接受了"有限理性"(bounded rationality)或"满意决策"(satisficing)的概念。有限理性承认个体能够"接收、储存和处理的信息是有限的"[64];满意决策则是"从可认知的有限选择

---

[59] Cheffins, *Company Law*, 6.
[60] 参见本书第四章。
[61] 包括女权主义理论。See T. O'Neill, "The Patriarchal Meaning of Contract: Feminist Reflections on the Corporate Governance Debate" in Patfield (ed.), *Perspectives on Company Law*: 2.
[62] D. Korten, *When Corporations Rule the world* (Kumarian Press, Connecticut, 1995). 除了一个对美国现象的分析(see Greenfield, "From Rights to Regulation", 6—12.).
[63] 而且对于法律和经济契约主义来说,都是如此。
[64] Ogus, *Regulation*, 41.

中寻找到最令人满意的解决方案为止"[65]。因此,"纯粹"的理性概念遭遇了过分简单化的动机和完美信息理论的缺陷这两个孪生问题。

以上的批评都指向了契约理论的概念框架。应该注意到,在基础假设方面的任何一个可识别的缺陷都会有一个累积性的效应——对于一个强调免于监管性干预的必要性的市场来说,其如同构成该市场全景的每一块积木。契约理论的基础是关于效率的伪科学式概念,以及宣称财富的创造促进了整个社会福利的说法。这意味着最终结果会是这样一幅画面:在这里,对市场自由的干涉,需要那些支持对公司行为采取任意监管措施的人赋予其正当性。

首先,看一下卡尔多—希克斯给出的关于效率的概念。这种认为需要对净损益加以计算并且任何一方的净收益即等同于效率的观念,"至少是在作为一种关于社会福利的结论性标准的情况下",直接暴露在"几种强有力的反对意见"的攻击面前。[66] Ogus 直指其强加于诸多个体之上的损失,一个单位的货币不管为谁所有但在价值上都是相等的假设*,以及对分配正义理念的敌意态度。对此,Ogus 给出了如下例子[67]:

> 假设政策制定者不得不在以下两种政策之间做抉择:(A)使整个社会财富增加 100 万美元,同时穷人的收益高于富人;还是(B)使整个社会财富增加 200 万美元,但其中大多数为富人所侵吞?很多人都会基于公平的理由支持(A)政策[68],

---

[65] Ogus, *Regulation*, 41.
[66] Ibid., 25.
* 相反,在以弗洛伊德为代表的、试图把所有人类的认知活动都归因于情感支配的情感主义者看来,一个硬币对于穷人家孩子的意义,就比对于富人家孩子的意义要大。——译者注
[67] Ibid., 25.
[68] Ogus, *Regulation*; and see J. Rawls, *A Theory of Justice* (Oxford University Press, Oxford, 1972).

但是根据卡尔多—希克斯标准，(B)政策被认为是更优的。[69]

其次，作为控制公司决策手段的信托义务(fiduciary duties)*概念和默认条款是具有吸引力的，但经济契约主义拒绝认可此类控制的概念是对公平和公正等公共利益目标的强制性适用。默认条款加上卡尔多—希克斯关于效率的概念，在控制多数派股东(majorities)对少数派股东(minorities)的掠夺方面，其效果弱于公共利益概念，但法院似乎非常乐于适用后者。但经济契约主义和公共利益规范的强制性适用观念出现了趋同，一个极好的例子可见诸于 Lindley 法官在 Allen v. Gold Reefs of West Africa Ltd 一案中的意见[70]：

> 然而，尽管第 50 条**用语宽泛，但由其赋予的权力仍应和其他权力一样，必须遵循法律的一般原则，以及可适用于多数派享有的并可藉此对少数派进行约束的所有权力的衡平法……这些条件经常以默示的形式存在，并且即使有人曾经明确表述过，也难得一见。

契约主义者关于默认条款的分析在近来的措辞中获得了支持，但这一过程同样可以被解读为公共利益一般原则的强制性适用。经济契约主义者对当事人订约自由的强调，转移了人们对正义普遍原则被法院强制适用这一事实的注意力。对于一个甚至在市场上都是更多地通过强制推行法律原则，而非依赖市场化力量

---

[69] 在跨国公司和全球公司的运营受到仔细审查时，这种观点获得了强烈的共鸣（参见第 5 章）。

* 亦译为信托责任、信义责任/义务、受信责任/义务、信赖责任/义务、诚信责任/义务、忠实责任/义务、受托(人)责任/义务等。《布莱克法律词典》将其解释为"一种由受信人对受益人承担的具有最大诚信、忠诚、信任和正直的义务，如律师对其客户、公司管理人对股东等。该义务要求义务人须具备绝对诚实、忠诚，以及为受益人的最大利益奉献的高标准品质"。——译者注

[70] [1900] 1 Ch 656.

** 指《英国公司法》第 50 条。——译者注

来管理各种关系的国家,如果默认条款分析是合理的,则必须将其加以扩展以包含生活在该国的当事人的合法期望。而且,这使得公共利益为监管所提供的正当化理由重新得以显现——与那种认为监管仅仅因其对市场缺陷的矫正作用而获得正当性的观点背道而驰。

此外,有关运营中的公司,还存在着一种对经济契约理论的合理批评:它可能会鼓励一种关于什么是公司最好的行动计划的短视观点。经济契约理论在任一时刻都依赖于与公司相关的参与者的理性,其逻辑结果就是将那些关于"子孙后代"的考虑排斥在外。对此,Ogus 在有关公司环境的语境中给予了很好的阐述[71],但应该在有关公司治理的方方面面都进行同样的阐述。实际上,这是公认的"负外部性"(negative externalities)问题的一个方面。"负外部性"这一术语被用来标明私人交易系统中未能进行公正分配的那些交易成本。其产生的原因可能是单个的权利拥有者所蒙受的小额损失无法得到补偿,因为它相对于为它而发动的司法程序的花费而言并不值当。Ogus 将这种情况描述为伴随着"私法失灵"的"市场失灵"[72],并认为其为基于公共利益的监管提供了正当性。

由此可以看到,经济契约主义者的洞见颇有价值,但又存在其局限性而应小心对待,尤其是在以下方面:过分强调单个参与者的作用可能导致对公共利益目标的忽视,并且会不适当地夸大财富最大化,尤其是有利于少数人的财富最大化,从而将其作为整个社会的最终利益。

Bottomley 基于三个理由对经济和法律契约主义都进行了批评。第一,"一个公司的组织生命超越了单个公司内部人的行为的简单相加"。[73] 第二,契约主义偏好于将"经济"方法凌驾于"政

---

[71] Ogus, *Regulation*, 37.
[72] Ibid., 28.
[73] Bottomley, "Contractualism", 288.

治"方法之上。第三,经理层职权的合法化是建立在"所有权人"自愿同意之上的。所有这些意味着公司在私法上的本质被看作是远离监管。[74]

我们已经从法律和经济契约主义当中看到,两者都努力从基础理论转向操作领域。在该过程中都面临的一个关键困难是,当公司的章程已经完成并处于运行中时,如何解释其项下的权利和义务。我们已经看到法律契约主义尽力去解释对章程细则项下契约的急于履行,以及对多数派股东凌驾于少数派股东之上的权力的监管。经济契约主义有着极为相似的问题。它依赖于一个与不完全契约有关的解释:"如果某些契约视未来可观察到的变量而定,从而要在事前拟定其文本的成本极高(或者是不可能的),那么只有在这样的情形下,才有事后治理的空间。"[75] 两种理论都不接受政府对权力实施监管的合法性:"关于公司治理的政治方法,符合……有关我们社会中的大型机构应该怎样被管理的那些价值观。"[76]

事实上,无论默认条款理论或不完全契约理论,都能从 Cooter 的洞见中受益。Cooter 主张,不仅仅是公司的组织规范,而且社会规范也内化(internalise)于所有的公司参与者身上了。任何公司参与者因此都期望(如果你愿意,可以称之为一条默认的契约条款),关于公平交易和免于征收(freedom from expropriation)的社会规范也适用于他们。Cooter 是根据制度规范吸收理论(absorption of in-

---

[74] 尽管这些观点毫无疑问地在公司治理当中发挥了一定的作用,但 Bottomley 相信它们被过分强调并因而是危险的。

[75] L. Zingales in *The New Palgrave Dictionary of Economics and the Law* (Macmillan, London, 1998).

[76] J. Pound, "The Rise of the Political Model of Corporate Governance and Corporate Control" (1993) 68 *New York University Law Review* 1003 at 1009.

stitutional norms)来立论的。[77] Cooter 假设了薄的和厚的"自我利益"(self interest)*的概念[78],因为他相信道德规范的内化将通过自我利益的一种变化形式——他称之为"厚的自我利益"(thick self-interest)——的发展来影响决策。这和 Teubner 确信的以下观点是一致的:"Franz Wieacker(边走过来边说),'社会团体(包括公司法人)在社会学经验主义上的本体(the socio-empirical reality)……存在于成员及其伙伴的团体意识,以及团体行为的特殊性质之中。'"[79]因此,"法人的社会基础……被认为是一种'集体主义',这是正确的"。[80]

因此,在那种把公司的存在归因于个体的观念之下,我们可以明确区分哪些人认为人们融入一个团体的行为将改变他们之间关系的本质,哪些人对此不以为然。[81]

在将契约理论与更广泛的利益(concerns)联系起来的过程中,Bottomley 强调了个人主义和"自由主义"思想两者之间的关系[82],

---

[77] Teubner 不同意这些分析。尽管发现公司自治的合法性存在于它的"总体社会功能和表现"中,但他非常关注发生于公司内部的团体动力(group dynamics),因为决策被发现并非存在于分散的单个契约或决策者的意志当中,而是存在于"一系列'有规律运动的'、意义相关且持续进行自我复制的沟通交流事件(communicative events)"当中。尽管否认团体构成了公司行为能力的基础,但 Teubner 对于理解构成"公司行为"基础的团体动力做出了贡献,并且他的观点可以被视为有机理论的一个发展。(Teubner, "Enterprise Corporatism", 130)

* 自我利益(self-interest)意味着,人是对自己的生活目标或满足感的理性的、最大限度的追求者。其不同于自私自利(selfish/selfishness),因为他人的福利也可能是个人所追求的满足感的来源。——译者注

[78] Cooter, "Law and Unified Social Theory"。本文第 4 章对此做了讨论。
[79] Teubner, "Enterprise Corporatism", 130。
[80] Ibid.
[81] 参见 Bottomley, "Taking Corporations Seriously", 211,该文采纳了 J. Coates 在 "State Takeover Statutes and Corporate Theory: The Revival of an Old Debate" (1989) 64 *New York University Law Review* 806 一文中的意见。即认为使得有机理论得到特别支持的,是这么一个考虑:如果公司仅仅是合同的连结,那么难于给有限责任等并不附属于其他契约的事件提供正当性理由。
[82] Bottomley, "Taking Corporations Seriously", 205—6。

坎贝尔(Campbell)则看到了自由放任经济理论和各种企业经济理论之间的联系。因而在政治层面上,经济理论是反监管的(anti-regulatory),它依赖于市场机制,仅仅允许使用监管手段来"矫正市场失灵"。[83] 当经济分析作为一种意识形态,而非作为一种分析工具被使用时,其危险在于:

> 通过主张市场个体的唯一义务就是尊重(honor)契约和他人的财产权,市场自由主义的'道德'哲学有效地免除了那些有产者对无产者的义务。它忽视了这样的现实——弱者和强者之间的契约很少是平等的,而且契约制度如同财产制度一样,在那些不平等的社会中倾向于强化甚至加剧了不平等。它将那种把贫穷予以制度化的体制合法化并加以巩固,甚至同时宣称贫穷是由穷人的无知及与生俱来的性格缺陷所导致的。[84]

而且,通过对"自由"市场的呐喊来拒绝监管,在缺乏监管所强制施加的财富再分配计划的情况下,就纵容了这种结果的发生。

作为若干契约连结而成的公司"无法承担社会和道德上的义务,很大程度上就如同无生命体无法*承担这些义务一样"。[85] 这一观点包含了一个概念性的错误,O'Neill 令人信服地表明了这一点[86]:"Jensen 和 Meckling 显然混淆了承担社会责任和拥有社会良心两者之间的界线。[87] 确实,市场个体拥有良心(这是一种能够感

---

[83] 参见第 4 章关于监管模式的讨论。

[84] Korten, *When Corporations Rule the World*, 83; and see Dworkin, "Is Wealth a Value?".

* 原文为"are capable of",从上下文的逻辑关系推断,疑为"are incapable of"的笔误。——译者注

[85] D. Fischel, "The Corporate Governance Movement" (1982) 35 Vanderbilt Law Review 1259; and M. Jensen and W. Meckling, "Theory of the Firm: Managerial Behaviour, Agency Costs and Ownership Structure" (1976) 3 *Journal of Financial Economics* 305.

[86] O'Neill, "The Patriarchal Meaning of Contract", 27.

[87] 着重号为原文所有。

知诸如自责和怜悯之类情感的能力),而机构能够承担责任,它们能够承担社会责任或契约责任。"

通过排除公司的社会责任拒绝监管,并削弱了公司内部的控制机制,经济契约主义制造出全球性的庞然怪物(global monsters)*。[88]

社群理论(the communitaire theories)

接下来要考虑的是第二组理论,即社群理论。它认为对公司地位的承认不仅仅是政府的一个让步,更是创造了一种政府可加以利用的工具。这类理论源自于一种同个人主义者所持的契约理论直接对立的立场。根据这类理论设立的公司在前共产主义国家和法西斯意大利很常见。[89]"有关公司效用的衡量标准不在于它能否创造个人财富,而在于它能否通过尊重个体尊严和促进整体福利,来帮助社会更好地感知到其社会意义。[90] 这有两个后果:公司缺乏明显的商业特性,而变成了一个承载着各式各样分散的目的的政治工具;反过来,各式各样分散的目的将赋予其沉重的社会责任[91],进一步的后果就是使其更加远离了对商业的关注。政府仅仅是利用公司这一工具来促成它自己的目的。这与特许理论(见下文)形成了鲜明的对比,特许理论强调的是政府确保公司根

---

* 作者用全球性的庞然怪物(global monsters)来暗讽逃避社会责任和监管的、规模庞大的全球公司。——译者注

[88] See Korten, *When Corporations Rule the World*; P. Harrison, *Inside the Third World* (Penguin, Harmondsworth, 1990); J. Karliner, *The Corporate Planet* (Sierra, San Francisco, 1997).

[89] P. J. Williamson, *Corporatism in Perspective: An Introductory Guide to Corporatist Theory* (Sage, London, 1989).

[90] Sullivan and Conlon, "Crisis and Transition", 713; and see N. Jackson and P. Carter, "Organizational Chiaroscuro: Throwing Light on the Concept of Corporate Governance" (1995) 48 *Human Relations* 87.

[91] 正如 K. Wedderburn 在"The Social Resposibility of Companies" (1985) 15 *Melbourne University Law Review* 4, at 16 一文所提及的:"它很可能意味着资本主义对利润追求的末日。"

据其公正、民主的标准正确运营的权利。

这样,那些主张公司应该拥有社会良心[92]的人正在冒险,即弗里德曼所警告的:一旦股东所追求的利润最大化不再成为公司的主要关注点(the narrow focus),商人们将不再清楚自己服务于何种利益。[93] Berle 和 Dodd 遵循了 Berle 和 Means 关于现代公司架构意味着所有权和控制权永久分离的洞见,并对这一问题进行了详细的讨论。[94] 在本质上,Berle 所表达的担忧是,对董事会行使权力仅仅是为了寻求利润最大化这一观点的任何偏离,都将会导致董事会放弃其承担的职责。[95] 因此,应当认为公司利益和股东利益有着相同的外延(coextensive),否则就不可能对董事们的业绩加以衡量。[96]

当然,正如 Wedderburn 所谈到的,一笔有限的"社会"支出可能因为利润最大化而被合理化。[97] "该'社会'支出可被如此解释为不过是播撒在周围土地里并着眼于长期收益的'玉米种子',因为'最适合做生意的地方就存在于一个快乐、健康的社会里'。"[98] Wedderburn 拒绝接受这一观点,认为它仅仅支持很有限的一部分公司的社会行为。他相信,如此刻板的一个观点是无法解释其全景的,但能够将社会责任的范围用若干概念加以阐明的方法并非

---

[92] Teubner, "Enterprise Corporatism", 131.

[93] Friedman, "The Social Responsibility of Business Is to Increase Its Profits".

[94] A. Berle and G. Means, *Modern Corporation and Private Property* (New York, Macmillan, 1962).

[95] E. Dodd, "For Whom Are Corporate Managers Trustees?" (1931) *Harvard Law Review* 1049; A. Berle, "For Whom Are Corporate Managers Trustees?" (1932) *Harvard Law Review* 1365.

[96] 以及参见下文,即本章结论性部分的讨论。

[97] Wedderburn, "Social Responsibility", 14—15.

[98] 以及参见:"其试图通过着眼于长期,来消解股东和其他利益相关者之间明显存在的紧张状态。长期而言……公司通过成为良好公民而使得其对股东的回报最大化。比如,关心雇员将带来忠诚,并将促使雇员在接受更低的薪资的同时,更加关心产品质量和公司收益。" Greenfield, "From Rights to Regulation", 3—4.

唾手可得。

在寻求重新发现"法人的社会层面"中,Teubner试图从"其整体的社会功能和性能方面,而非主要从那些参与者的同意之中"找到其合法性。[99] 这意味着相对于公司内部的利益团体,"公司参与者"的利益必须得到强化。"这完全颠倒了关于合法性的现有逻辑。并非公司内部的多元化使得公司参与者的行为获得正当性;相反,内部多元化只有在指向公司参与者的目标时才是合法的,而公司参与者的目标反过来又必须通过公司的社会功能和性能得以合法化。"Teubner坚持关于法人是一种"自我支撑式建构物"(self-supporting construction)的拟制理论,即:

> 在行为的归属上,团体化(collectivisation)意味着从一种社会建构物(social construct)转化为另一种社会建构物,从一个"自然"人转化为一个"法"人。由此产生了对作为一个整体的该系统的自我描述,并且这种建构行动也被归结为该系统本身的行动。这是一种自我支撑式的建构物:团体行为是公司参与者的产物,而公司参与者也不外乎是这类行为的产物。[100]

Teubner对社群理论的坚持是有条件的,因为他认为公司拥有一定程度的自治。他相信团体化的发展意味着公司与其内部参与者、外部市场环境相分离。在承认这将给予公司某种程度的自治的同时,他相信,强调重点从自然人参与者到法人的转变,也将改变该组织本身承担社会责任的义务,所以"它展望了经济和政治控制的远景"。在这里,一个无法解释的问题是这种承担社会责任的义务源自何处。利润最大化主张者将争论说,这种义务在个人和集体的层面都存在。它也可能存在于Cooter关于道德规范的吸收的概念中。[101] Teubner认为,在任何情况下其向法人的转化都可能

---

[99] Teubner, "Enterprise Corporatism", 131.
[100] Ibid., 139.
[101] 参见后面的第4章。

为政府认为合适的任何监管提供了正当性。因此,他的观点与社群理论者的观点非常一致。[102]

但 Teubner 认为,其公司观在政治学上的推论,就是"企业社团主义"(enterprise corporatism)＊的一项法律政策。企业社团主义认为,如果一家公司被看作是决策者的网络——其聚合度低于有机论者(organic theorists)＊＊所认可的标准,那么公司的自治最终是有益的:

> 不仅通过契约安排,就是通过组织机构的分权也能带来高度的适应性,而且一项基于组织机构的政策可以额外地利用"生产者的联合"(producers' coalition)＊＊＊(资方、管理层、劳方、政府)所带来的生产力优势。这在新工业部门的情形下正

---

[102] Cooter、Teubner 和有机论者都试图从各自不同的立场出发解释团体决策过程,而且在试图构建一家典型的公司时,他们的洞见都将是有价值的。

＊ 社团主义(Corporatism),也被译为法团主义、合作主义、统合主义、组合主义等。"Corporatism"一词来自拉丁语的 corpus(躯体),后者原本与商业公司的概念无关,而是用作称呼任何团体。其在历史上指的是一种政治体制,在这样的体制里,立法的权力交给了由产业、农业和职业团体所派遣的代表。与众多团体必须经过民主竞争才能取得权力的多元制度相比较,在社团主义制度里,许多未经过选举的团体掌控了决策的过程。因此,社团主义又也被称为经济法西斯主义。政治学家也用社团主义一词(也被称为"国家社团主义")来描述独裁主义的国家藉由许可执照以及由官方法人控制社会、信仰、经济或群众团体等过程,促使国家成为这些团体的唯一合法性来源。当代,多使用这一词指商业公司控制了政府决策过程而牺牲公共利益的情况(贬义);同时,使用"新社团主义"或"自由社团主义"一词来描述工会(劳工)、资本和政府之间的协议过程及该三方协议所主导的一种社会机制,该机制旨在更公平地将生产利润分配给利益相关者。——译者注

＊＊ 这种"有机说"或"机理说",将公司视为某种具有生命属性的有机组织,公司的人格和自然人的人格一样是客观存在的,并截然独立于股东、经理、职工的人格。也就是说,公司本身被认为是经济的一个基本的、独立的单元,无论公司外部的国家、社会、顾客、供应商,还是公司内部的股东、管理层、劳动者,都把公司视为一种独立的存在,并且与公司发生各种合同上或者非合同上的联系。——译者注

＊＊＊ 其中的"生产者"是指生产要素的供给者。——译者注

日益变得必要。[103]

这样,尽管 Teubner 的理论给政府干涉提供了正当性根据,其社群理论的基础还是更多地存在于政府和公司的同一性,即它们为实现社会普遍接受的一些目标而共同努力。所以,它既因为强调生产者的联合而类似于利润最大化的观点,又因为坚持公司的社会良心这一概念而与利润最大化的观点分道扬镳。[104]

这一理论另一个广为人知的版本是"自由社团主义"(liberal corporatism),它在确定治理结构方面也是有价值的。该理论仍然以公领域和私领域的模糊界限作为其基础,但同时强调社会中作为各种利益代表的团体(比如工会代表了劳工的利益)的作用。对公共事务和私人事务(public and private concerns)区隔的模糊性加以强调,尽管有可能带来一些不幸的后果(参见下文),一些理论家仍然将关注的重点放在集体目标上。这样,Stokes 透过社团主义者的眼光,将公司看作是"一个有机体,它在管理者的控制下,将各个参与者的利益统一在一个和谐且共同的目的之下"。[105] 这一理论似乎同时指向两个方向[106]:既突出了公司承担的公众角色,也强调了在利益团体之间维持一个良好的平衡——这正是内部管理的诀窍——的重要性。表面的冲突仅仅是关注重点之一。一旦人们接受了政府在创造或允许公司以特许的方式——比如有限责任——开展运营中发挥了作用,那么基于社会原因进行监管的权利得到了承认,接下来监管的程度就成为大家所关心的问题了。这一理论对其早期独裁主义经济体制的依恋情结,提醒人们警惕过于轻易地接受对所谓"公共"的强调。

公司作为商业工具的功效,在很大程度上取决于法律上是否承认公司是一个与其成员利益及政府利益相分离的实体。目标的

---

[103] Teubner, "Enterprise Corporatism", 154.
[104] 然而,甚至 Teubner 也似乎怀疑这一社会良心的功效:"(生产者的联合)他们之间达成一致,可能是以牺牲第三方当事人甚至是公共利益为代价的。"
[105] Stokes, "Company Law and Legal Theory", 177.
[106] 但 Bottomley 并未留意到冲突。"Taking Corporations Seriously", 220—2.

弥散(diffusion)被广泛地认为是低效率的。[107] 这一问题在有关"利益相关者"(stakeholder)辩论的情境中得以凸显[108],但是 Deakin 和 Hughes 争辩到:

> 利益相关者理论面临的主要困难,就是术语"利益相关"(stakeholding)已经被用来指称一系列范围非常宽的利益,它们最多是松散地相关着——至少当它被应用于英国时是如此……比如,如果利益相关者的利益范畴被扩展到包括公司产品的所有潜在消费者的利益,或者被扩展到指称在环境可持续发展方面的一般社会利益,那么存在着这样一种危险,即"利益相关"将不再相关。[109]

因此,转向社群理论是有风险的,即对公司的商业目的熟视无睹。另外,与之形成鲜明对比的是,契约主义的观点则在将公司目标与任何企业的一小部分参与者——股东——的利益予以绑定的同时,过于狭隘地强调了公司目的。其对商业奋斗的现实所做的描述是扭曲的,因为它至少包括了所有者的资本投入、广大员工的生命和奋斗,以及债权人所冒的风险。

特许理论(Concession theories)

从其最简单的形式上讲,特许理论[110]将公司的存在与运营看作是政府特许的产物,即政府的特许赋予了公司利用公司工具

---

[107] M. Howard, "Corporate Law in the 80s—An Overview" (1985) *Law Society of Canada Lectures*. See also American Law Institute's Principles of Corporate Governance (tentative Draft No. 2), 13 April 1984.

[108] See, for example, the Royal Society of Arts, *Tomorrow's Company* (Royal Society of Arts, London, 1995) and M. McIntosh, D. Leipziger, K. Jones and G. Coleman (eds.), *Corporate Citizenship* (Pitman Publishing, London, 1998).

[109] S. Deakin and A. Hughes (eds.), *Enterprise and Community: New Directions in Corporate Governance* (Blackwell, Oxford, 1997), 4.

[110] 一个很好的分析,可参考 Bottomley, "Taking Corporations Seriously"一文第 207 页及以下。

(*corporate tool*)开展业务的能力[111],在公司以有限责任形式进行运营的情况下尤为如此。[112] 这一理论和社群主义者所持观念的区别在于,特许主义者仅仅认为政府要在确保公司治理结构的公正和民主方面扮演一定的角色,而反对这样一种观念:公司应当重新调整其目的以反映政府的社会目标。那些已经被"主权者的令状或证书"授予公司法人人格的组织,被霍布斯(Hobbes)划归为"政治体"(bodies politic)。[113] 私团体(Private bodies)则是"由臣民们在他们内部建立的"。在讨论契约理论时,我们刚刚审视了公司位列私团体的主张。有什么能够支持宣称他们是政治体的主张呢?而且,做这一归类的下一步后果是什么?很明显,历史上著名的特许公司(charter companies)正属于那种权力和特权都源自于国王授权的公司。因此,纽芬兰公司的特许状这样写道[114]:

> 考虑到这一事件和行动,非常适合于一位基督徒国王切实利用好上帝在创世之初就为人类预备好的东西……因此,秉承这一特殊恩典(special grace),我们敏于思而慎于行……通过本特许状,向〔各种各样的人和〕他们的后嗣或指定的人,以及那些今后确实或将要同意加入的人,授予如下同意和认可(grant and confirm)……即他们应当是一个永久的机构或团体(communalty),永久地延续下去,并拥有一个用于该机构的共同标志……以及使得他们和他们的继承者同样能够……在

---

[111] See G. Mark, "The Personification of the Business Corporation in American Law" [1987] *University of Chicago Law Review* 1441. 该文详细审视了 Dartmouth College 一案的判决。(*Dartmouth College v Woodward* (1819) 17 US 518).
[112] Bratton 指出:"一种激进的版本,是将公司的真实存在都归因于政府的支撑;另一种更为温和的版本,则是将政府的许可确立为开展业务的监管前提。"(W. Bratton Jr, "The New Economic Theory of the Firm: Critical Perspectives from History" (1989) 41 *Stanford Law Review* 1471 at 1475.)
[113] Thomas Hobbes, *Leviathan* (oxford, Blackwell, 1960), ch. 22, 146.
[114] Taken from H. Rajak, *Sourcebook of Company Law* (2nd edn, Jordans, Bristol, 1995), 20. See also S. Leader "Three Faces of Justice and the Management of Change" [2000] *Modern Law Review* 55.

我们的任何法庭之上,在任何诉讼或案件之中,在任何审判员或法官面前,进行答辩或被控告。

这一特许状是由詹姆士国王签署的,很明显,它不仅仅是政府的授权,还是源于神权的委托。[115] 政府特许的理念与公司作为一个法律拟制的观念密切相关。纽芬兰特许公司被授予的那些属性,尤其是永久延续和作为一个实体参与诉讼,都是政府授权的结果。[116] 公司的人格是一种拟制。[117] 政府对公司进行干预的监管活动明显地很容易得以合法化[118],而且越权无效原则很有必要,因为被授权机构不能超越这些权限。因此,人们产生的与越权无效原则有关的巨大困惑,部分地被认为是源于人们并未完全认识该原则初始的特许基础,以及其后在涉及企业运营时它充当契约各方和整个社会的保护角色的正当性。

在 *Re Rolus Properties Ltd & Another* 一案[119]中,这些问题得到了很好的阐述:

> 有限责任这一特权是一种非常重要的激励,它鼓励企业家们去从事高风险的业务,而在个人财务方面免于遭受可预见的、彻底的灾难。然而,这一特权的授予必须是建立在有关规定的基础上。其中被国会赋予强制性的一些最重要的规定是,必须保存账簿以及产生回报,以便通过查阅这些资料了解发生的情况。因此,如果这些规定未得到遵守,即完全未能保存法定账簿和产生法定回报就相当于不端行为(misconduct),对于广大公众来说关系重大。法院在考虑某人被允许继续担

---

[115] 明显地,这正是特许理论最激进的版本。
[116] Wolff, "Nature of Legal Person".
[117] 该理论依赖于这样一种理念:只有自然人(human beings),才能成为法律上的人(persons)并因此天生地成为权利的主体。Wolff, "Nature of Legal Person", 496.
[118] Wolff 指出,其在法国大革命时曾被用以征收教会财产。Wolff, "Nature of Legal Person", 508.
[119] (1988) 4 BCC 446.

任公司的董事[120]是否合适时,或者在考虑能否基于其不称职的理由并为保护广大公众而采取针对董事的措施时,也应当将这一情况作为相关因素。这一切不是因为他有欺诈行为,而是由于他的不胜任以及未能遵守有限责任随附的相关法定义务。就我的观点而言,这一理论是正确的,当一个人以其行为表明他已完全不能遵守有限责任这一特权的随附义务时,司法权确实应当得以扩张并发挥作用。

上述分析非常契合下文要阐述的"双重特许"理论。

"立宪主义"(Constitutionalism)[121]可能被视为是对政府在公司治理监管方面承担着法定角色这一理念予以接受的结果。Bottomley呼吁"要用政治术语重新构建公司法律结构的概念"[122],同时指出"应当在公司治理的法律监管方面考虑"公共政治生活中的那些价值和理念,并论证了它们的重要性[123]。因此,公司立宪主义有"三个关键特征:双重决策(dual decision-making)的理念,这一理念认可了公司生活中董事会和股东大会的不同角色;协商决策(deliberative decision-making)的理念,这一理念力图确保公司决定是在对所有相关问题做了公开且真正的考虑的基础上作出的;权力分立(separation of powers)的理念,这一理念的目的在于使得公司决策权分散但责任明确"。[124]

"公法"概念的可适用性明显是源自于这样一种理解:公司有着公法上的因素和责任。Bottomley呼吁将公法概念,"比如自然正义、程序公正或机会均等",引入公司治理。比如:

> 公司属于政治性机构,不仅仅是因为他们是社会权力关系的参与者,还因为他们自成系统。在系统内部,不管是采取

---

[120] 本案涉及根据1986年《公司董事(资格剥夺)法案》所进行的资格剥夺。
[121] Bottomley, "Contractualism", 277.
[122] Ibid., 278.
[123] Ibid.
[124] Ibid., 278—9.

积极的还是消极的、集体的还是个别的方式,权力和职权、权利和义务、责任和期望、利益与不利益都得以分配和执行。每一个公司都是一个政治体,即一个治理系统。[125]

因此,特许理论比契约理论更加容易陷入关于公司是否应该具有社会良心的争论之中。如果公司是政府的创造物,那么它就是一个对公众负有责任的政治动物。[126] 作为政治体的公司可能被要求将其经济上的成功服从于社会价值的实现。[127] Wedderburn 曾经说道:"我们公司法的关键问题"是"这样一个环境:它允许私人资本在一个混合经济中,拥有以有限责任的方式组建公司法人的特权"。[128] 基于特许理论,很容易对公司的社会责任加以论证,但是存在的危险是,这些正当性理由并不能克服如下缺陷:使得公司成为政府的左膀右臂,并因此与上面所讨论的社群理论相混同。循着经济的、现实主义的路径,很可能得出这样的结论:公司应该以承担社会责任的方式运转。然而,这要求承认构成新古典主义经济模型基础的基本假设——自由市场将增进所有人的福祉——有其局限性[129];并且要求进一步地承认,这一经济模型能够消减外部性问题。如果这得到接受[130],那么创立公司的那群人就可以合法地行使权力,而且在行使权力的同时,无需践踏社会中所有其他成员的合法利益,或将他们的合法利益排除在外。

特许理论遇到的一个问题是,人们可能质疑,如果公司的存在仅仅是因为政府说过它可以存在,那么公司将可能被看作仅仅是

---

[125] Bottomley, "Contractualism", 291. 但是 Bottomley 明确指出,仅采取一种而排斥所有其他的框架,绝无任何帮助;而且对于法律和政治分析而言,政治的视角应当被认为是辅助性的,而非替代性的。(第 292 页)

[126] See on this D. Campbell, "Why Regulate the Modern Corporation? The Failure of 'Market Failure'" in J. McCahery, S. Picciotto and C. Scott (eds.), *Corporate Control and Accountability* (Clarendon, Oxford, 1993), 103.

[127] A. Fraser, "The Corporation as a Body Politic" (1983) *Telos* no. 57, 5—40.

[128] Wedderburn, "The Social Responsibility of Companies", 4.

[129] See Campell, "Ayres *versus* Coase", 434.

[130] 关于这个的一些观点,将在第 4 章加以讨论。

一种拟制物。这导致难以解释公司开业后的运营方式。另外,在将基础理论转换到操作领域时也存在困难。有人可能争论道,通过将提供合法性基础的特许理论和有机运行理论(an organic operational theory)——公司籍此展开运作并通过公司的政策制定者作出决策——相结合,可以解决这一点。[131] 所谓的有机理论,是对公司组织过程的一种描述,它把那些能够形成公司意志的人看作是拥有决策权的人。[132] 其识别公司意志的途径,或者是认为多数派股东具体表达了公司意志,或者是把形成公司意志看作是作为政策制定者的强势管理层的职权。[133] 这很容易被批评为一个浪漫的想法:"浪漫主义最为典型的特点可能就是对无生命的事物赋予其生命。"Wolff 质疑道:这一理论导致了法律上的谬论,因为它假设公司法人内含了其自己的真实生活或法律意志。他发现一人公司存在更为特殊的困难,那就是尽管他接受了一人公司在法律上独立于其设立者的观点,但他无法看到这类公司有着其自己的"意志"。[134]

Wolff 认为有机理论超越拟制理论的主要优点,在于前者提供了公司自己,而非必须通过代理人,做出各项行为的可能性。然而,他自己的分析存有让对手反戈一击的漏洞,因为如果拟制理论仅仅认为公司人格的获得是由国家法律所支配,就没有理由说该

---

[131] *Tesco Supermarkets v Natrass* [1972] AC 153; *H. L. Bolton (Engineering) Co Ltd v T. J. Graham & Sons Ltd* [1957] 1 QB 159; *DPP v Kent and Sussex Contractors Ltd* [1944] KB 146.

[132] See judgment of Lord Denning in *H. L. Bolton (Engineering) Co v T. J. Graham & Sons Ltd* [1957] 1 QB 159.

[133] 有机论被推到极端。Wolff, "Nature of Legal Persons", 499 引用了 John Caspar Bluntschli 的发现:"在一个国家的生命中,其某些东西,不仅对应于人体的各个部位,甚至对应于人的各种情绪。例如,将一国的外交关系类比为性冲动!"

[134] 关于这一点,可参见关于英国法对契约基础逐渐予以背离的讨论。J. Dine, "Private Property and Corporate Governance Part Ⅱ: Content of Directors' Duties and Remedies" in F. Patfield (ed.), *Perspectives on Company Law I* (Kluwer, London, 1995), 115; and Wolff, "Nature of Legal Persons", 498—505.

被赋予的人格不具备行为能力。[135] 困难之处并不在于它是否具备行为能力,而在于判断它的行为决定是如何得以确定的。而这一要素正是由有机运行理论[136]所提供的。在公司利益的探明方面,可能还存在同样的争议。问题不在于公司是否存在相关利益,而在于如何去发现它们。在这两种情形下,需要把现实主义理论和特许理论综合起来,以便获得一个平衡的观点。

从 Teubner 的理论的多种表现形式——这存在于本讨论的好几节当中——来看,他的观点明显有着复杂的来源。他对于公司意志存在于何处的争论,以及相应地,何处可以发现其行为能力的合法性这两方面都做出了贡献。从这个意义上讲,他接近于现实主义理论家。另外一个"现实主义"的因素是诚恳地接受了这样一种方式:聚合(the collectivity)产生了一个独立的法律实体,于是"迫使"政府赋予其人格。然而,他宣称拟制/特许理论是其公司观的基础,并在法律能够按其意愿授予任何事物以人格的制定法(the positive law)观念里看到了公司人格的来源,而且将发现那些使得强制性社会规范合法化的理论。他还认为,最佳的公司治理结构应被定位为包含相关公司内部其他层面的决策者在内的——并非仅仅是"政策制定者"之间的——生产者的联合。这将包括资方、管理层、劳方和"政府"。[137] 这一复杂的观点是从各种各样的基础性理论中吸取了灵感,并且在打破那种不同学派的学者相互把对方作为死敌的固有格局方面尤其有用。对于建立一个公司模型而言,不同的理论基础可能都是有价值的,没有必要非坚持唯一的理论基础不可。然而,了解不同基础理论的倾向性是有必要的,并且毫无疑问,处于强势的特许/社群基础理论带来了目标弥散和政府无限控制的风险。

双重特许理论(The dual concession theory)

让我们来考虑一个可能是折衷的立场,或许它可以给政府特

---

[135] Wolff 采纳了拟制/特许理论的"温和"版本。
[136] 以及 Teubner 的分析。See Teubner, "Enterprise Corporatism", 130.
[137] Ibid., 154.

许理论带来一个不一样的视角——我们可将其描述为"自下而上"(bottom up)的特许理论。[138] 这一理论将公司看作是与契约当事人签订的原始契约截然不同的东西,并且试图证明:在订约者走到一起并使用公司工具(corporate tool)的过程中,他们创造出一个装置(an instrument),其拥有独立且确实有别于原始契约当事人的真实身份。如果你愿意,公司将"游离于"其设立者之外,成为一个独立的、有着其自身利益的人。公司起源理念和公司成立后的动态存在两者之间是有区别的,在该理论中这一区别是与生俱来的。我们已经看到,契约理论经历的困难之一是,一旦把基础理论应用于公司的运作层面时,就会产生捉襟见肘的局面。在这必须承认,区别是存在的,而且公司在设立之后作为一种可运营的结构,我们应当以新的眼光来看待它。毫无疑问,在关于公司独立人格的本质的长期争论中,这一认知是一个促成因素。基于现实主义理论,以及那种认为加入并共同推进某一特定的事业意味着是对个人私利加以某种限制的观点[139],公司并不能完全豁免于其所有者的影响。但重要的因素是,它是一个自我实体(its own entity),并且不再从属于所有者的意志,而不管这一意志是通过多数派投票还是通过其他方式形成的。这样,自由实体(free entity)的概念就包含了这样一种理解:所有者的意志不再至高无上。[140]

进一步而言,如果我们接受 Cooter[141] 的推理,并认为那些创立公司的人理所当然地吸收了社会规范,那么明显地,这一演变为运

---

[138] 这是我的理论,但与其他观点一样,是通过与我的同事 Sheldon Leader 教授进行讨论而被激发出来的。

[139] 要理解导致这一现象的机制,可参见 Cooter, "Law and Unified Social Theory", 50, and S. Leader, "Private Property and Corporate Governance: Defining the Issues" in Patfield (ed.), *Perspectives on Company Law 1*,以及第 4 章所做的进一步讨论。

[140] 比如,他们可能被"公司利益"的理念所淹没。See *Dafen Tinplate Co v Llanelly Steel Co* (1907) *Ltd* [1920] 2 Ch 124; *Allen v Gold Reefs of West Africa* [1900] 1 Ch 671.

[141] See Cooter, "Law and Unified Social Theory", 50. 以及第 6 章。

营公司的实体,就应该仅在这些规范所强加的限制范围内运作。它并非一个自由实体,其创立者和政府都可以在特定条件下授权给它。对于那些受到大型公司的活动和决策影响的当地社会群体,该推理可能是一种有利于他们撤回某些投入的路径。

对于这一仍然活跃的基础性理论,可以通过将其与国际法及欧盟(EC)的发展演变做一个类比,给出该理论的一个例子。那些约束着各国政府的条约体系,规定了相关的条约义务和权利,但只有当"新的共同体法律秩序"被设计出来时[142],欧盟才真正具备了独立的法律人格。这一过程和股东们订立契约以创立一家公司的情形,有着相似之处。基于公司的创立,形成了一个独立的法律秩序,其权利和责任独立于股东们的权利和责任。公司在设立之后获得了现实的合法性,该合法性不仅仅源自于其创立者,还源自于该营利性组织的利益相关者整体。因此,公司的行为能力不只是其所有者许可的结果,还是那些介入公司目标实现过程的、更为广泛的群体许可的结果。在阐述这一路径之时,必须把那种认为许可是授予有限行为能力的狭隘观念放在一边,而采纳一种更为动态的理念,即认为许可是由任一利益相关者群体整体将合法性授予了公司那些非固定的全体成员。这样,我们不必再考虑那种基于其超越(*ultra vires*)了创立者甚或任何其他利益相关群体的利益而推翻公司决定的可能性,并转向这样一个理念:公司的身份和目标由那些与公司业务最密切相关的人所决定。

正如我们要看到的[143],这一推理与关于公法领域司法审查基础的观点的转变是一致的。这一观点已经将司法审查决定的合法性基础,从狭隘的有关政府许可的越权无效(*ultra vires*)观念,转向

---

[142] Case 26/62, *NV Algemene Transport-en Expiditie Onderneming van Gend en Loos v Nederlandse Administratie der Belastingen* [1963] ECR 1.

[143] 第 4 章。

更加关注机会正义(participatory justice)的思想。[144]

不再将公司法人捆绑于其创立者之上的见解,其好处在于抛弃了这样一个观念:将"公司利益"的确定看作是一个抽象的概念。[145] 但也带来了 Deakin 和 Hughes[146] 提出的问题:相关利益的识别及其特定相关性应被给予重视的程度。然而,有人暗示,该见解结合了很多到目前已经讨论过的、最有用的基础性理论。人们意识到,公司需要去寻求其行为能力的正当性,并通过为它寻找到合法性资源,公司得以有效地运用其行为能力。这被看作是部分源自于政府授予的合法性,比如,政府允许公司以有限责任进行交易,以及为其规定了永久的连续性(perpetual succession)和人格等基本假设(fiction elements)。但是,在人们合法结社以追求其商业目的的过程中也能找到其合法性资源,因而这样一种扎根于现实主义理论之中的观念得到了认同:"依此观念,社团天生就具备了道德和法律上的人格"。[147] 这样一个理论也许能够避免新古典主义经济学家简化论观点(reductionist arguments)*的泛滥。这需要人们承认契约或交易的基础是合法的,承认应当寻求对资源的最优化利用进行鼓励,以及同时认可政府对那些公司参与者(those involved in companies)可能行使的社会和政治权力所起到的决定和控制作用。可以得到证明的是,英国已经(尽管是无意识地)达到了这一阶段(参见下文)。这一理论使得我们容易接受关于公司的

---

[144] G. Richardson and H. Genn, *Administrative Law and Government Action* (Clarendon, Oxford, 1994); P. McAuslan, *The Ideologies of Planning Law* (Pergamon Press, Oxford, 1980).
[145] 参加第 4 章。
[146] Deakin and Hughes, *Enterprise and Community*.
[147] Leader, *Freedom of Association*, 41.
* 另有译为"简化主义"、"还原理论"、"归结理论"等,其是一种导致过分简化和不完全的分析方法。"在一些用法中,这个词指仅仅通过考察单元(如国家或个人)内部做出解释,而忽略其所处的环境及其与环境要素之间的互动……同样地,试图仅仅通过社会或社会心理关系来解释革命,而忽视经济、政治及其他因素的理论家也被批评为 reductionism"(Viotti and Kauppi, *International Relations Theory*, 492.)。——译者注

"选民"模型(a constituency model),因为公司的利益不再仅系于原始订约当事人的利益。[148] 如果我们拿一个正从地面升起的热气球做类比,我们现在可以看到,不再仅仅是热气球的所有权人坐在吊篮内,还至少包括雇员和债权人将作为企业的一部分加入进来。这一理论和模式遇到的困难在于,它指出了哪些是公司的"选民",但在如何平衡那些相互竞争的利益并促成公司整体利益的方面,给我们的启发不多。[149] 在热气球的吊篮内,发生一场争斗并且有人被从中扔出来,这是不可能的!"一种令人信服的说法是,权利和监管措施,并不能直接帮助利益相关者赢得其利益,而是如其定义中的一部分那样,揭示了其相对于其他权利和利益的分量"[150]同样,"判断什么是集体利益,什么可以算作合法的个人利益,然后在这两者之间居中调停。在很大程度上,这是因为在这些利益之间并不存在纯粹的二分法"。[151]

然而,这一理论将在商业领域给予公司强烈的关注,因为公司利益——而非政府利益——是关注的焦点。也因此至少是在公司管理的细节方面,不鼓励政府的干预。应探索一种判断各利益集团合法介入的方法,并因而努力获得一个令人满意且动态的公司监管体系。

---

[148] See Blottomley,"Contractualism",284. 其指出,"传统公司法原则所有的主要方面源自于这样的立场:团体拥有比单个成员更高的重要性"。

[149] Blottomley,"Contractualism"一文提及在促使人们专注于是什么将他们联合为一个团体的方面,公司章程所扮演的角色:"一部章程,既揭示、强化了单个'选民'(constituents)在该机构中的地位,同时也使得他们自己组成(constitutes)一个团体或集体。立宪主义因此将我们的注意力导向将那些个体联合起来而非加以分割的东西。"

[150] C. Riley,"Understanding and Regulating the Corporation"(1995) 58 *Modern Law Review* 595.

[151] Bottomley,"Contractualism",295. 他继续说:"团体和个体之间的关系,源自于对权力关系进行协商和界定的持续过程。"

公共利益:确保公司正确运营的权利

如果能因此认可政府有权对公司强制施加一些反映了公共利益规范的监管措施,接下来的任务就是要理解这些监管措施的目的是什么。要理解政府监管的作用,第一步被认为是要理解公司内股东的作用。Leader已经指出,作为其拥有股份所有权的结果,一个股东拥有两项明显的权利。[152] 首先是一项个人权利[153],即授权股东使用章程中规定的各种相关机制,比如投票权和《英国公司法》第14条项下的个人诉讼,来确保其享有的股份尽可能地保值。其次是一项派生的权利,即有权确保公司被正确运营。通过派生诉讼及其与第459条规定的重叠部分,这一权利得以强制执行。[154] 当然,派生权利源于公司本身就享有的、需基于公司自身利益而进行经营管理的权利,所以股东确保公司被正确运营的权利是一项确保公司利益得以促进的权利。探寻派生权利的界限,就是判断何种标准的道德和伦理规范被社会认为强加于公司治理之上是正确的。需要注意的是,与社群理论模式所引起的目标弥散有关的各种警告,在这并未引起共鸣。这是因为,公共利益是用来确保正确的公司治理以便公司可以最好地追求其商业目标,而非调整公司目标以服务于政府意图。这里的焦点在于章程上的行为或治理的标准。例如旨在确保公司以这样一种方式运营:民主、平等地考虑与其商业功能关联最密切的那些"选民",而非和社群理论寻求的那样,将社会工程学的一般目标强加于公司。这一理论因此避免了一些宏大的、不管怎样都可能相互矛盾的目标。比如这样一

---

[152] S. Leader,"Private Property and Corporate Governance Part I" in Patfield (ed.),*Perspectives on Company Law I*,85.

[153] Law Commission Report,*Shareholder Remedies* (1997,Cm 3769,Law Com No. 246.)

[154] 有趣的是,我注意到,这一几乎完全的重叠得到1989年关于第459条的修正案的确认。它授权在所有股东遭受不公正的歧视时提起诉讼,而没有必要表明存在单个或某类股东的特殊损失。

个目标：提供最大可能快速的道路运输物流体系，与此同时还要保护环境。公司不应当被看作是社会政策的工具，公司的独立人格应该继续得到认可；而公司治理应该始终关注公司的利益，承认这些利益有别于社会利益和股东利益，但政府基于其所做的权力让步的事实而拥有控制的权利。公司只有在社会规范之内行动时才能保留其合法性，因为正是基于该条件，创立者才授予其独立的身份。

谁是公共利益的监护人

一个仍然存在争议的说法是：过多地依赖于契约理论，会导致只留下股东作为公司治理中公共利益的仅有的监护人。有一个例子可以说明这一点，1985年《英国公司法》第309(1)条规定："公司董事在他们履行职责过程中需要注意到的事情，不仅包括公司成员的利益，还通常应当包括公司雇员的利益。"但唯一可能承担此项责任去考虑这些利益的机构，是股东大会(shareholders)，而股东的利益在某些场合可能与雇员的利益直接冲突。[155] 这一情形的逻辑似乎是，不仅股东享有权利确保公司基于其本身利益而被正确运营，而且社会也对他们委以责任以达此目的。

采纳一种依赖于股东控制[156]的公司模式，其面临的危险是，在很多法域中它在控制管理(controlling management)上毫无实用之处。赋予公司独立的人格，其完整的意图在于使得所有权和控制权得以分离。从而让董事留出精力为公司的利益服务，而不是作为所有者这一压力集团的代理人行动。然而，这一分离在很多情况下已经变得很极端，以至于股东大会不再是有效的治理机构，甚

---

[155] 有趣的是，英国律师会(the Law Society)呼吁应"清晰地阐释隐藏在此类特别规定背后的目的"。Memorandum No. 360, *Modern Company Law for a Competitive Economy*, para. 2.4.

[156] See P. Ireland, "Company Law and the Myth of Shareholder Ownership" [1999] *Modern Law Review* 32.

至这在保卫他们自身利益的场合都成了一个问题。对公司利益保卫的有效性显然更加没有可能。无效是基于很多众所周知的原因产生的。[157] 大型公司的小投资者对此缺乏兴趣,他们仅仅关心投资回报。机构投资者在公司面临经营困难时弃之而去,而非介入其中,并认为这是对他们自己的投资者负有的主要责任予以承担的最好方式。而且,信息的提供掌控在管理层的手中,他们可能是数量可观的"活跃的"股份和代理人。因此,出于公司控制的目的,依赖于股东大会作为治理机构,就是承认董事在遭受不可预知的市场风险的侵袭时,拥有几乎完全的、关于公司控制的裁量权。出于这一原因,一些法域采取了基于双层管理结构的治理机制,授权一个监事会对执行董事拥有或多或少的控制权。

朝向"选民"/多层信托模型

在仍然保持单层董事会规则的地方,例如英国和美国,可以得到证明的是,股东的任务正变得日益艰难,因为法院接受了这样的观点:股东利益和公司利益之间并非绝对地一致。[158] 因此,在捍卫公司利益的努力中,股东必须努力猜测其他"选民"(仍未得到明确)[159]的想法。

---

[157] 要获得全面的分析,参见 Parkinson, *Corporate Power and Responsibility*。

[158] "在所有的这类案件中,当人们行使其财产权利时,他们是基于一些适当或不适当的动机行使权利。而且,我总是认为法律应当如此:那些拥有财产权的人有权行使这些权利,而无论他们这样行使权利的动机是什么。"(*Pender v Lushington* (1877) 6 ChD 70, 75.) 看起来足够清晰但又奇怪的是,他感觉到从以下观点中获得了支持:"上诉法院法官 Mellish 在 *Menier v Hooper's Telegraph Works* (1874) LR 9 Ch 250 一案中发表意见说,'我支持如下观点:尽管这是相当正确的,即公司股东将根据其喜好及其自身利益而投票,但多数派股东不会出售公司资产且不会做如此的考虑。'"不清楚的是,为什么对其主张的支持,会被包含在一个对权利的自私自利地行使加以限制的表述当中。要了解否认一致的论述,参见 Dine, "Private Property and Corporate Governance"。

[159] 正如 Berle, "Private Property and Corporate Governance" 一文所预见的。

在两个法域中都可以追踪到对契约理论的排斥以及对股东利益和公司利益之间区别的接受。Sullivan 和 Conlon[160] 注意到,契约主义的顶点是伴随着法院认可了外部接管市场(takeover markets)*是一种公司治理机制而到来的:"资本市场的规则促使执行管理层追求股东财富的最大化,以避免招致不请自来的起诉者的注意。"[161] 股东们作出的关于接受或拒绝一项收购要约的投票,被看作是一个最终的判优器——这不仅仅是针对股东追求其股份价格最优的个人权利而言,也是针对公司利益而言的。然而:

> 放宽对受托人的约束,激发了各式各样的恶行。通过各种普通人难以琢磨透的专业手段,诸如特殊投票权股份(Supervoting Stock)、毒丸计划(poison pills)、分类制董事会(classified boards)、锁定(lock-ups)、协助(leg-ups)、爬行收购(creeping takeovers)、熊抱(bear hugs)、白衣骑士(white knight)、白衣护卫(white squires)、黑衣骑士(black knight)、排他性防御(preclusive defences)、选择性股份买断(selective stock buyouts)、股票期权(stock options)、绿票讹诈(greenmail)、售卖冠珠(crown jewel sales)、拍卖(auctions)和自我收购(self-tenders)、职业经理人及类似的袭击者(raiders alike)腐蚀着股东的民主政治。[162]

明显地,股东甚至在保卫其自身利益方面也并非十分有效。Sullivan 和 Conlon 觉察到,在特拉华州法院推动的偏离契约主义的潮流中,存在着一个向着公司"多层信托"模型演变的趋势。有关描述可以参考股东作为单层受托人的理念的让位:

---

[160] Sullivan and Conlon, "Crisis and Transition", 732 et seq.

* 又称公司控制权交易市场(market for corporate control),是公司治理的一个重要外部治理机制。即通过收购兼并以取得对企业的控制,达到接管企业和更换不良管理层的目的。——译者注

[161] Ibid., 734.

[162] Ibid.

支持者分析说,单层受托人(表现为股东)的理念不合时宜,具有误导性,且经常是破坏性的。相反,多层信托模型……把信托义务延伸至各个"选民",诸如贷款人、供应商、雇员、经理人、客户、公司债券持有人以及股东。同样,多层信托模型主张,不能再以股东的权利代替非股东的权利。[163]

向多层信托模型演变的趋势,被认为在 *Paramount Communications v Time Inc* 一案[164]中的判决中起到了关键作用。在该案中,特拉华州大法官法院(Delaware Chancery Court)*指出,时代公司的董事有权决定拒绝派拉蒙公司的收购要约,即使这是一个溢价(a premium price)收购要约。首席法官艾伦(Allen)指出:

> 公司法的运作并不依赖于这样的理论:董事在行使权力以管理企业时,有义务遵从多数派股东的意愿……董事会,尽管总是被要求在拥有可靠信息的基础上作出行动,但其本身并无义务在短期内促使股东价值的最大化,即使在收购的背景下也是如此。

时代公司的董事成功地坚持了他们的观点:相对于把公司出售给派拉蒙来说,他们为公司拟订的长期计划是一个更好的战略。特拉华州最高法院驳回了相关的上诉。"时代公司和它的继承者主张,当管理层能够系统阐述一个长期的战略,从而为股东以及'公司所代表的利益共同体'提供更大的利益时,则股东的权利是重

---

[163] Ibid., 716.
[164] 571. A. 2d. 1140 (1989), 571. A. 2d. 1145 (Del. 1990).
　* 又译特拉华州衡平法院(Delaware Chancery Court, DCC)。DCC 是特拉华州专设的审理商业与信托、不动产等诉讼的初审法院;DCC 初审裁决后的案件,当事方可以上诉到特拉华州最高法院(Delaware Supreme Court, DSC)。特拉华州是美国境内最受欢迎的公司注册地之一,据统计,全球财富五百强公司中超过一半是在特拉华州成立注册,超过1/3 的纽约证券交易所上市公司亦在该州注册。——译者注

44 公司集团的治理

要的,但并非是至上的。"[165]

在英国,也可以发现从契约主义向多层信托或"选民"模型演变的类似趋势。很明显,英国法院正逐步偏离狭隘的公司契约理论。大量的案件体现了公司之"伞"的延伸,以覆盖股东利益之外的那些利益。

法院似乎愈加愿意接受这样的观点:公司一旦得以创立,则不仅仅是从其成员中独立出来的创造物[166],而且其成员在行使投票权时,必须考虑到他们一己私利之外的那些利益。我们可以在以下四类案件中看到这一趋势:(ⅰ)对债权人的利益给予越来越多重视的案件;(ⅱ)多数派批准的决定被法院宣布无效的案件;(ⅲ)由特别多数(a special majority)通过的对章程细则的修改,被法院宣布无效的案件;以及,(ⅳ)涉及在公司各组织机构之间平衡权力的判决的案件。

债权人

在 *Lonhro v Shell Petroleum* 一案[167] 中,债权人的利益得到 Diplock 勋爵的认可。他认为:"董事会的义务是……为公司的最佳利益着想。但并非专指股东的利益,还包括了债权人的利益。"[168] 上诉法院在 *Liquidator of West Mercia Safetywear Ltd v Dodd and Aother* 一案[169] 中,支持了这一观点。在该案中,公司的利益被说成包含了债权人的利益,因为该公司当时处于资不抵债的情形。但 Lonhro 一案并不存在资不抵债的问题。*Winkworth v Edward Baron* 一案[170] 也不存在这一问题,Templeman 勋爵仍在该案中引用了对债权人负

---

[165] Sullivan and Conlon, "Crisis and Transition", 745. 转引自 Allen 大法官在 *Paramount Communications v Time* 一案中的意见。

[166] *Salomon v Salomon* [1897] AC 22; *Lee v Lee's Air Farming* [1961] AC 12; *Macaura v Northern Insurance Co* [1925] AC 619.

[167] [1980] 1 WLR 627.

[168] Ibid., 634.

[169] [1988] BCLC 250.

[170] [1987] BCLC 193.

有的这一直接义务。在 *Brady v Brady* 一案[171]中上诉法院法官 Nourse 认为,在公司资不抵债或"偿付能力值得怀疑"的情况下,公司的利益与债权人的利益是同义语。在 *Standard Chartered Bank v Walker* 一案[172]中,债权人的意愿被置于最重要的地位,优先于多数派股东的意愿。

批准

股东不得出于一己私利,利用其多数决权力,允许董事的行为违背其对公司负有的义务。[173] 法院相信,即使多数派股东的决定依据章程是正确的,其亦非压倒一切的。董事会的一些决定,即使股东们100%同意,也不能得到批准认可。[174]

因而可以这样说,英国公司法正朝着一种主张股东决策时不能局限于考虑其自身直接利益的公司模式发展。人们日益认识到,公司是完全独立于其所有者的一个实体。不仅从对于管理层在决策时必须考虑其他利益的公开承认中,而且从多数派并不能为所欲为地支配公司来看,这一点都是显而易见的。法院对于章程细则修改问题的态度,也使得这一观点得到了巩固。

章程细则的修改

当修改并非"真正为了公司的利益"时,法院保留了阻止对公司章程细则进行任何修改的权利。阻止这样一个修改意味着,法院将推翻一项由至少75%的股东通过的决议。在尽力定义"公司利益"的同时,法院明确指出,即使是绝大多数股东的私利也不能

---

[171] [1988] BCLC 20.
[172] [1992] 1 WLR 561; and See J. Dine, "Shareholders Denied Voting Rights" (1992) *Insolvency Law and Practice* 150.
[173] *Prudential Assurance Co Ltd v Newman Idustries (No 2)* [1981] Ch 257; *Alexander v Automatic Telephone Co* [1900] 2 Ch 56; *Estmanco (Kilner House) Ltd v GLC* [1982] 1WLR 2.
[174] *R v Gomez* [1992] 3 WLR 1067.

等同于公司利益。[175]

权力(power)的划分

可以通过公司内部组织机构之间权力划分的演进,来进一步明确区分股东利益和公司利益的特征。

大家过去相信,董事的权力来源于股东授予他们的职权。这意味着,如此委托的权力可以通过公司股东在股东大会上的投票行为予以收回或行使。现在的观点是,董事的权力源自于公司本身。公司权力的一部分被移交给通过股东大会发挥作用的股东;其他的权力被直接移交给管理层。这意味着存在一个权力的划分,股东大会不再能够干预管理活动。[176] 但只要赞同股东可以通过修改章程细则(但只能"基于公司利益")或批准行为(但如果存在 Sealy 认为应该被确切地称作"对公司的欺诈"的情况[177],法院可以宣布该批准行为无效)进行干预,这仍然是一个闭环。

认为公司独立于除股东一己私利之外的利益但与之密切关联的观点,正变得越来越普及。英国开始不再将公司看作是所有者之间为追求其自身利润而订立的契约,而认为是一个有着其自身目标的企业。这些目标必须通过根据其真正的自身利益——而非股东短浅且狭隘的财产利益——所作出的决策来加以推进。

---

[175] See *Allen v Gold Reefs of West Africa* [1900] 1 Ch 656; *Dafen Tinplate v Llanelly Steel Co Ltd* [1920] 2 Ch 124; *Greenhalgh v Arderne Cinemas* [1951] Ch 286.

[176] *Automatic Self-Cleansing Filter Syndicate Co Ltd v Cuninghame* [1906] 2 Ch 34; *Quinn & Axtens v Salmon* [1909] AC 442; *Breckland Group Holdings Ltd v London and Suffolk Properties Ltd* [1989] BCLC 100.

[177] L. Sealy, *Cases and Materials in Company Law* (5th edn, Butterworth, London, 1995), 476.

结论:公司治理中的危机

正如 Sullivan 和 Conlon 主张的[178],从契约模型向"选民"模型的演变导致了公司治理中的一个危机。股东、董事和法院丧失了能够方便地判断股东多数派决议效力的准绳。如果股东不能有效地捍卫其自身利益,那么他们在固有的治理模式下,能够有效地捍卫公共利益的可能性又能有多少?然而,立法和法典又似乎都仅仅依赖他们提供保护,以防止糟糕的或欺诈性的管理。[179] 显然,需要某种其他的监管体系。

在本章,我们考虑的是单个的公司。下一步还要考虑关联公司的现象,以及它们之间、它们与自然人参与者之间、它们与政府之间的关系。记住,公司集团的构造和行为,就如同需要建立在单个公司之上一样,也要依据于产生了它们的这个社会的基础哲学体系。

---

[178] Sullivan and Conlon, "Crisis and Transition". 注意全文是:"公司治理范式的危机和过渡:特拉华州大法官法院的角色"。

[179] *Report of the Cadbury Committee on the Financial Aspects of Corporate Governance* (Gee, London, 1992). 可以看到,Cadbury 强调的是作为控制机制的机构股东和要求越来越透明的披露的立法偏好,大概是着眼于股东撤换董事的权力,尽管可能还需留意公众的反应——尤其是在被要求披露薪酬的情况下。

2 公司集团的治理:比较法的视野

关于这个主题,也许最令人惊讶的事就是,对于公司集团的治理缺乏广泛的讨论。在很多关于公司治理[1]的公司法教科书及协议中,这一主题要么缺失,要么只是简短地提及。而且有关公司集团所引起的问题的讨论,常常狭窄地集中于破产问题,而不是关注公司集团的治理。Scott 将这一讨论缺失的原因追溯至古典经济分析:"经济分析建立在单个企业家在组织生产时所承担的角色之上。古典主义经济学家假定'企业家'领导着其个人拥有的企业;而且他们在分析现代的大型公司法人时,并未看到明显的理由要求修改这一观点。"[2] Blumberg 在美国法的语境中,确认了两个其他原因。[3] 其中一个事实是,直到 1888 至 1893 年[4],美国各州

---

[1] J. Parkinson, *Corporate Power and Responsibility* (Clarendon Press, Oxford, 1993); N. Maw *Maw on Coporate Governance* (Dartmouth Aldershot, 1994); L. Gower, *Gower's Principles of Modern Company Law* (6th edn, ed. P. Davies, Sweet & Maxwell, London, 1997); J. Farrar and B. Hannigan (eds.), *Farrar's Company Law* (4th edn, Butterworth, London, 1998); B. Cheffins, *Company Law* (Clarendon, Oxford, 1997); D. Milman "Groups of Companies, The Path Towards Discrete Regulation" in *Regulating Enterprise*, Hart Publishing 1999.

[2] J. Scott, "Corporate Groups and Network Structure" in J. McCahery, S. Picciotto and C. Scott (eds.), *Corporate Control and Accountability* (Clarendon, Oxford, 1993), 292.

[3] P. Blumberg, "The American Law of Corporate Group" in McCahery, Picciotto and Scott (eds.), *Corporate Control and Accountability*.

[4] 最早出现在新泽西州:New Jersey Act, 4 April 1888, ch 269 sl (1888 N. J. Laws 385)。

法律才陆续认可一个公司法人能够成为另一个公司法人的股东。[5]另外一个事实是,当母公司法人的责任问题第一次被提交法庭时,不仅仅股东的有限责任被接受已经几十年了,而且在那时,"美国法正面临着形式主义或概念主义的高潮,并将其作为法律分析的唯一合法形式。股东对于公司法人的义务并不承担责任。母公司是其子公司的一个股东,因此母公司对于其子公司的义务也不承担责任"。[6]

尽管"在基础关系方面发生了巨大的变化"[7],这一分析仍在流行,仍然明显地存在于今天的美国和英国[8]法学当中。正如契约理论与单个公司的关联否认了后者的公共作用及其章程的地位,从而将单个公司予以解构一样,公司集团也是如此被解构的,结果它们被认为仅作为多数派或少数派股东而相互关联。权力的聚集效应被忽略了,仅在个别极端的案例中[9],或者是在政府对跟随而来的金融丑闻进行干预时,才被加以考虑。[10] Prentice 认为,与契约理论导致的公司集团问题相关的法律片断是有价值的,理由是,一旦有关特定问题(比如"账目、披露、税收、董事在集团内的交易行为、少数派股东被压制以及破产")的规则被制订出来,"就几乎不剩下什么问题需要一部专门解决公司集团相关问题的法律来扫尾了"。[11]他认为,需谨慎使用将公司集团作为单个企业的概念(参见 n.1)。

本章将检视英国法和欧洲法对公司集团进行监管的一些不同

---

[5] See also T. Hadden, "Regulating Corporate Groups: An International Perspective" in McCahery, Picciotto and Scott (eds.), *Corporate Control and Accountability*, 345.
[6] Blumberg, "American Law of Corporate Groups", 308.
[7] Ibid.
[8] 尽管不再禁止公司拥有其他公司的股份。
[9] *Adams v Cape Industries plc* [1990] Ch 433.
[10] 参见下文对于债权人保护的讨论。
[11] D. Prentice, "Some Comments on the Law of Groups" in McCahery, Picciotto and Scott (eds.), *Corporate Control and Accountability*.

法律方法，以作为对不同监管方法进行评价的基础。德国模式展示了一个对公司集团内部权力关系的影响所采取的更为宽泛的理解。欧盟竞争法采取了以单个公司为单元的方法——这也许最确切地反映了社群理论，尽管有趣的是，反垄断干预措施的一个正当性来源，常常就在于它对市场失灵（即垄断和卡特尔趋势）进行修复。

这一简单化的分析反映出契约理论忽视的一点：创设有限责任就是为了保护那些未参与企业经营管理的投资者。这一分析正被延伸至母公司，"尽管它们显然构成了企业的一个重要部分"。[12] 由此极大地提升了那些掌管着集团架构的人的权力，因为资产的流动限于承担有限责任的集团成员之间，并处于承担有限责任的母公司的控制之下。在否定契约理论的同时，Hadden 强调了决定集团架构的制度性因素，逃避政府监管的潜在性以及在寻求对公司集团进行监管时需要解决的难点政策问题：

> 采取这样一个观点——集团组成部分之间的关系完全由契约来做出安排——是不切实际的……国内和国际的监管都是需要的，以保护介入到集团交易中的主要当事人的合法利益，特别是那些外部投资者、雇员、自愿或不自愿的债权人或消费者以及所涉企业的东道国和母国的合法利益。[13]

正如 Scott 所指出的，控制（control）和管理（rule）不应该被混淆：控制的基础是作为股权中应有之义的那些权利，而"一个企业的管理者（ruler），是指那些对公司战略做出决策，并指定其实现框架的人"。[14] 然而，通过准许将施加于子公司之上的控制和管理授予母公司的管理层，法律认可了一个前所未有的、权力在中央机构之上的聚集。Piecemeal 试图阻止这一权力集权化的努力[15]，在

---

[12] Blumberg, "American Law of Corporate Groups", 308.
[13] Hadden, "Regulating Corporate Groups".
[14] Scott, "Corporate Groups and Network Structure", 294.
[15] 正如要求董事必须根据决策时他们任董事的公司的利益行事。

很大程度上是无效的。并且,伴随着全球化,决策的日益集中已经有了悲剧性的后果。自由市场所导致的对公司集团控制的阙如,开始变得明显起来。此处考虑的监管结构,是公司集团在法律上的结构性控制所特有的。本书后面将考虑更为广泛的控制和监管问题。

集团:它们是什么

公司可能在一个广泛的范围内相互联系。它们可能通过契约、股权或者兼任董事(interlocking director)而相互联系。Eisenberg[16]确认了横向集团(horizontal groups),比如交叉持股的集团。这其中,日本的传统财阀(the Japanese *traditional keiretsu*)[17]是最著名的例子。在这种集团中,存在一个小范围交叉股权的复杂网络,并通过主席们之间的例会和兼任董事制度达到协调的目的。[18] 工业财阀(Industrial Keiretsu)构成了这类集团和纵向集团之间的过渡形态(half-way house),因为工业财阀存在着一个明确规定的核心公司来对其他公司保持控制,但该核心公司必须开展其自己的业务,并且最多可能拿出其财产的50%向子公司投资。因此,通常

---

[16] T. Eisenberg, "Corporate Groups" in M. Gillooly (ed.), *The Law Relating to Corporate Groups* (Federation Press, Sydney, 1993), 1.

[17] 要获得关于日本财阀的综合分析,参见 R. Gilson and M. Roe, "Understanding the Japanese Keiretsu: Overlaps between Corporate Governance and Industrial Organisation" in S. Wheeler (ed.), *The Law of the Business Enterprise* (Oxford University Press, Oxford, 1994), and (1993) 102 *Yale Law Journal* 871, and P. Muchlinski, *Multinational Enterprises and the Law* (Blackwell, Oxford, 1995).

[18] D. Henderson, *Foreign Enterprise in Japan: Laws and Policies* (University of North Carolina Press, Chapel Hill, NC, 1973); R. Clark, *The Japanese Company* (Yale University Press, New Haven, CT, 1979); Hadden, "Regulating Corporate Groups".

不存在全资子公司。从法律意义上讲,纵向集团[19]包括一个母公司和一个或一个以上的子公司,而横向集团是由若干个交叉持股的公司组成。以上区分使用的是一些与股权相关的法律术语。商业分析则采取了一个不同的视角,认为纵向集团拥有从香蕉种植园到零售渠道等生产要素,横向集团则拥有处于同一层次上的不同生产要素,比如几个零售渠道。管理学的观点还提供了更多的不同视角。[20] 和法律上的纵向集团有关的另一个区分,就是区别子公司为其全资所有情形下的集团和子公司为其部分所有情形下的集团。正如 Austin 所指出的,在子公司为其部分所有的情形下,产生了有关少数派股东保护的重要问题。[21] 对于子公司为其全资所有的集团,主要是债权人的保护问题。使用经济分析的语言或许能够证明:契约上的债权人对于因其贷款给公司所承担的风险,可以利用其交易地位获得补偿[22](尽管如果对交易能力的不平等加以考虑,尤其是如果把雇员也归入其中的话,这一论证看上去相当单薄)。[23] 然而,同样或许能够看到的是,当债权人处于非自愿的情形(即公司的侵权行为或其他民事违法行为的受害人[24])时,

---

[19] 术语可以千差万别。Scott,"Corporate Groups and Network Structure"一文使用的是"完全(total)"集团和"网络(network)"集团。See also G. Teubner,"The Many Headed Hydra: Networks as Higher Order Collective Actors" in McCahery, Picciotto and Scott (eds.), *Corporate Control and Accountability and* Muchlinski, *Multinational Enterprises*.

[20] 参见本章结尾的讨论。

[21] R. Austin, "Corporate Groups" in R. Grantham and C. Rickett (eds.), *Corporate Personality in the 20th Century* (Hart Publishing, Oxford, 1998).

[22] R. Grantham and C. Rickett, "The Bootmaker's Legacy to Company Law Doctrine" in *Corporate Personality*; D. Goddard, "Corporate Personality—Limited Recourse and Its Limits" in the same Volume; F. Easterbrook and D. Fischel, *The Economic Structure of Corporate Law* (Harvard University Press, Cambridge, MA, 1991); B. Cheffins, *Company Law* (Clarendon Press, Oxford, 1997), 69 et seq.

[23] See R. Grantham, "Commentary on Goddard" in Grantham and Rickett (eds.), *Corporate Personality*, 66.

[24] Ibid.

"风险被转移给了这些债权人,而他们没有机会要价或商谈安全或其他条款"。[25] 该问题的含义,尤其是在以获取风险最大程度转移所进行的重构这一语境下的含义[26],将在下文加以考虑。

多国和跨国集团

正如 Farrah 所指出的[27],一个公司在几个不同的国家开展业务的概念远非新鲜事物。[28] 然而,这种行为在最近几年大量增加,当前的数据包含了一个相当恐怖的信息。根据联合国《世界投资报道·1997 年》的数据,世界上大概有 45,000 家跨国企业,控制着 280,000 家国外附属机构(foreign affiliates)。这些附属机构在全球范围的销售额达到约 7 万亿美元。最大的 100 家公司,拥有大约 1.7 万亿美元的外国资产,达到全球估计总数的 1/5。在全球最大的经济体中,多国公司占据了 51 席(其他 49 席是民族国家)。[29] 可以通过同时琢磨(juggle with)单国的多国公司集团(national multinationals)、国际的多国公司集团(international multinationals)和跨国公司集团三者的定义,来洞悉它们之间的区别。[30] 单国的多国公司集团有着唯一的拥有特定国籍的母公司;国际的多国公司集团有着两个或两个以上的拥有不同国籍的控制性母公司。但正如 Holt 所指出的,这一描述仅仅和它们的法律结构相关,既未描述一

---

[25] R. Grantham, "Commentary on Goddard" in Grantham and Rickett (eds.), *Corporate Personality*, 66.

[26] As in *Adams v Cape Industries plc*.

[27] Farrah and Hannigan, *Farrah's Company Law*, ch. 44.

[28] 作为例子,其引用了东印度公司(the East India Company)和哈得森海湾公司(the Hudson's Bay Company)。

[29] 多国公司集团在欧洲的迅速发展,可归因于二战后在美国帮助下的欧洲经济的恢复。See J. Spero and J. Hart, *The Politics of International Economic Relations* (5th edn, Allen & Unwin, London, 1997). 要获得进一步的统计数据,可参见第 5 章。

[30] Farrah and Hannigan, *Farrah's Company Law*.

个集团的商业活动,也未描述其基础性的决策结构[31]:

> 观察者经常不加区别地将术语"多国公司",用来指任何一家拥有国际利益的公司。这样一个包罗万象的含义,无法区分各种各样的国际性机构。稍后的讨论将描述仅仅出口国内制造的货物的公司,仅仅进口物资的公司……以及担当代理角色的公司(贸易商、经纪商和收发督导)。这些企业都参与国际活动,但是只有它们直接投资于国外的设施,并拥有负责国外活动的管理人员时,才有资格成为真正的多国公司。[32]

很可能在这最后一段,可以看到多国公司的真正的重要性。正在发生的是,管理层日益对公司在国际层面上的活动负责。其视野不再局限于一国或一地区的考虑。从这到跨国公司的演变趋势,总体上被认为还不明朗。[33] 而出于某些目的,联合国对跨国公司采纳了一个杂糅百家的定义:"拥有或控制了其所在国之外的生产或服务设施的企业。"[34] 联合国跨国公司委员会在其关于跨国公司行为的法律草案中提出的定义,很可能更为实用。该草案强调的是"允许通过一个或多个决策中心制定各项连贯政策和一项总体战略的决策体系"。[35] 正如 Holt 所指出的,这之间的区别似乎在于决策结构整合的程度。[36] 可以勉强地说,管理层甚至进而远离了对某一区域的关注,整体的决策结构将世界作为其关注焦点。并非所有的民族国家对其领导人现在都有民主控制机制,但

---

[31] D. Holt, *International Management* (Harcourt Brace, New York, 1998).
[32] Ibid., 6.
[33] Farrah and Hannigan, *Farrah's Company Law*; Holt, *International Management*.
[34] Group of Eminent Persons, *The Impact of Multinational Corporations on Development and on International Relations* (UN pub E74 ⅡA 5), 25.
[35] United Nations Economic and Social Council, *Work on the Formulation of the United Nations Code of Conduct on Transnational Corporation—Outstanding Issues in the Draft Code of Conduct on Transnational Corporations* (E/C10/1985/5/2, 22 May 1985).
[36] Holt, *International Management*, 5.

是,对于参与行使由企业财富所带来的巨大权力的那些人,民主的缺乏并未开始被用来描述对他们控制的缺乏。而且,在将自由市场经济理论作为公司集团本源的情形下,权力行使的正当性来源只能是追求利润最大化的效率理论。这对于整个世界有着毁灭性的影响。就这一中心问题而言,围绕公司集团各种法律问题所进行的讨论明显没有做到迎难而上。

主要问题

围绕集团的法律结构和法律地位所产生的很多争论,已经僵化为这样一个争议:是将公司集团视作独立且自治的单个实体,还是将其看作是单一的经济单元。两种观点都不能令人满意:"这两种关于公司法律地位的最简单的理论——它们维持了传统的看法,即集团中的任何一个成员公司必须保有完整的独立法律人格,而且对集团依其本身的资格就是一个法律实体的承认掩盖了其成员公司的法律实体地位——结果很可能都是行不通的,或不可接受。"[37]以下问题为这一争议添上了一把柴火:

- 欺诈性或不道德地使用公司面纱以在公司之间转移资源,意在阻挠外部人获取利益。[38]
- "集团"决策的利弊,包括对少数派利益的压制能力。
- 在一个不断变化的环境中,难以对单一的经济单元加以定义。[39]

---

[37] Hadden, "Regulating Corporate Groups", 343.
[38] 这包括了管理上的堑壕。要获得作为其例证的有关案例研究,参见 Hadden, "Regulating Corporate Groups", 359。
[39] 这将包括误导性陈述的问题。See Hadden, "Regulating Corporate Groups", 360.

利用公司面纱在公司之间转移资源

在第一个标题之下,把这一情形放到许多不同的法域之下进行分析,是有益的。当考虑到集团的经营管理时,各国的处理办法往往反映了该法域有关单个公司的基础理论。

英国案例法中缺乏对集团利益的认可

关于独立单元最为极端的例子可能是英国。不仅仅是契约理论导致了母公司与子公司被描述为仅因前者的股东身份而相互关联,即集团体现的是各个契约的连结点;而且,经济学上的自由企业理论往往对监管抱有敌意,除非那些被认为是对市场机制予以完善的监管措施。这些态度被灌注到英国理论当中,在此基础上发展出了很多关于集团的法学理论。这样,我们看到了一个非常严格的关于集团内公司的独立性的理论,以及相应的对公司经理们予以劝告的狭隘理论。[40] 该理论主张,经理们在决策时,应仅仅集中关注他们所服务的公司。我们需要考虑法律对现实的适应程度:在决定公司的利益时,集团的利益是相关的[41];而且,"一个占据相关公司董事职位、智慧且诚实的男人(原文如此),在掌握现有的全局情况时,还能否确信该项交易是有利于公司利益的"。[42] 尽管这一理论被认为可能弱化集团管理的集中程度,但它是如此远离集团管理实践的现实状况,以至于只能是一个非常值得怀疑的工具。[43]

那些在其他公司拥有大量股份的公司,它们之间是否存在一

---

[40] 参见在下一部分分析的案例。

[41] *Nicholas v Soundcraft Electronics Ltd* [1993] BCLC360.

[42] *Charterbridge Corporation v Lloyd's Bank Ltd* [1970] Ch 62 at 74.

[43] 参见下文关于管理实践的讨论。亦可参见 Holt, *International Management*, esp. ch. 7; M. Czinkota, I. Ronkainen and M. Moffett, *International Business* (4th edn, Harcourt Brace, New York, 1996), esp. ch. 20.

种特殊的关系？这又回到了 Prentice 的观察：英国有着大量影响到公司集团的法律，但缺乏专门调整集团本身的法律。[44] 这样，尽管出于很多税收和会计上的考虑，公司集团被看作是一个单元[45]，法院仍然不愿意承认这样一个现实：一个集团内的公司是以其他方式相互关联的，而非一个个因互为重要股东的关系而绑在一起的独立实体。因而，集团的治理需要依赖的方式是：利用处理一般公司法问题的监管手段对集团施加影响。这方面最为重要的规则是：

（i）在存在欺诈和不能适用"企业法"*的案件中，法院"揭开公司面纱"的能力；

（ii）对债权人的保护，以及相互依存的公司责任问题；

（iii）董事的义务，以及小股东受压制的问题；

（iv）合并账簿和税务。

揭开公司的面纱

上诉法院法官 Templeman 在 *Resouthard & Co Ltd* 一案中概括了英国法院的做法：

英国公司法拥有一些奇怪的特点，这又导致了一些奇怪的后果。一个母公司可以繁殖很多子公司，它们都直接或间接地为母公司的股东所控制。换一个比方，如果其中一个子

---

[44] Prentice, "Some Comments on the Law of Groups", 372.

[45] 例如，参见 1985 年《公司法》第 258 条。

* 关于资本维持原则及相应的解决公司集团破产的方法论有两种：法人实体法（entity law）和企业法（enterprise law）观点。所谓法人实体法观点，是指将经济上相互关联的公司在法律上看作是相互独立的实体，在处理相关破产案件时不考虑各个公司在经济上的紧密联系，仅仅从法律的概念来考察，只要公司在法律上是独立的，在破产时就按照一般的关系来处理。所谓企业法观点，是指法律形式上相互独立的公司，只要在经济意义上有密切的联系，就将它们看作是一个企业整体，在处理这些公司的破产案件时，将与其有关联的公司作为特殊的债权人来看待。企业法的本质在于，在一定条件下，否认集团内成员公司在形式上的独立法律人格，将成员公司对少数投资人以及债权人的责任转移到集团的控制企业上，从而加强对公司集团或者其他关联公司中的少数投资人以及债权人的保护。——译者注

公司被证实是一群幼仔中最孱弱的且每况愈下,致使债权人已然绝望而最终破产,但母公司和其他子公司仍可使得股东们尽情欢乐,因为它们对于该破产子公司的债务并不负任何责任。[46]

这一做法,通过法院对"告慰函"(letter of comfort)*的轻慢对待得以证实。在 Re Augustus Barnett & Son Ltd 一案[47]中,该公司是一家西班牙公司的全资子公司。该子公司一度亏本经营,但其母公司反复发表声明,宣布它将持续支持该子公司。其中一些声明还被制作成书面信件提供给了该子公司的审计师,并连续三年在子公司的年度报表中予以公开披露。后来,母公司允许该子公司破产,但没有提供资金支持子公司偿还债务。Hoffman 法官在判决母公司一方的行为不构成欺诈交易时,认为母公司的保证并无法律效力。[48] Prentice 发现,"(母公司)误导了子公司债权人的情况将构成刺穿公司面纱的基础,对此并不存在重大的争议。"[49]

总的来说,法院对适用"企业法"的观念抱有敌意。在 Kodak Ltd v Clark 一案[50]中,法院宣称,拥有一家公司98%的控制性利益本身并不能产生一种代理关系,并因此将母公司和子公司视作一

---

[46] [1979] 3 All ER 556.

* 又译作安慰函、银行联系证明书、信心保证书,指母公司向借款机构发出的、声明批准子公司进行融资的函件。它是贷款的一种担保形式,当子公司借款时,母公司可用告慰函代替正式保证。对于接受告慰函的银行来说,好处仅仅在于,母公司若不支持其子公司就会带来道德和商业污点。在大多数司法体系中,告慰函的可执行性不等同于担保。——译者注

[47] [1986] BCLC 170, and see *Kleinwort Benson Ltd v Malaysia Mining Corp Bhd* [1989] 1 WLR 379. 要获得关于 *Augustus Barnett* 一案的讨论以及有关根据1986年《破产法》第214条将得到相同结果的一个评价,参见 D. Prentice, "Corporate Personality, Limited Liability, and the Protection of Creditors" in Grantham and Rickett (eds.), *Corporate Personality*。

[48] 这些承诺不构成欺诈,是因为 Hoffman 法官认为它们在作出之时是真实的;随后主意的改变并不能追溯既往并因此使得它们构成欺诈。

[49] Prentice, "Corporate Personality", 116.

[50] [1903] 1 KB 505; see also *Delis Wilcox Pty v FCT* (1988) 14 ACLR 156.

家企业。在 *Smith, Stone & Knight Ltd v Birmingham Corporation* 一案[51]中，Atkinson 法官试图提炼相关的原则。该案中存在的问题是，子公司拥有的土地被强制购买并用于母公司开展业务，而子公司本身无法要求予以补偿。[52] 法庭判决母公司胜诉。按照 Atkinson 法官的说法，总的问题是，子公司开展的是母公司的业务，还是其自身的业务。回答这一事实问题，需要评估以下六个因素：

  谁真正开展了业务？在所有的案件中，这一问题也即是，这家公司（这里是指英国的公司）对于一些在别处营运的其他公司创造的所有利润，是否要缴纳税款。我发现，有六点被认为是与对这一问题作出判决相关联的：第一，这些利润是否被看作是这家公司——此处所说的"这家公司"是指母公司——的利润？第二，该项业务的管理人员是否为母公司所任命？第三，这家公司是否为该项业务的决策中枢（the head and brain）？第四，管理这项业务的公司对于针对该项业务应该做什么以及投入什么资源，是否有决策权？第五，这家公司是否依赖其自身技能和指示来创造利润？第六，这家公司是否进行了有效和持续的控制？

  Farrah 注意到，隐藏在第四、第五和第六个问题表面之下的，很大程度上是相同的话题，并因而批评这一方法不具有"不连贯性"，[53]尽管其在随后的 *Hotel Terrigal Pty Ltd v Latec Investments Ltd (No 2)* 一案[54]中，得到新南威尔士州最高法院的遵循。

  如果可以用肯定词来回答这些问题，那么可能是集团被视为单个实体，尽管正如我们要看到的，近期的一些案例似乎表明"企业说"（enterprise doctrine）的基础最近已经丧失，而非得到巩固。

---

[51] [1939] 4 All ER 116.
[52] 因为该子公司拥有一份短期租约，而且已经根据 1845 年《土地条款合并法案》第 121 条通知了它。
[53] Farrah and Hannigan, *Farrar's Company Law*.
[54] [1969] 1 NSWLR 676.

而且,*Smith, Stone & Knight* 一案中提出的有关问题的答案也只能够提供一些指导方针,法院将依据案件事实及其发生的背景来裁判每一个案件。这些案件的背景可能千变万化。*Unit Construction Co. v Bullock* 一案[55],涉及确定一家注册于肯尼亚但由其英国母公司来经营管理的公司的住所。法院宣判该公司的住所位于英国。在 *Firestone Tyre Co. v Llewellin* 一案[56]中,一家英国子公司被认定为其美国母公司赖以在英国开展业务的工具。相同的判决出现在 *DHN Food Distributors v Tower Hamlets Borough Council* 一案[57]中。但是在 *Woolfson v Strathclyde Regional Council* 一案[58]中,上议院在审理苏格兰的上诉时没有遵循这一先例。*Lonrho v. Shell Petroleum* 一案[59]的判决宣称,当有关文件实际上为子公司所持有时,其并不能被视为处于母公司的"控制"之中。在 *National Dock Labour Board Pinn & Wheeler Ltd & others* 案[60]中,法院强调,仅仅是在"特殊的情形下,意味着存在一个纯粹的外壳(facade),掩盖了适于刺穿公司面纱的事实真相"。同样,这一规则在 *J. H. Rayner(Mincing Lane)Ltd v Department of Trade and Industry* 一案[61]中得到确认并被依赖。该理论在 *Maclaine Watson & Co v DTI, Maclaine Watson & Co Ltd, International Tin Council* 案[62]中得到上议院的支持,并被应用于 *Adams v Cape Industries plc* 一案[63]。后者为 *Salomon* 公司人格严格独立理论提供了一个特别极端的应用例子。Cape Industries 集团的几百名雇员,因其在工作过程中暴

---

[55]　[1960] AC 35.
[56]　[1957] 1 WLR 464.
[57]　[1976] 1 WLR 852.
[58]　[1978] 38 P & CR 521. see F. Rixon, "Lifting the Veil between Holding and Subsidiary Companies" (1986) 102 *Law Quarterly Review* 415.
[59]　[1980] QB 358.
[60]　[1989] BCLC 647.
[61]　Court of Appeal judgment [1988] 3 WLR 1033.
[62]　[1990] BCLC 102.
[63]　[1990] BCLC 479.

露在石棉粉尘中所受到的伤害,被德克萨斯州的一家法院判决获得一笔损害赔偿金。英国上诉法院则宣称,即使被告之一是 Cape 集团的子公司,并且该集团很明显地进行了重组以逃避责任,但针对 Cape 集团的判决仍是不可强制执行的。上诉法院法官 Slade 指出:

> 我们的法律——且不论其好坏——认可了子公司的创立,尽管在某种意义上是其母公司的创造物,然而在普通法之下,它已开始被作为独立的法律实体来对待,拥有那些通常属于独立法律实体的权利和责任……我们不认为存在这样的法律规则:法院有权揭开公司的面纱以对付作为公司集团成员之一的被告公司,仅仅因为这一公司结构被利用来确保该集团未来特定活动的有关法律责任(如果存在)……将落到该集团的其他成员身上,而非被告公司身上。无论这样做是否是适当的,以这种方式利用公司结构的权利在我们的法律中是与生俱来的。

而且,

> 如果一家公司选择以这样一种方式——在某一特定的外国开展的是其子公司的业务而非其本身的业务——安排其集团事务,根据我们的判断,它有权这样做。无论在这类还是在其他类案件中,都不能任由法院仅仅因为它认为这样做是正义的,就抛弃 *salomon v salomon*[1897] AC 22 原则。[64]

一个相同的方法在 *Re Polly Peck International Plc* (*in administration*)案[65] 中得到了采纳,法院宣称,在公司破产的情形下,集团内部各个公司在法律上的独立存在变得更加——而非更不——重要。而在 *Ringway Roadmarking v Adbruf* 案[66] 和 *Yukong Line Ltd v*

---

[64] Ibid., 513.
[65] [1996] 2 All ER 433.
[66] [1998] 2 BCLC 625.

Rendsburg Investments 案[67]中,对 *Adams v Cape Industries* 一案予以了认可和援引。法院似乎日益拒绝支持"单一的经济单元"的主张,而且将他们对 *Salomon* 原则很可能进行的干预,限制在控制者存在主观欺诈(subjective fraud)的情形下。当法院在除了存在确实的欺诈之外的任何情形下都拒绝透过公司的面纱看问题时,Otto Khan Freund[68]对股权意义上的资本控制和 Atkinson 法官从 *Smith, Stone and Knight v Birmingham Corp* 一案中识别出来的职能控制(functional control)所做的区分,看起来就日益变得不相关。这样,在 *Yukong* 一案中,Toulson 法官赞成上诉法院在 *Adams* 一案的意见——认为 *DHN Food Distributors* 一案判决中的一些部分被做了过于宽泛的解释——并进而考虑到同样的意见也适用于 *Smith, Stone & Knight* 一案:

> 我不认同 Gross 先生的意见,即类似于一种总的方法,法院应该以 Atkinson 法官提出的若干子问题为指导,询问公司开展的是其所有者的业务还是公司本身的业务,并且应该相应地判断代理人的问题。根据这一方法,对 *Salomon* 一案肯定要作出不同的判决……该案并未做到一语中的地指出,(*Salomon* 的公司)是根据 Salomon 先生的指示并为其利益而运作的。需要明确一些相当不同的事情,以便表明公司在法律上是一个独立于其所有者的实体,但在某些方面是作为其所有者的代理人而运作的,并有必要要求表明这种代理关系是有意为之。那些通过一人公司工具(vehicle)从事商业活动的人,其意图通常截然相反。[69]

类似地,在 *Ringway* 和 *Yukong* 两案对 *Adams* 案予以认可并援

---

[67] [1998] 2 BCLC 485.

[68] "Some Reflections on Company Law Reform" [1944] *Modern Law Review* 54 226.

[69] Toulson J, in *Yukong Line Ltd v Rendsburg Investments* [1998] 2 BCLC 485 at 496.

引的过程中,对除代理之外的、集团面纱可能被揭开的情形做了毫无疑问非常严格的解释:

> 除了那些开始使用特定制定法或契约中的措辞的案例,法院不能仅仅因为它认为这样做是正义所要求的,而任意地抛弃 Salomon v Salomon & Co Ltd 原则。我们的法律——不论其好坏——认可了子公司的创立,尽管在某种意义上是其母公司的创造物,然而在普通法之下,它已开始被作为独立的法律实体来对待,拥有那些通常属于独立法律实体的权利和责任。[70]

层级较低的法院似乎正在采纳这样一种政策:排除代理作为揭开面纱的路径,并将任何一般原则限定在制定法规定以及欺诈性地滥用公司面纱的案例中。"企业法学说"的任何概念都正在丧失其基础。

主客观因素

人们日益抛弃了作为揭开公司面纱基础的代理理论,而把强调的重点放在了这些案件中主客观因素之间的区别。与经理人的意愿相关的主观因素,比如利用公司作为"幌子"或进行"欺诈",在过去已经以决策基础不明确的方式,混合在控制问题及公司财务独立的问题当中。Adams 一案于某种程度上,在诸如欺诈性地利用公司面纱等主观因素(被认为是一个"面纱是否应该被揭开"的问题)与控制或代理问题(最终转为是否存在单一的经济单元)之间画了一条分界线。关注建立一个受控实体的动机与关注控制的事实状态和程度,这两者之间是存在差异的。不过引人注目的是,在法院对公司面纱进行了干预的情形下,调查结束时得出的结论是相同的,尽管表述时所用的术语千变万化。这样,在主观因素的案件中,子公司被说成是一个"圈套"或"幌子"[71];相反,在客观因素

---

[70] *Adams v Cape Industries plc* [1990] BCLC 479 at 513 per Slade LJ.
[71] *Jones v Lipman* [1990] 1 All ER 442; *Gilford Motor Co Ltd v Horne* [1933] Ch 925; *Re Bugle Press Ltd* [1961] Ch 270.

的案件中这类情形的商业现实被说成是,子公司除了作为其母公司的衍生物之外没有任何存在的意义[72],或者是相关公司的利益捆绑得如此紧密以至于它们应当被认为是一个公司。

对有关方法做这种区别是有意义的。因为对欺诈方法的阻止可能被视为特许理论的应用,也就是说,政府只允许在特定的限定范围内利用企业家工具(entrepreneurial tools)。"单一单元"的方法则很大程度上更加接近社群理论的应用,把以集团为代表的权力单元看作是一个整体。从 Salomon 案本身我们可以发现法院拒绝应用社群理论以及由此发展出来的企业法观念,即其并不赞同这样的观点:除了公司习惯做法中所采取的一种为合股公司法认可的方式与该法所设想的目的相悖之外,公司并未被用于一个不诚实(主观欺诈)的目的。例如,上诉法院法官 Lopes 指出:

> 如果不能挫败类似于这样的阴谋,那将是不幸的。一旦我们允许这一阴谋得逞,那就是对篡改《合股公司法》行为的认可。我们应当坚持赋予这一虚构物或虚拟物以生命力。交易是一种手段,将《合股公司法》的体系应用于该法从未关注过的事物的某种状态——通过这一精巧的手段,以一定的方式获得该法案的保护,并达到该法案未予认可的某些目的。而且,根据我的判决,其采取的是某种程度上与该法案的政策或规定不相符合,甚至截然相反的方式。[73]

上议院完全推翻了这一分析:

> 把这类公司称为"一人公司"已经成为一种时尚。这是一种迷人的昵称,但它在争论中并不能给任何人以大的帮助。如果试图传达这样一种意思,即处在某一个人绝对控制之下

---

[72] DHN Food Distributors Ltd v London Borough of Tower Hamlets [1976] 3 All ER 462.

[73] Broderip v Salomon [1895] 2 Ch 323.

的公司,尽管其遵守了1862年《公司法》*的有关要求,但在法律上仍不能算作一家法人型的(incorporated)公司,那么,这是不准确的,甚至具有误导性;如果仅仅是说,存在一个占主导地位的股东(partner),它拥有压倒性的影响,而且几乎有权分享所有的利润,那么,我看不到任何违背1862年《公司法》真实目的、违反公共政策或有害于债权人利益的东西。如果全部出资已经到位,那它是掌握在一个还是多个股东手中则并不重要。[74]

这也许能够解释为什么在英国案例法中,很少将集团视作一个整体,尤其是很少向关联公司施加有关义务,要求其为集团内部其他成员的行为负责。

债权人的保护

英国法院采取的上述极端看法,导致了在立法上试图解决这些困难的、缝缝补补式的一些努力。正如审议破产问题的Cork委员会**所讨论的,依附于独立人格这一强势文化的有限责任,对于从事欺诈行为的商人们而言,是一种诱惑。[75] 在英国,孤立的方法已经感受到了这一威胁,引入不正当交易条款(the wrongful trading

---

* 1862年,英国《合股公司法》经重大修改,首次正式称为"公司法"(the Companies Act 1862),将公司法人人格自由取得(freely obtainable corporate personality)、有限责任(limited liability)和合股原则(the joint stock principle)等三个现代公司的最重要特征合为一体,标志着现代公司制度的最终形成,该法经1908、1929、1948、1985、1989年多次修改或重新颁布,沿用至今。——译者注

[74] Per Lord Macnaughten, Salomon v slomon [1897] AC 22.

** 在1977年1月,以Kenneth Cork爵士为首的破产法审议委员会被委任对英国破产立法与实践进行审议,该委员会于1982年公布《审议委员会关于破产法律与实践的报告》。在该报告中,该委员会建议对破产及公司资不抵债的法律与实践进行大规模而激进的改革。这实质上导致了一个新法,即1985年《英国破产法》的诞生。——译者注

[75] *Insolvency Law and Practice Report of the Review Committee* (Cmnd 8558, June 1982), followed by the White Paper, *A Revised Framework for Insolvency Law* (Cmnd 9175, 1983).

provision)[76]——授权法院"在其认为正确时"可以指令股东"为公司资产做出此类贡献(如果有的话)"——则似乎是法律先前存在状态的自然而然的结果。对此,Fletcher是这样坚定地描述到[77]:

> 在公司破产的领域……最初设计于19世纪的法律规定,由于其本身的局限性和不完善,容易招致令人震惊的不端行为和滥用。在与小型公司的管理和运营相关的领域尤其如此,因为在这里相当普遍的是,相同的一群人既构成了公司的股东,也构成其董事会。[78]

这种"不易控制的情势"[79],导致了在其他事情当中"Phoenix公司"对这一体系的滥用。[80] Cork委员会建议做大幅度的调整,从而导致了《破产法》的变革。[81] 在这些变化当中,包括特别设计了一系列手段,来阻止对有限责任的不负责任的使用。[82] 这包括对剥夺资格条款的突出强调[83],以及引进新的针对不正当交易行

---

[76] 1986年《破产法》第214条。

[77] Ian Fletcher, "The Genesis of Modern Insolvency Law—An Odyssey of Law Reform", [1987] *Journal of Business Law* 365 at 367.

[78] Fletcher特别强调,这些滥用行为经常发生在主动清盘时。在这种情形下,结算人很可能是"董事的朋友",他们被认为是"可以依赖的,至少不会过于勤勉地去寻找表明公司管理不善或不合规的证据——这些将使得董事们负有接受各种惩罚和制裁的责任(包括丧失至关重要的、由有限责任原则所赋予的保护),而且它们在理论上应该发挥作用,阻止公司董事的任何失职倾向"。

[79] W. Sellar and R. Yeatman, 1066 *and All That* (Methuen, London, 1930), 28.

[80] 债权人从规定董事义务的一般法律中获得的保护是糟糕的,因为董事所负义务指向的是公司——除了在频临破产的案例中,该机构被界定为并不包括债权人。对于这一问题的讨论,参见 R. Grantham, "The Judicial Extension of Directors' Duties to Creditors" [1991] *Journal of Business Law* 1, and N. Hawke, "Creditors' Interests in Solvent and Insolvent Companies" [1989] *Journal of Business Law* 54。

[81] *Insolvency Law and Practice*.

[82] Ibid., chs. 18, 43, 45, and 48.

[83] Ibid., ch. 45.

为的民事救济手段。[84] Prentice[85]也转向在集团语境下实施的有关价值低估的交易、优先受偿权(preferences)、有缺陷的浮动抵押(defective floating charges)*以及董事对债权人的责任等规定。[86]新西兰立法机关采取了一个力度大得多的方法,其对集合清算(pooled liquidations)作出了大量的规定。[87]

实践中,这些诱惑总是通过银行坚持个人提供担保而部分地被消解。在法律上,法院能够命令任何陷入不正当或欺诈性交易的董事补充公司的资金,从而略有改善[88];董事们不能仅仅因为未能使得他们的控制得到正式承认而推卸责任[89];对公司的滥用行为,将可能导致根据1986年《公司董事资格剥夺法》(the Company Director Disqualification Act 1986)而被剥夺董事资格。[90]

---

[84] Ibid., ch 44.
[85] D. Prentice, "Group Indebtedness" in C. Schmittoff and F. Wooldridge (eds.), *Groups of Companies* (Sweet & Maxwell, London, 1991) and "Corporate Personality".
  * 浮动抵押(floating charges)是指抵押人就其现在和将来的全部财产或者部分财产设定的,于约定事件发生时担保标的物的价值才能确定,且抵押人对该财产保留在正常经营过程中的自由处分权的一种特别抵押。这种担保方式诞生于19世纪的英国,其后在一些国家得到普及,日本法上称之为企业担保。——译者注
[86] 1986年《破产法》第238、239、245条。
[87] 1993年《公司法》第271、272条。以及参见Austin, "Corporate Group",这包含了一个关于在澳大利亚清算人显然无力将有关资产加以集合(inability to pool assets)的讨论。对于在新西兰,董事在集团的语境下所负有的义务,参见T. Telfer, "Risk and Insolvent Trading" in Grantham and Rickett (eds.), *Corporate Personality*。
[88] 参见1986年《破产法》第213、214条。
[89] 根据1985年《公司法》第741条,他们应承担影子董事(shadow director)的相应义务。
[90] See A. Mithani and S. Wheeler, *Disqualification of Company Directors* (Butterworth, London, 1996); L. S. Sealy, *Disqualification and Personal Liability of Directors* (4th edn, Sweet & Maxwell, London, 1993); and J. Dine, *Criminal Law in the Company Context* (Dartmouth, Aldershot, 1995).

相互依存的公司责任

很多作者都力证母公司对其子公司负有责任。[91] 这一想法，与那些界定集团边界和上文谈到的"支配性"关系等问题一起，进一步引发大量的困难。Prentice 将其中一部分列举如下：

(1) 子公司脱离集团时仍要承担当其还是集团成员之时已经存在的负债，这种情形下如何处理退出问题？(2) 当并购的子公司在其加入集团之时已负有一定的债务时，如何处理加入问题？(3) 为什么在集团遭遇财务困难时，子公司的债权人发现，他们的债权(claims)不得不和母公司或集团内其他成员的债权人的债权共同受偿(be pooled with)？[92]

当然，退出和加入问题可以通过正式的解决措施加以处理，比如那些应用于合伙企业或者欧洲经济利益集团(European Economic Interest Grouping, EEIG)的加入和退出的解决措施。第三个问题则更为有趣，其中可能孕育了针对以上所有三个问题的解决措施的种子，不但一般地为关联公司间的责任提供了解决框架，而且对前两个问题给出了一种不那么机械的答案。

对于董事的责任有何结论？

正如我们在上文所看到的，从董事的决策当中可以反映出关联公司之间的利益，但其程度是有限的。在 *Scottish Co-operative Wholesale Society Ltd v Meyer* 一案[93]中，我们可以找到关于委任董事(nominee directors)*所负责任的经典描述。在该案中，苏格兰批发合作社(Scottish Co-operative Wholesale Society)为生产人造纤维，

---

[91] See, for example, Blumberg, "American Law of Corporate Groups", and Hadden, "Regulating Corporate Groups".

[92] Prentice, "Some Comments on the Law of Groups", 372.

[93] [1959] AC 324.

* 委任董事(nominee directors)，指自己在公司里并不享有股权或虽享有股权但并非源自于自己的股权，而是受机构股东、为隐藏身份之股东或一组利益相关人(如职员)之委任，代表他们利益出任董事职务的人。国内还有"代理董事"、"提名董事"等译法。——译者注

设立了一家子公司。根据这家子公司的章程细则,该合作社、被告 Meyer 及 Lucas 构成其全部股东;同时,该合作社拥有绝大多数股份,Meyer 和 Lucas 则担任董事总经理(managing directors)。最初,Meyer 和 Lucas 的专门知识为该合作社所需,因为人造纤维的生产受制于政府的许可证制度,而只有在配备了有经验的人员组织管理其生产时,才能够获得相关许可证。在子公司成立 4 年之后,许可证制度被取消了,该合作社因而改变了策略并试图关闭这家子公司,设立了一家与其竞争的人造纤维企业,并阻挠该子公司获得生产所必需的原材料。被告宣称,该子公司这些事务的处理方式,有悖于 1948 年《英国公司法》第 210 条的规定。在本质上意味着,这两位委任董事行事所依据的,是对他们委以该职的苏格兰批发合作社的利益,而非该子公司的利益。丹宁勋爵(Lord Denning)在讨论到委任董事时指出:

> 只要各相关方的利益一致,则不存在任何困难,委任董事可以毫无困窘地兼顾两个公司所赋予的职责。但是,一旦两个公司的利益发生了冲突,委任董事就被置于一种两难的地位。显然,在这种情形下,这三位董事无法同时履行两个公司所赋予的职责,而且他们确实也没有这样做。从这个角度上讲,他们把其对合作社所负的职责,凌驾于其对纺织公司所负的职责之上;至少,他们在对抗合作社的行为以捍卫纺织公司的利益方面无所作为。在这一点上,他们存在过错。他们将纺织公司的利益从属于合作社的利益,以一种压制其他股东利益的方式打理着纺织公司的事务。[94]

注意,这一案件不仅仅关涉董事的职责,而且还关涉少数派股东被属于多数派股东的母公司所压制的问题。然而与美国不同,这一问题在美国并未得到系统的研究。在 *Scottish* 一案中,Viscount

---

[94] See also *Boulting v Association of Cinematograph Television and Allied Technicians* [1995] AC 324; and for a comparative assessment, E. Boros, "The Duties of Nominee and Multiple Directors" (1989), 10 *Company Lawyer* 211.

Simonds 谈及委任董事发现他们所处的困境,并继续说道:

> 于是对母公司施加更多的义务,要求其对少数派股东以严谨、公平(scrupulous fairness)的方式行事,避免将受其委任者推到一个要么无视其指示,要么背叛少数派股东利益的两难境地。[95]

在 Lindgren v L and P Estates 一案中上诉法院相信,当子公司有其独立的董事会时,母公司的董事并无保护子公司的职责。[96] 该案的律师则争辩说,控股公司(holding company)的产权包括对子公司的股权投资,而且控股公司的职责是促进代表了该笔投资的子公司的利益。[97] 这确实是一种强有力的观点[98],而且将为刺穿公司的面纱提供一种新颖的、独创性的论证。按理说,如果这一观点成立,它将阻止人们把子公司作为 Resouthard & Co Ltd 一案 * 意义上的"乳猪"(runt of the litter)来利用。但它并未取得成功,而且多数派股东是否对少数派股东负有义务,始终是存在巨大争议的问题之一。Allen v Gold Reefs of West Africa Lindley MR 一案提及变更章程细则的法定权力:

> 然而,尽管第 50 条的措辞宽泛,但由其授予的权力应当同其他权力一样,其行使需遵循那些为所有授予多数派并使得他们能够约束少数派的权力所适用的法律和正义的基本原则。该项权力的行使,不仅仅要遵循法律所要求的方式,而且应该是真正地为了公司整体的利益,另外还不能超越其界限。[99]

---

[95] 澳大利亚和新西兰的情形与之形成对照。See Boros, "Duties of Nominee and Multiple Directors" (1989), 10 Company Lawyer 211.
[96] [1968] Ch 572.
[97] Mr Ralph Instone at 595 and 604, Citing Farrah's Company Law, 539.
[98] Farrah's Company Law, 539.
  * 参见本书第 57 至 58 页关于 Resouthard & Co Ltd 一案的内容。——译者注
[99] [1900] 1 Ch 656.

然而,尽管这一原则被犹犹豫豫地应用于章程细则的变更[100],但更为普遍的规则是,股东们根据其一已私利投票决定,除非这样做等同于"对少数派的欺诈"。[101] 这一普通法上的争论在很大程度上,已经被1985年《英国公司法》第459条项下的"不公正的歧视"诉讼所取代。[102] 尽管有关的救济集中在成员所遭受的对其作为成员所享有利益的不公正歧视上,但该原则在阻止集团情形下的权力滥用方面被证明是有价值的。在 Re Little Olympian Each-Ways Ltd (No 3) 一案[103]中,董事们将该公司的业务低估贱卖给另外一家公司,他们从该项交易中获利巨大。类似地,在 Re Full Cup International Trading Ltd 一案[104]中,公司的财产被董事们低估贱卖给一家由这些董事所控制的公司。然而第459条项下的诉讼,在大型闭锁公司(private companies)和公众公司(public companies)的情形下很少能够胜诉。法院更倾向于做这样的推理:这类公司的参与者,仅仅是基于商业的目的参与进来,而且尤其是在一家公众公司,他们能够出售其股份。在章程细则允许这类诉讼的情形下,法院将因此不愿对此加以干涉。[105] 这种态度似乎反映出对公众公司的契约理论基础的接受,但对于闭锁公司则更乐意于应用特许理论。

---

[100] *Sidebottom v Kershaw Leese & Co Ltd* [1920] 1 Ch 154; *Dafen Tinplate v Llanelly Steel Co* [1920] 2 Ch 124; *Greenhalgh v Arderne Cinemas Ltd* [1951] Ch 286.

[101] *Foss v Harbottle* (1843) 2 Hare 461. See Law Commission, *Shareholder Remedies* (1997, Cm3769, Law Comm No 246).

[102] C. Riley, "Contracting out of Company Law: s459 of the Companies Act and the Role of the Courts" (1992) *Modern Law Review* 782; D. Prentice, "Protecting Minority Shareholders' Interests' in D. Feldman and F. Meisel (eds.), *Corporate an Commercial Law: Modern Developments* (London, Lloyd's of London Press, 1996).

[103] [1995] 1 BCLC 636.

[104] [1995] BCC 686 and affirmed by the Court of Appeal as *Antoniades v Wong* [1997] 2 BCLC 419.

[105] *Re Blue Arrow plc* [1987] BCLC 585; *Re Tottenham Hotspur plc* [1994] 1 BCLC 655; *Re Saul D Harrison & Sons plc* [1995] 1 BCLC 14.

这一案例法有一奇怪之处,即法院允许母公司对损害其子公司的行为进行索赔的倾向[106],和认为董事对子公司不承担职责的观点之间,存在着明显的矛盾。在后来的一些案件中,法院按惯例否决了这些相关的利益;而在以前的案件中,法院则予以接受。在第一类的案件中,其观点被这样一种担忧所驱使:接受对子公司负有职责的观点,将导致人们急剧偏离独立人格以及相应的独立有限责任的原则。后来的案件并未带来这类担忧,是因为这一问题存在于母公司和第三方之间,而与特定公司的董事负有的职责无关。因此,法院更加容易去接受对子公司的损害可以通过母公司加以恢复,并且意识到母公司股东的利益也因损害子公司的行为而受损。这并不产生母公司对其他公司的债务负责的问题。我们因而看到了法院的奇怪表演:法院揭开公司的面纱不是出于一项连贯策略的应用,而是基于个案——有利于母公司时就这样做,不利于母公司时就拒绝这么做。

在 Adams 一案中,如果英国采取了丧失章程上的能力(constitutional disability)的概念,那么可能已经达成了一个更好的解决方案。在欧洲法院(European Court of Justice, ECJ)作出 Cooperateive Rabobank "Vecht en Plassengebied" BA v Minderhoud (receiver in bankruptcy of Mediasafe BV)一案[107]的判决之后,这一理念似乎已经获得其依据。对此,在第 6 章中有充分的解释。如果重组发生在相关公司有义务考虑到由劳资联合会(works councils)所代表的雇员的情形下,那么,一旦所作出的决策未能考虑到与重组利益相关的雇员,则很可能被认为是致命的。无视雇员利益应当意味着没有正确地作出决策,以至于我们应该从这一观点——而非通过提出上面所争论的命题——来挑战对公司面纱的操纵行为。比如,集团应该被视为单一经济体,不是因为其业务的整合程度,而是因

---

[106] Geoge Fischer (Great Britain) Ltd v Multi Construction Ltd, Dexion Ltd (third party) [1995] BCLC 260.

[107] Case C-104/96 [1998] 2 BCLC 507.

为在设立集团的过程中,董事们未能正确地考虑到所有的相关利益。对这些利益疏于处理,将因此成为挑战子公司作为独立实体的原因。

欧共体法律、德国法及"机构"(undertaking)或"企业"(enterprise)的概念

欧共体法律和德国法对于公司结构,都倾向于采取一种更宽泛的企业法观点。在德国全国范围内,参与经营管理活动[108]有着社群理论的明显痕迹,认为公司的存在是为了服务于更为宽广的社会目的和其自身的商业利益。在德国社会里,公司的角色,可以追溯至将公司人格作为集体意志的表达这么一个概念。Kay 和 Silberton 将这一观点追溯至 Gierke 身上[109],但这一观念仍然构成当代德国关于公司[110]和公司集团观点的基础。[111] 这一态度反映在法院和立法机关有着强烈的冲动去干涉公司的经营管理,并限制与之进行交易的实体的范围。这可见诸于欧共体竞争法以及对待公司集团的德国路径。

欧共体法律及"机构"或"企业"的概念

关于"经济单元"理论,可以用一系列与《欧共体条约》第 85 条(现在是第 81 条)相关的案件作为例子加以说明。通过阻止那些目标或结果在于扭曲竞争的"机构之间的协议、机构联盟的决议",该法条试图去控制不公平的竞争。欧洲法院会调查集团结构的各项要素以及集团内部相互关系的真实情况。在 *Centrafarm v Sterling* 一案中,欧洲法院指出:

---

[108] 要获得一个更好的分析,参见 Jean du Plessis, "Corporate Governance: Reflections on the German Two-tier System" (1996) *Journal of South African Law* 315。

[109] J. Kay and A. Silberton, "Corporate Governance" in F. Patfield (ed.), *Perspectives on Company Law* II (Kluwer, London, 1997), 49, 56.

[110] G. Teubner, "Enterprise Corporatism: New Industrial Policy and the 'Essence of the Legal Person'" (1988) 36 *American Journal of Comparative Law* 130.

[111] Teubner, "The Many Headed Hydra".

然而，第 85 条与在母子公司情形下同属一个企业的各机构之间协议或商定的一致行动无关——其前提是，各机构形成一个经济单元，子公司在其中并不享有在市场上决定其一连串行动的真正自由，而且该协议或行动仅仅和任务的内部分配（比如在各机构之间分配）有关。[112]

同样，在 Hydrotherm 一案中，法院判决说：

在竞争法上，术语"机构"（undertaking）应当被理解为一个指定的、意在贯彻有关协议的主旨的经济单元，即使这一经济单元在法律上包括了若干自然人或法人。[113]

而且，在 Viho Europe BV v Commission of the European Communities（Supported by Parker Pen Ltd, Intervener）一案[114]，欧洲法院判决，在一个公司和其若干子公司构成一个单一经济单元的情形下，母公司在其子公司之间划分国内市场的做法并不能适用第 85 条，即使这一做法会影响到第三方的竞争地位。在这种情况下，子公司并不享有决定自己在市场上如何运作的真正自治权；相反，它们有义务遵循母公司的指示。

在判断是否存在违反第 86 条（现在的第 82 条）的情形时，该法院采取了相同的办法。即使是在子公司保持为独立法律实体的情形下，在一家子公司里获得控制性利益，将把某一机构置于"实际上使得任何真正的竞争机会都不可能存在"的情形。在这些情形下，获得控制性利益可能是对其支配性地位的滥用。[115] 法院没有考虑相关公司的法律结构；相反，在提及"已合并为一个有机统一体（an organic unity）"的若干机构时，仅仅考虑了控制的实质。

---

[112] Case 15/74, *Centrafarm BV and Adriaan de Peijper v Sterling Drug Inc* [1974] ECR 1147.
[113] Case 170/83, *Hydrotherm Geratebau v Andreoli* [1984] ECR 2999.
[114] *The Times*, 9 December 1996.
[115] Case 6/72, *Europemballage Corporation and Continental Can Co Inc v Commission* [1975] ECR 495, and see Muchlinski, *Multinational Enterprises*, ch. 9.

在该案中，欧共体委员会基于 Schamalbach-Lubeca-Werke（SLW）在德国市场的支配性地位，认为 SLW 和 Continental Can 的合资子公司 Europembellage 存在滥用行为。所谓的滥用行为，是指 Europembellage 在一家荷兰的许可证持有人那里获得控制性利益，其被当作母公司的滥用行为。法院并没有采信这样的说法：竞争规则意在适用于对市场有着直接影响的行为，而非市场的重构。

德国法及拟议中的《欧盟第九号指令》*

在德国，存在着关于集团的一套法律规则，并已经被纳入到制定法的体系之中。《康采恩法》(the *Konzernrecht*)[116]仅仅适用于股份公司(stock corporations)[117]，而另一组富有活力的且处于发展中的法律规则适用于其他类型的公司。

该部法律对契约型的公司集团和事实上的公司集团(de facto groups of companies)做了区分。在契约型的集团，母公司承担了年末弥补子公司亏损的法律义务，子公司的债权人因而获得保护。除母公司之外的股东有权获得定期的补偿，而且必须提供机会让他们以合理的价格将手中的股份出售给母公司。他们有权参与每年的分红，其计算的依据是他们手中的股份在契约型集团成立之时的价值，以及在不成立这一集团的情形下这类分红的可能性。

---

* 康采恩法(the *Konzernrecht*)是德国股份公司法的重要组成部分。根据联邦德国 1965 年《股份公司法》(the Atiengesetz or Stock Corporation Act of 1965)的规定，康采恩是"在一个支配企业统一管理下的二个以上的从属企业的联合"。除了该法在总则部分对康采恩作了一般规定之外(第 15—19 条)，有关康采恩的具体内容规定在第 3 章"企业联合法"中。——译者注

[116] *Konzernrecht*: para. 291 et seq of the Atiengesetz or Stock Corporation Act of 1965.

[117] 在德国，1990 年有 2,686 家股份公司(AGs，即 stock corporations)。从 1974 年到 1992 年间，闭锁有限责任公司(GmbH companies，即 private limited companies)的数量从 112,063 上升到 509,949 家。See R. Birk, "Germany", in A. Pinto and G. Viscentini (eds.), *The Legal Basis of Corporate Governance in Publicly Held Corporations* (Kluwer, London, 1998); and K. Hopt "Legal Elements and Policy Decisions in Regulating Groups of Companies" in Schmitthoff and Wooldridge (eds.), *Groups of Companies*.

子公司的董事会必须提交一个报告,报告其在上年度所有由其集团成员资格所带来的交易、措施和疏忽(transactions, measures and omissions)。[118] 母公司能够促使子公司以违背后者自身利益的方式行动,支持了有关集团各成员间存在协议的结论,从而使得作为一个整体的集团利益的概念得以合法化。然而,这一概念很少被使用。Hopt 注意到,大多数集团选择了"未领取结婚证的同居生活"。[119] 即使在集团内部关系还未正式形成的情形下,法院也可能将信托责任强加于集团中的多数派股东,从而有利于集团或集团子公司的少数派股东。

很多集团未能使其内部关系正式化,也未能成为"契约型"集团,其部分原因可能是那些强加在这些集团身上的负担,以及法院不愿干涉那些事实上的集团的运作。也可能是出于这样一种情形:并不存在使其内部关系正式化的充分动机。德国法院试图区分这两种集团,坚持认为在事实上的集团里,控制企业不会利用其影响力来促使子公司从事不利的交易,除非在同一财务年度得到补偿。如果情况并非如此,那么母公司将对子公司负有责任,除非一家独立公司中勤勉谨慎的经营管理层也将如此行事。正如 Hopt 所指出的,要确立这种责任并将有关的损害加以量化,其面临的实际困难是难以克服的——尤其是在作出长期决策的情形下。[120]

对困境的部分改善

《康采恩法》的适用范围并不令人满意,从而导致契约型集团的一些后果被扩展到事实上的集团。甚至在后者包含的是有限任公司(GmbHs)而非股份公司*的情形下,也是如此。[121] 根据这一结论,如果一家控制企业长期并全面管理着其控制之下的一家

---

[118] 《股份公司法》第 312 条,也反映在拟议中的《欧盟第九号指令》的第 7 条中。
[119] Hopt, "Legal Elements and Policy Decision".
[120] Ibid., 103.
　　* 德国法将公司分为两类,即股份公司(AGs)和有限责任公司(GmbHs),分别适用于《股份公司法》和《有限责任公司法》。——译者注
[121] *Autokran Decision* (1985) 95 BGHZ 330.

有限责任公司的业务,那么它对该有限责任公司的破产债务要承担责任,除非它可以证明一家独立的有限责任公司中勤勉谨慎的董事也将如此行事。对契约型和事实上的集团之间区别的介入,以及对该《康采恩法》适用范围的扩展,这其中遇到的困难是,它重新创造了一种不确定的情形:在这种情形下,所有的集团都要接受《康采恩法》的指引。它将这一法律置于与英国相应法律相同的处境,后者的法院在母公司和子公司之间强加某种联系的可能性,是不可预测的。这势必使得原本清晰的目的之一——区分这两类集团——遭受挫折。

一个拟议中的关于公司法的欧盟指令(EU Directive),采纳了一个影子或事实上的董事的概念[122],并将其特别地延伸至母公司,但这一方法在德国并未获得支持。

尽管该项德国法在运行中遇到许多问题,但其为关于公司法的欧盟第九号指令所提交的草案,采取了相同的路径。该项草案将可能影响被其他机构(不论该机构本身是否是一家公司)所控制的公司集团和公众有限公司。该草案建议,这两类公司的集团以及这些机构应该有一个和谐一致的结构,以便于对它们进行"统一管理";并将制定一些规则,专门针对那些未基于"统一"原则进行管理的集团行为。除非一家机构使其内部关系正式化,并且规定了关于"统一管理"的某种明确形式,否则对一家公众有限公司施加了支配性影响的这家机构,应对该独立公司所遭受的任何损失承担责任,只要这些损失可以被追溯至与该机构施加的影响有关,或与其违背该独立公司利益的行动有关。

美国路径

通过列举揭开公司面纱的法学理论、单一业务的理念、司法程序、破产以及那些一般或特别适用于公司集团的制定法,Blumberg确认了"有关企业法理论在美国法上日益普遍应用的、一系列多得

---

[122] 拟议中的《第九号指令》第9条。

令人惊讶的实证"。[123] 这样一个清单表明这是一个不仅仅在英国,而且是在更加广泛的范围内得到支持的理论。Blumberg 指出:"立法机关、行政部门和法院同样日益意识到法人实体法(entity law)*所导致的限制,即妨碍了有关公司集团行为的社会秩序……与这个时代日益不相适应的法人实体法理论,在许多领域开始屈服于其应用的现状。"[124] 如同 Blumberg 所描述的,"传统的揭开公司面纱的法学理论"源自于若干案例,这使得其在英国法中肯定有着为大家所熟悉的反响:"美国律师面临着成百上千的判决,它们之间相互矛盾,并且晦涩难懂。美国法很少有几个领域曾经遭受评论家如此尖锐的批评"[125]。然而,Blumberg 洞察到了以"宽松的揭开公司面纱的法学理论"为代表的方法论的变化,该理论将其关注点"放在经济实质上,即独立的公司是切实作为集团的必要部分而发挥其职能,抑或是作为独立的企业而运作?"[126] 正如我们所看到的,在英国法学理论中有着源自于集团的相同拷问,但还要证明其以"法人实体"运作有着极高的门槛,从而与美国路径形成鲜明的对比。比如,母公司对子公司日常决策控制权的行使,在美国被广泛地认为是一种不可接受的控制权行使方式,并将导致相关责任(或其他法律后果)被强加于母公司。同样重要的还有经济上的一体化、财务上的相互依赖、管理上的相互依赖、重叠的雇用结构以及一个共同的集团角色。

特别是在破产法上,存在着一个趋向对企业责任予以认可的潮流,最高法院设定了新的规则,根据信托标准来评估集团内部的

---

[123] Blumberg, "The American Law of Corporate Groups", 309.
  * 参见第 57 页关于企业法的译者注。——译者注
[124] Ibid., 309—10.
[125] Ibid., 311.
[126] Ibid., 313.

求偿权(claims)。[127] 而且,有规定推翻了对内部人(包括关联公司)[128]优先偿付,并且实质性联合理论(a doctrine of substantive consolidation)的出现,把相互关联公司的破产程序予以合并,接受共同的管理。[129]

通过大量的方式,美国法也认可占支配性地位的股东对于公司和其他股东都负有信托责任。这样,占支配性地位的股东就有别于其他股东。后者被允许为了个人私利根据其享有的股份进行投票,比如在英国即是如此。在 Southern Pacific Co v Bogert 一案[130]中,最高法院宣称:

> 所援引的公司法和衡平法的规则,做了完善的安排并经常被运用。多数派有控制权,但是当它行使这一权利时,其与少数派就形成了一种信托关系,就如同公司自身或者其高级职员、董事一样。[131]

这一原则如果不是一致地,那也是广泛地,被各国所接受。然而,这一理念的含义是千变万化的。有两个国家通过立法采纳了这样一项基本原则:在达到某种公平的先决条件,并符合采纳或批准的程序性要求时,对母子公司之间的契约予以认可。在其他一些国家有着大量的案例法,可以证明该理念的各种不同且不确定的影响。美国法学会在其《公司治理的原理:分析和建议》的第五部分中,讨论了占支配性地位股东的责任问题。能够控制超过25%的有投票权的股票,将产生控制的可能。关于控制的定义,有

---

[127] *Pepper v Litton* (1939) 308 US 295; *Consolidated Rock Products v Du Bois* (1941) 312 US 510; *Comstock v Group of Institutional Investors* (1948) 355 US 211.
[128] 《破产法》(the Bankruptcy Code)第547条。
[129] 11 USC sect 101(2), 101(28)(B), (E) 547 (1988).
[130] 250 US 483 (1919).
[131] *Allen v Gold Reefs of West Africa* [1990] 1 Ch 656. Lindley 法官在该案中宣称,多数派的权力"服从于那些法律的一般原则和正义,这适用于所有授予多数派且使得他们能够约束少数派的权力"。

一个奇怪的特点,那就是它仅仅聚焦于股东投票权的控制。《第五暂行草案》(Tentative Draft No.5)将控制定义为:

> 单独或者根据与一个或多个其他人的安排或协商,通过拥有股权利益,或者以契约或其他方式通过一个或多个中间人,直接或间接地对一个经营机构的管理或决策施加控制性影响的能力。[132]

一个占支配性地位股东和公司之间的如下交易是有效的:

(i) 交易对于作为参与方的公司是公正的;或者,

(ii) 在披露有关利益冲突和交易之后,交易被无偏见的(disinterested)股东所认可或批准,且在股东交易中并未形成对公司资产的浪费。

如果交易根据(ii)得到了批准,证明交易不公正的举证责任就转移给了提出质疑的一方当事人。否则,就由占支配性地位股东来证明交易的公正性。一个交易如果可归类"在合理的范围之内",那么它就是"公正"的。

那些兼任母子公司董事的人,他们所负有的忠诚义务之间的冲突,也是在"公正"的层面上加以判断的:"在缺乏一个独立的协商框架的情况下,双肩挑的董事们必须判断,对于母子公司来讲什么是最佳的选择。"[133]这样,公司之间的关系就主要集中于作为高持股量股东(significant shareholder)的公司之间,这清晰地反映出契约基础理论被解构的趋势。然而,对于关联公司作为一个权力结构的重要性,人们有了一定程度的认可。在一个以"选民"为基础的、有着坚固公司面纱的系统内,要系统地阐明对那些被授予支配性地位的公司的权力加以控制的规则,困难是显而易见的,这源

---

[132] 第1.05条。

[133] Commentary on *Weinberger v UOP, Inc* [1983] 457 A. 2d 701, discussed by Andre Tunc, "The Fiduciary Duties of a Dominant Shareholder" in Schmittoff and Wooldridge (eds.), *Groups of Companies*, 60.

自于这些规则以及卷数众多的案例法在应用中的差异。

在全美,这些不同体系在执行中的分歧显示,很难系统地对占支配性地位股东的责任给出一个清晰的概念,而"揭开公司面纱"理论在一定程度上仍然处于混沌状态。Blumberg 对美国法学的评估是,其处于对公司集团的发展——尤其是在它们亮相于国际或全球舞台之上时——所带来的挑战予以响应的早期阶段。

"集团"决策的利弊

就作为一个整体的集团利益这一概念本身而言,存在着大量的理由反对发展出和/或依赖于这样一个概念。第一,只有在集团以等级森严的方式进行组织的情况下,它才能起作用并获得某种程度上的成功,从而存在一个可识别的"控股"股东且被利用来为整个集团制定战略方针。很多集团并非是以这种方式建构的。否则,大量的董事会将在并未明确领会长期方针的同时,意图"根据集团的利益"进行决策。而且,集团的组成将不时地随着其对成员公司控制的变化而变化,同时任一成员公司的参与程度也是如此。将"集团的利益"视为一个整体,并不能解决上述任何一个问题,尽管至少出于某些目的它不时地被设想去这么做。[134]

第二,它摧毁了集团内各公司的独立身份。集团被认为是出于特定的一些目以一簇独立公司的形式进行运营的。既然对公司的规模没有限制,那么形成一个个独立实体的原因就存在于别处,且可能是出于合法的商业原因,比如创立一个具备管理自主权的分部(division)。Eisenberg[135] 发现,集团的形成难以确认其经济原因,但可以找到管理方面的原因,包括管理自主权和国家公司法

---

[134] Hadden, "Corporate Control and Accountability"; Hadden, "Liabilities in Corporate Groups: A Framework for Effective Regulation" 12 *Il Gruppi Di Societa* (1996).

[135] Eisenberg, "Corporate Groups", 1.

的要求。[136]

这样的情形下去摧毁各个实体之间的藩篱,可能就会抹杀了真正的商业便利性。也很可能进一步拉开管理层和局部问题的距离。在大家仍将关注点集中于董事所服务的特定公司的利益,而且这些实体保持独立但以最初计划的方式联系着的情形下,一个国际或全球的视角就被限制在全球决策者的身上。[137]

这样的观点正日渐式微,这从出于管理目的对不同类型的集团所进行的分析中可以明显地看出。Hadden 注意到管理的日益国际化:"在当前时髦的分部结构(divisional structures)中,不同的产品线运作于世界范围的层面上,或运作于明确定位为若干利润中心的地区性基础之上。"[138] Teubner 和 Sugarman 对这些不同的结构做了分类:H 型,典型的由控股公司来管理其拥有的全资或控股子公司投资的结构;U 型,以集权或一体化方式对全资或控股子公司进行管理的金字塔型结构;以及 M 型,由若干个以半自治方式运作的子公司组成的结构。[139] 在指出这些很少反映在法律差异上的复杂性的同时,Hadden 基于集团各组成部分的自治程度提出了一个分类方法。但他也坦陈,他的分类方法将导致集团的种类极其繁复。[140] 在那些意在向国际业务的经理人或潜在经理人灌输相关知识的著作中,这一趋势也是显而易见的。"方案日益要求将国际经验作为职位提升先决条件,比如福特公司的目标是让其高管层100% 拥有本公司的国际工作经历。"[141] 而且,"在全球公司里,并不存在诸如通用的全球经理人,但是由四个综合性经理人团体中的全球专家们组成的网络则必须协同工作。全球业务(产品)经理

---

[136] See also Prentice, "Some Comments on the Law Relating to Corporate Groups".
[137] See Holt, *International Management*, ch. 7.
[138] Hadden, "Regulating Corporate Groups", 356.
[139] G. Teubner and D. Sugarman, "Unitas Multiplex: Corporate Governance in Group Enterprises" in G. Teubner and D. Sugarman (eds.), *Regulating Corporate Groups in Europe* (Nomos, Baden Baden, 1990).
[140] Hadden, "An International Perspective on Groups", 358.
[141] Czinkota, Ronkainen and Moffett, *International Business*, 683.

们承担着促进公司全球范围内的效率和竞争力的任务。"[142]而且,在名为"无疆界管理"的一章中,全球决策与对区域性市场的快速反应相协调的重要性清晰明了。其透露出的信息是,全球战略必须集中以反击全球性的威胁,但是子公司应该留有与区域市场有关的战略决策权:

> 许多面临着全球竞争威胁的跨国公司采取了对全球战略予以系统性阐述的做法,根据其定义这要求较高程度的集权化。其结果是所谓的修正性的分权(coordinated decentralisation)。这意味着公司的总体战略由总部来提供,而子公司经与总部磋商在后者同意的范围内予以自由执行。[143]

对于适合于国内市场的修正性垂直等级结构,以及"参与多个跨文化交流网络,并且……仅在一个修正性的相互依赖的活动体系之内才能这么做的……全球活动的管理者",Holt 阐释了两者之间存在的差异。"更为特殊的是,专业化和垂直修正意味着去一体化,但全球性调整则意味着趋向'一体化'。"[144]大家将铭记这一点:对一体化决策结构的使用,已经成为跨国公司委员会对全球公司所做定义中的焦点的一个重要部分。这一结构在利润最大化的氛围和自由市场的监管理论中所面临的危机,我们将在随后的章节中予以探索。

界定单一经济单元所面临的困难

企业法理论所提供的并为欧盟法所采用的关于集团控制的可能的解决方案,不得不去克服对企业边界加以界定的困难。很多

---

[142] Czinkota, Ronkainen and Moffett, *International Business*, 683.
[143] Ibid., 724.
[144] Holt, *International Management*, 310.

税收立法试图将相关企业加以合并[145]，但是其规定复杂冗长，甚至在欧洲人努力加以协调之后，仍然保留了其应用的不确定性。[146]

Hadden 指出，判定单一经济单元边界时遇到的困难将导致若干逃脱监管的途径。[147] 集团内部的转移被用于"窜改"单个的资产负债表，尤其是在成员公司以不同的会计期间运作时。出于合并报表上的目的，联营公司（associated companies）在技术上不被认为是子公司，而可能作为"资产负债表外"（off balance sheet）工具用以隐藏巨额交易。然而，逃避的技巧可能成为转移定价这一"晦涩难懂的专业技术领域"[148]的一种艺术形式了。跨国公司"已经为跨国公司资本设计好法律结构，以利用国际税收体系的模棱两可、散乱破碎和漏洞百出"。[149] 有一个例子是，通过"引导其在国外运营的子公司通过那些设立于存在适当税收协定国家的公司，将后者作为中间人管道对外支付，并将支付的款额置于其控股的那些离岸公司中积累以备再次投资，跨国公司们能够将其在投资回报上对母国税收承担的义务最小化"。[150] 转移定价试图克服国际集团合并纳税这一不可能的事务："合并要求排除成员之间的所有交易，而将那些以前仅仅从集团之外获得的销售收益包含进来，因此不可能将那些位于不同税收体系之下的成员加以合并。"[151] 另外一个可供选择的方法，是为在集团内部分配利润和成本设计相关的原则。正如人们能够想象到的，作为其结果的规则充分证明了"晦涩难懂的专业技术领域"这一描述的合理性。仅举这么一个尝试作为例子：根据"臂长"原则（an arm's length principle）分配

---

[145] 在欧盟，《公司法第七号指令》(OJ 1983 L378/47) 和《公司法第十一号指令》(分支机构) (OJ 1989 L395/36) 试图达到这一目的。
[146] 要获得一个简要的描述，参见 *Farrar's Company Law*, 282。
[147] Hadden, "Regulating Corporate Groups", 360。
[148] S. Picciotto, "Transfer Pricing and the Antinomies of Corporate Regulation" in McCahery, Picciotto and Scott (eds.), *Corporate Control and Accountability*。
[149] Ibid., 387。
[150] Ibid., 394—5。
[151] Ibid., 395。

利润,即对集团内某个成员公司自然增长的利润进行重新分配,除非在事实上它不是一个独立单元。但这不仅仅实际操作起来极端困难,而且"跨国公司的一体化特性意味着,它可以通过共享很多固定成本和间接费用做到节约经营"[152],从而使得"正确"分配利润进一步复杂化。其他分配方法,诸如"收益回报率"、"局部分配"(fractional apportionment)和"高级定价协议",都有着类似的失败结局,从而给跨国公司留有大量的自由空间,使得它们面临的监管最小化。

结论

我们因此看到了大量的方法,意在解决公司集团利用其法律结构逃避政府监管的倾向。集团治理问题趋向于位居次席,而让位于特定关注引发的一个个单独问题。在美国,通过这种方式,契约理论的风头在某种程度上已经被"单个问题"立法的发展所压制,而独独把英国甩下,使其成为不干涉主义最刻板的实例。作为欧盟和德国显学的特许理论和社群理论,采取了不同的路径,更加强调对经济实质的确认。然而在这样一个清单上,那些治理跨国公司的人所承担的法律责任的大量缺失,需要借助本章已经讨论的法律结构和管理结构加以处理——这将在第六章进行。在下一章,我们将检视那些采用国际私法处理跨国公司问题的方式。

---

[152] S. Picciotto, "Transfer Pricing and the Antinomies of Corporate Regulation" in McCahery, Picciotto and Scott (eds.), *Corporate Control and Accountability*, 375.

3 法律的冲突和公司集团的治理

这一章将对法律规范、公司及公司集团之间更深层次的界面予以分析。这对公司集团来说尤为重要,因为它试图处理的情形是,案件事实包含了涉外因素,从而被国内法院视为"意义重大"。当然,这种情形也可能发生在涉及单个公司的情况下,但是在公司集团进行跨国境运营时更为普遍。法律规范的冲突带来的治理问题,并未以任何系统的方式加以领会,而且本章对这些法律规范所做的检视类似于一种拼布被(patchwork quilt)的方法。各种不同的法律规范制定者所采纳的各种理论之间毫无连贯性,并导致各类法律规范的主体部分也少有一致。

冲突规范中渗透着两种相互对立的基本价值体系,它们起源于契约主义、公司法的自由企业理论以及特许理论。[1] 该领域相互对立的两种理论是:"公司注册地"(place of incorporation)理论,主张如果一家公司是根据注册地法律合法成立的,那么不管该公司真正在哪个地方运营,都应予以承认;以及"真实住所"(real seat)理论*,主张只有一家公司与其运营所处的法律体系有真实联系时,才予以承认。正如 Drury 所注意到的,"公司注册地的概念,源自于那些拥有贸易和商务自由、心中非常渴望采取自由开放理论的贸易国。同样地,商业交易中可察觉的对确定性的需求,也倾

---

〔1〕 参见第 1 章。
  * 又译为真实本座理论、本座理论。——译者注

向于成为该理论的另外一个主要推动力"[2]。尽管特许理论的真实逻辑是拒绝承认在该法域之外创立的公司,理由是一家公司只能是"创造它的法律体系的创造物,并且无法生存于该法律范围之外"[3],"真实住所"理论在公司运作确实着手对这些行为进行管控的情形下,通过对政府权利的强调,保留了特许理论的因素。Drury 注意到,这些观点无法通过中间人的努力达成一个令人满意的折衷方案,而且在法律冲突领域,几个不同层面上的并发问题接踵而至。这其中有:"竞次"(race to the bottom)*的困境[4]——它传达了这样一个信念:公司将在那些监管松懈的法域设立[5],并将抵消那些强制实行区域监管的法域所作的努力[6];欧盟在企图跨越这两种价值体系对公司法进行协调的努力中所经历的困难[7];尤其是真实住所理论和按国家征税的做法(national taxation)成为两个相反的障碍,导致了公司创立自由的理论和禁止基于国籍的理由予以差别对待的理论两者之间的冲突。我们注意到有趣的一点:即使是自由主义者和基于自由市场的政体,在考虑税收的情况

---

[2] R. Drury, "The Regulation and Recognition of Foreign Corporations: Responses to the Celaware Syndrome" [1998] *Cambridge Law Journal* 165 at 182.

[3] Ibid., 176.

* "竞次"(race to the bottom),是相对于"竞优"(race to the top)而言的。——译者注

[4] B. Cheffins, *Company Law* (Clarendon, Oxford, 1997), esp. ch. 9; F. Easterbrook and D. Fischel, "Voting in Corporate Law" (1983) 26 *Journal of Law and Economics* 395; D. Fischel, "The 'Race to the Bottom' Revisited: Reflections on Recent Developments in Delawares's Corporations Law" (1982) 76 *New York University Law Review*.

[5] 遭到一些人的挑战,参见之前的注释。C. Villiers, *European Company Law—Towards Democracy* (Dartmouth, Aldershot, 1998), 17.

[6] 关于美国的情况,参见 Western Airlines v Sobieski [1968] 191 Cal. App. 2d 399。一家在特拉华州注册成立的公司,如果主要在加利福尼亚州运营,则被要求保留加利福尼亚州所要求的累积投票条款,即使特拉华州的法律本身允许该公司豁免于这些条款。See also Drury, "Recognition of Corporations", 187.

[7] 英国和荷兰采取了注册地理论,而真实住所理论为比利时、卢森堡、希腊和德国所坚持。

下,也采纳了特许理论的因素。[8]

什么是冲突规范

为大家所熟知的冲突法,作为英格兰法律中的部门法之一,是英国法律的一部分,用以处理那些包含涉外因素的案件。[9]

支撑这些冲突规范的主要正当性理由,被认为是其为实现"交易或事件的当事人合理且合法的期望"提供了工具。[10]

对于我们理解为什么我们不但拥有冲突规范,同时还采纳一些用来解决法律冲突问题的方法和工具,以上这些说法是十分重要的。一开始,我们可能会做两个方面的观察。第一,前面那个定义性的陈述回避了一个非常大的问题:冲突规范仅仅是在涉外因素可能有重大影响的情形下,为了解决有关问题而存在的。那什么是可能有重大影响的涉外因素?以下情形可能是:当事人的合理预期将引导他们期望获得一个解决方案,而不是直截了当地适用内国法(domestic law)。用来识别这种情形并获得一个法律解决方案的工具千变万化,而且正如我们将要看到的,其中一些比另外一些更为有效。第二,结果的确定性和个案正义之间的张力,在存在法律冲突的情形下尤为强烈,因为实际的情形可能千变万化。可能正是出这个原因,在寻求国际手段的帮助的过程中,其所覆盖的实际情形被界定得如此狭窄,以至于这些情形只能在尽可能小的范围内变化。

---

[8] Case 81/87, *R v HM Treasury, ex p Daily Mail and General Trust plc* [1988] ECR 5483.

[9] A. Dicey and J. Morris, *The Conflict of Laws* (12th edn, London, Stevens, 1993), 3, opening words.

[10] Ibid., 5.

解决法律冲突的工具

国际公约

国际公约在努力寻找解决法律冲突问题的方案方面,日益扮演了一个重要的角色。在英国等坚持二元论(dualist)概念的国家,这些公约的存在被复杂化了,因为公约需要通过制定法加以转化才能在该国实施,即国际条约不能仅仅因为它们得到有关政府的批准就具备了法律效力。执行性立法(implementing legislation)是必须的。[11] 关于将法律效力赋予这些公约的立法技术,以及对执行性立法进行解释的模式都很重要,它们决定了国际公约作为解决法律冲突的工具的效用。

两种类型的公约

公约可以被归为两大类:寻求将其统一适用于各缔约国间法律规范冲突的公约;以及在对缔约国选择法律规范的后续适用不抱偏见的情况下,试图协调各国管辖规则的公约。执行的方法,以及对执行性立法进行解释的模式,在每个案例中都被证明是至关重要的,决定着公约的效用。

欧盟的工具

欧盟可能选择继续通过公约来处理法律冲突问题。《欧洲破产程序公约》(European Convention on Insolvency Proceedings)就是其中一个例子。[12] 然而,人们普遍同意欧盟已然大于其各部分之和,其创立条约与其他国际条约相比较,有着不同的意义。一个明显的不同是其影响公民个人权利的方式:直接效力的理念已经被

---

[11] *J. H. Rayner (Mincing Lane) Ltd v Department of Trade and Industry* [1990] 2 AC 418, 477, 500.

[12] 参见 the Seventh Report of the House of Lords Select Committee on the European Communities, HL paper 59 (1996)——尽管由于英国拒绝批准(因"牛肉战争"相互争吵导致的结果)而仍未生效。

接受,而不管(以及确实是因为)执行性立法在特定领域的缺乏。因此,通过欧洲法院所解释的以及各国法院所适用的条约条款、条例和指令,欧盟对相互冲突的法律加以调和并使之接近的工具非常重要,因为他们可能决定了关于特定问题的法律在所有的成员国能否一致,从而消灭法律的冲突这一问题,或者通过参考欧共体条约的根本目的来洞察当事人的合法预期。[13]

直接效力

《欧共体条约》第249条(以前的第189条)规定,欧盟可以通过使用各种措施进行立法。这些措施有条例(regulations)、指令(directives)和决定(decisions),以及建议(recommendations)和意见(opinions),最后两种措施属于"软法"(soft law),不具备直接的约束效果。为了确保欧盟法在欧盟之内有着最为广泛的、可能的效力,欧洲法院发展出欧盟法至上及直接效力这对孪生理论。这两个相互结合的理论导致的后果是,任何被裁决具备直接效力的措施都能轻易影响到公民个人的权利——尽管有关这一适用后果存在以下两个事实:一项条约条款适用于一个奉行二元论的国家[14];根据第249条,一项指令仅在成员国将要选择执行"形式和方法"的情形下才被"分发"(addressed)给成员国。条约条款的直接效力并未遭遇严重的挑战。因此,如果一项条约条款被发现是充分清晰、精确和无条件的,它将不顾被告的身份,直接适用于一个成员国,并且将影响到个人的权利。根据第249条,条例"直接适用"于成员国的法律,因此也将同样地影响个人权利。指令的法律地位则更为模棱两可。最初基于与条约条款相同的原因,它们被裁决具有直接效力。然而,第249条的措辞并不能真正支撑这一理论,而且在 Cohn-Bendit v Ministre de l'Intérieure 一案中,对于指令所施加的义务在成员国的内国法(internal law)中的表现形式,法国行政

---

[13] Case 294/83, *Parti Ecologiste "Les Verts" v European Parliament* [1986] ECR 1339, esp A. -G. Mancini : "The obligation to observe the law takes precedence over the strict terms of the written law", 1350.

[14] Case 41/74, *Van Duyn v Home Office* [1974] ECR 1337.

法院(Counseil d'Etat)强调了成员国在决定该形式上所扮演的角色。[15] 它坚持道:"不管指令为成员国的眼睛保留了什么细节,这些国家的国民都不能援引它们,来支持一个针对单个行政行为提起的诉讼。"[16]

因此,欧洲法院重新系统地解释了直接效力理论背后的推理。它在实质上将禁止反言作为其推理前提。在 *Pubblico Ministero v Ratti* 一案中,总顾问(Advocate-General)＊Reishl 系统地阐述了这一理论:

> 未履行有关指令义务的成员国,不能基于其国内法秩序——从欧盟法的观点来讲其是非法的,授权个人基于该指令对抗该怠于履行义务的成员国,并取得其项下的权利而要求该国法院必须加以保护。[17]

从这一辩解当中可以得出,只有当他或她主张一项权利以对抗某一怠于履行义务的成员国时,个人才能求助于一项指令。因此,指令仅仅具有"垂直的"直接效力,也就是说,它们的效力及于个人和成员国政府(或该国政府的职能部门)之间。[18] 它们不具有"水平的"直接效力,即其效力不能及于与成员国政府不相关的个人之间。[19] 这导致了一个不正常的现象:个人,比如一个雇员,

---

[15] [1980] 1 CMLR 543.

[16] Ibid., 563.

＊ 欧洲法院目前由 15 位法官和 8 名总顾问(Advocate-General)组成。"总顾问的责任是完全公正与独立地采取行动,在法庭上对案件公开发表理性意见,以协助法庭履行第 220 条所赋予的责任。"因此,总顾问不代表任何国家或机构,只代表法律。在审理案件时,由一名总顾问对案件事实及有关法律作出公开、独立的评价,其意见是对欧盟有关方面的法律提供中立而详尽的回顾,对法官不具备约束力,仅仅旨在协助法庭履行责任。因此,国内有人将其翻译为总辩护官、总检察官、总律师等都是不适当的。——译者注

[17] [1979] ECR 1629 at 1640.

[18] Case 188/89, *Foster v British Gas plc* [1990] IRLR 353.

[19] Case 152/84, *Marshall v Southampton and South West Hants Area Health Authority* [1986] ECR 723.

根据这一理论可以主张的权利，随着作为被告的雇主碰巧是一个公共机构（政府的一部分）或一个私人机构而存在不同。这一缺陷根据 *Francovich v Italian Republic* 一案[20]的判决及随后的案例法，部分地得以弥补。在 *Francovich* 案中，原告提起的针对意大利政府的诉讼，宣称后者未能执行《就业保护指令》。[21] 根据该指令的第11条，成员国有义务建立一个担保基金，针对那些进入清算程序并欠薪的企业，该基金给予它们的工人以一定的补偿。应付工资将根据该指令规定的各种不同的公式加以计算。意大利未能在到期日前执行这一法令。位于意大利的原告提出一个补偿请求，并将其以第177条的方式提交到欧洲法院。欧洲法院认为，在这种情况下，原告有权从意大利政府获得补偿。值得注意的是，指令的直接效力理论对原告并不利，因为相关雇主是一个私人雇主。[22]

因此人们对这一观点仍存争议：这类开始于 *Francovich* 案的一系列案件，矫正了指令绝对垂直效力理论所导致的不正常。即使个人仅仅与其他的私人直接相关，只要相关条件得到满足，他们将能够向政府主张得到补偿。就法律的冲突本身而言，直接效力理论保证了欧盟各项规则在所有成员国的统一解释。这将消除成员国法律规范之间的冲突，并且就指令本身而言，这一点也是特别重要的，因为关于它们的最初构想并未要求统一其在各成员国的执行措施。直接效力理论克服了可能制造的各国间法律的进一步冲突。应该注意到，直到欧盟有关规定的执行期限到期后，直接效力才得以起作用。

解释工具（间接效力）

在 *Marleasing SA v La Comerciale Internacional de Alimentacion SA* 一案[23]中，欧洲法院认为：根据欧共体条约第5条，施加于成员

---

[20] Joined Cases C-6 & 9/90, *Francovich and Boniface v Italian Republic* [1993] 2 CMLR 66.
[21] Council Directive 80/987; OJ 1980 L283/23.
[22] 欧洲法院认为，关于该指令为什么不是直接有效，还有其他的缘由。
[23] Case 106/89 [1992] 1 CMLR 305.

国政府和法院之上的采取适当的措施保证指令执行的义务,意味着"在适用本国法时,不管其有关规定是在指令之后或之前被采用,被申请对本国法加以解释的该国法院,必须尽可能地根据该指令的措辞和目的进行解释,以便能够获得该指令想要的结果"。[24]

结果,通过使用解释工具,西班牙法院被要求不适用一项关于公司无效的本国法规定,以遵从《欧共体第二号公司法指令》(the Second EC Company Law Directive)的规定。[25] 以遵从欧盟法的方式对本国法进行解释的义务是独立于任何时间限制的,而不同于直接效力理论起作用的方式。[26] 在这样的解释行不通[27]且 Francovich 一案所指出的条件得到满足的情况下,个人可以针对该国的执行瑕疵提出要求。[28] 在这种情形下,成员国即处于怠于履行其条约义务的状态,而负有修改其法律的义务。

不适用成员国法

任何试图适用与欧盟法相冲突的法律规范的想法,都应当遭到该国法院的拒绝。[29] 这方面的一个英国案例是 *R v Secretary of State for Transport, ex parte Factortame*。[30] 欧洲法院判决说:

> 共同体法律必须被解释为:它意味着,一国法院在某一案件与共同体法律发生联系之前,认为阻碍它给予临时救济的

---

[24] *Marleasing* 一案作为先例而被使用,因为其关涉公司法条款的解释。依据欧共体法律进行解释的义务,在 *Von Colson v Land Nordrhein-Westfalen*, Case 14/83 [1984] ECR 1891 一案中第一次得到确立。法院在该案中宣布,执行性立法必须由各国法院依据相关指令的措辞和目的加以解释。

[25] EC Council Directive 68/51 of 9 Match 1968, OJ 65/8.

[26] Case 80/86, *Officier van Justitie v Kolpinghuis Nijmegan* [1987] ECR 3969.

[27] 要获得一个将解释义务加以延伸的判决,参见 *Litster v Forth Dry Dock & Engineering Co Ltd* [1990] 1 AC 546。

[28] Case 334/92, *T. Wagner Miret v Fondo De Granatia Salarial* [1993] ECR I-6911.

[29] Case 106/777, *Aministrazione delle Finanze dello Stato v Simmenthal* [1978] ECR 629 at 624.

[30] [1989] 2 CMLR 353, (QBD) [1990] 2 AC 85(HL), Case C-213/89 [1990] ECR I-2433.

唯一障碍是本国法的某项规则时,必须抛弃该项规则。[31]

第234条(以前的第177条)项下的提交

根据欧共体条约第234条,任何关于在欧盟法和成员国法之间是否存在一个冲突的疑问,都应该成为该国法院将其提交给欧洲法院的缘起,请求后者给出明确的指示。当然,该项冲突必须是对于当事人之间争议的解决具有法律意义的法律冲突。第234条的措辞强制终审法院必须进行这一提交,但允许下级法院拥有决定是否提交的自由裁量权,除非欧洲法院已经裁决一个下级法院必须提交其对相关欧盟措施有效性的疑问。[32] 在 CILFIT 一案中,欧洲法院强调了确保对欧共体法律进行统一解释的必要性:

> 将某一问题提交欧洲法院的义务,其基础是各国法院——作为对共同体法律的适用负有责任的法院——和欧洲法院之间的合作,合作关系的建立旨在确保共同体法律在所有成员国的正确适用和统一解释。更为特别的是,第177条第3款(终审法院的提交义务)寻求在共同体内部阻止在关于共同体法律问题的司法裁决中发生分歧。[33]

为了确保统一,欧洲法院对各终审法院拒绝提交的权力进行了限定。下列情形下终审法院可以拒绝提交:(a) 关键点不相关;或(b) 关键点已被欧洲法院裁决过;或(c) 欧盟法的适用如此显而易见以至于不存在合理怀疑的空间。但是,"显而易见"(Acte Claire)理论受到以下要求的严格限制:

> 共同体法律的正确适用可能是如此显而易见,以至于不存有任何余地对所提出的问题的解决方式进行合理的怀疑。

---

[31] Case C-213/89, *R v Secretary of State for Transport, ex p Factortame* (No 2) [1990] ECR 1-2433 [1990] 3 CMLR 1.

[32] Case 314/85, *Foto-Frost v Hauptzollant Lubeck-Ost* [1987] ECR 4199.

[33] Case 283/81, *CILFIT v Ministerio della Sanita* [1982] ECR 3415 at 3428. See also *Bulmer v Bollinger* [1974] 2 All ER 1266; *R v International Stock Exchange of the United Kingdom and the Republic of Ireland ex p Elsa* [1993] 1 All ER 420.

在得出其属于该类案件的结论之前,国内法院或特别法庭必须确信,这一方式对于其他成员国的法院及欧洲法院来说,同样是如此明显。[34]

各国法院必须考虑到欧盟法的特别之处,欧盟的环境以及欧盟法的不同语言版本所带来的特殊问题,所有这些都同样真实地存在。鉴于这些难以克服的限制,从欧洲法院的角度来看,这一理论被认为非常刻板,但其目的确实是为了防止发生有关欧盟法的解释相互冲突的问题。

软法的解释

各国法院对内国法进行解释以反映欧盟价值的职责,延伸至诸如建议和意见等"软法"规定。第249条规定,这些措施"不具备约束力"。然而,欧洲法院认为,它们将导致合法的预期。如果属于这类案件——最有可能产生于"软法"寻求澄清和解释既有欧盟措施的情形下,欧洲法院认为[35],在帮助对欧盟措施或寻求执行欧盟措施的国内法规范进行解释时,各国法院应该对这些"软法"加以考虑。[36] 所有这些工具都倾向于减弱各成员国国内法之间的冲突。

公司法的融合

尽管已经存在一个广泛的融合进程,影响着欧盟各国的公司法[37],但对于它的效果,仍然存在着诸多怀疑。根本性的差异源自于那些信奉公司法的契约基础理论的成员国(尤其是英国)——它

---

[34] Case 283/81, *CILFIT*, 3430.

[35] Case 322/88, *Grimaldi v Fond des Maladies Professionelles* [1989] ECR 4407; and see *Wadman v Farrer Partnership* [1993] IRLR 374. 在后一个案例中,就业申诉法庭(Employment Appeals Tribunal)提到了《欧盟委员会关于反性骚扰的实务守则和建议》,意在形成一个关于特定的行为是否适用英国1975年《反性别歧视法》的判断。

[36] 要获得对此义务范围的分析,参见 J. Dine and B. watt, "Hardening the Soft Law" [1994] *European Law Review* 46。

[37] 要获得更多的细节,参见 J. Dine and P. Hughes, *EC Company Law* (Jordans, Bristol, looseleaf, 1991), and V. Edwards, *EC Company Law* (OUP, 1998)。

们拒绝将工人作为公司的一部分加以考虑——和那些有着更为宽广、更具包容性哲学的法域之间存在的差别，这一差异导致在创建超国家的工具方面，甚或在允许公司于欧盟内部跨境流动方面，都困难重重。

统一的超国家工具

融合进程在其最具野心的阶段，寻求引进一个约束所有公众公司的综合性公司法。《欧共体第五号指令》本来将要统一适用于欧盟内的所有公众公司。这一措施的失败大大地限制了融合进程的影响范围。[38] 欧洲经济利益集团（the European Economic Interest Grouping, EEIG）*的引进带来了更大的成功[39]，但是这一工具受到了约束其将追逐利润作为主要目的的规则的严重限制。欧盟委员会仍然设定了引入并制定欧洲公司法的目标，这将为企业提供另一个可供选择的工具，尽管关于工人参与这一艰难问题的谈判仍在继续。当关于所有这些措施的谈判得到推进时，得以变得清晰的一点是，只有指望成员国之间的限制性协议，其结果是每一项措施日益变得不那么综合，而且在不可能存在协议的情况下，越来越依赖于提交给成员国各自的内国法来弥合有关差异。

《欧洲经济利益集团条例》（the EEIG Regulations）为那些可能由至少来自两个成员国的人创立的企业创造了一个新的工具。它不得将创造利润作为其主要目的，并且仅仅只能雇佣500人以下。当它还是作为一个建议被提出时，当时设想它最可能被用到

---

[38] See J. Dine and J. J. du Plessis, "The Fate of the Fifth Directive: Accommodation instead of Harmonisation?" [1997] *Journal of Business Law* 23.

* 1985年《欧洲经济利益集团条例》中规定的一种企业组织形式，其类似于联营。投资人可以是至少来自于两个成员国的公司、自然人等法律主体，对欧洲经济利益集团的债务承担无限责任。其不得将创造利润作为其主要目的，并且仅仅只能雇佣500人以下。——译者注

[39] OJ 1985 L199/1. See M. Anderson, *European Economic Interest Groupings* (Butterworth, London, 1980); S. Israel, "The EEIG—A Major Step forward for Community Law" (1987) 8 *Company Lawyer* 4.

的目的之一将是做联合研发,但是现在它被利用于广泛的各种目的。[40]

《欧洲公司条例》(the European Company Statute)将创立一类新的商业组织,其部分受到该法所包含的欧盟法律的约束,同时部分受到其注册地成员国的法律的约束。它将为企业提供一个新的选择——任何公司无需转化为一个欧洲公司(European Company)*,这一建议也不要求对现行公司法做任何修改,除了将欧洲公司增加为企业的一种额外选择。

这种类型的公司也可以由来自于超过一个成员国的人创立,但同时对其创造利润的能力或可能雇用的人数,都没有限制。然而,所有的欧洲公司将被要求建立一个工人参与公司重大决策的机制。这一要求包含在一项指令的草案中,该指令与那部包含了有关公司结构规定的条例相关。当前的建议稿建立在 Davignon 专家小组的报告的基础上,与《欧洲劳资联合会指令》(the European Works Council Directive)有着很大的相似之处,但对此还未达成一致意见。

融合指令

《第四号指令》[41] 包括了详细的关于单个的公司设立账簿的规则。其对于集团的重要性而言,就是根据《第七号指令》将相同的规定扩展至公司集团的合并账簿。[42] 两个指令都在所有的成员国得到了执行,尽管尤其是关于"真实和公允"(true and fair)的规定在不同的成员国是否具有相同的含义,人们对此心存疑虑且与日俱增。欧洲法院有机会在 *Tomberger v Gebruder von der Wettern GmbH* 一案中,宣布了几项基本原则。[43]

---

[40] Anderson, *European Economic Interest Groupings*, 9.

* 或 Societas Europa(缩写为 SE),特指《欧洲公司条例》规定的一种公司组织形式。——译者注

[41] OJ 1978 L222/11.

[42] OJ 1983 L193/1.

[43] Case C-234/94 [1996] 2 BCLC 457.

98 公司集团的治理

《第十一号指令》与那些跨国运营的公司相关,规定了某些类型公司的分支机构的会计披露要求。[44] 该指令处理的是,那些注册于一个成员国或一个非欧盟国家(用英国的术语,称为一家"海外公司")的公司,其分支机构在另一成员国所做的披露。[45] 该指令承认一家分支机构本身并无法律人格,因而它要求披露与该分支机构所属公司有关的信息,包括其根据第四和第七号指令设立的账簿信息。也就是说,以符合 1985 年《英国公司法》第 228 至 230 条的方式进行披露,而且据此,公司账簿必须真实、公允地呈现公司或公司集团内事务的状况。[46]

《第五号指令》保留了这一有着非常不确定前景的建议。该建议已经导致了大量的争议。如果最初的建议变成法律,那么欧盟内所有公众公司的结构将不得不做出改变,以便它们拥有两个董事会:执行董事会和监督董事会。这一建议现在已经作出了修改,而只要求设立一个董事会。引起进一步争论的是其中的雇员参与规定。最初根据该拟议中的指令,通过受委任进入董事会是雇员参与的唯一模式。随后这一点也做了修改,雇员的参与方式还有:参与协商通气会(informed consultation),或在某些有限的情况下对受委任进入董事会的人拥有否决权。[47]

然而,针对这一措施存在着大量的反对意见,而且不仅仅来自于英国。固守着契约理论的观点,英国代表的立场是,雇员参与规定与公司法无关。这一立场对于荷兰和德国的代表来讲,是难以理解的,因为在这些国家的公司法和劳工法之间并不存在清晰的区分。

拟议中的《第十号指令》[48]关系到跨国境的合并,而且无法进

---

[44] Directive 89/666/EEC; OJ 1989 L124/8.
[45] 被 Drury 认为是一种保护机制,以免遭最坏的特拉华综合症的可能性。Drury, "Recognition of Corporations", 191.
[46] 该指令在英国的执行性立法是 1992 年的《海外公司和信贷金融机构(分支机构)披露》条例》。
[47] See Villiers, *European Company Law*, 180 et seq.
[48] OJ 1985 C23 28/11.

展下去，原因在于人们所表达的担心：跨国合并可能成为规避工人参与规定的一种方式。《第九号指令》的建议草案也于 1984 年提出，但从来未得到欧盟委员会的正式采纳。[49] 该草案干预的是公司集团的行为。正如在第二章中所解释的，这一草案是基于德国模式的，它坚持母公司对子公司的行为承担若干责任。这一方案在中断后，目前仍没有重新开工的迹象。

《欧洲劳资联合会指令》[50] 要求在欧盟层面的机构中设立一个欧洲劳资联合会，目的在于向雇员通报信息或听取其意见（informing and consulting employees）。[51] 正如将要在第六章中所解释的，这一指令对公司集团的治理有着深远的影响。

一个将对欧洲范围内公司和集团的运作方式有着直接影响的提案，即《关于一家公司注册办公地或事实上的总部办公地从一个成员国迁至另一个成员国以变更适用准据法（applicable law）的第十四号欧洲议会和委员会指令》草案。[52] 其目的在于允许公司将其注册地或"事实上的总部办公地"，从欧盟的成员国迁至另一个成员国。要做的第一个评论是，这样一种迁移面临的主要障碍是可能招致的税收问题[53]，而且该项提议对改变迁移的这方面问题无所作为。现在，来自于其他成员国的非居民公司（non-resident companies），可以在各方面主张享受与国内公司相同的地位。[54]

该项提议寻求允许将注册办公地或注册办公地加中央管理机构所在地，迁移至另外一个成员国，在改变所适用的准据法的同

---

[49] 亦可参见第 2 章。
[50] Directive 94/45/EC (OJ L254/64 of 30 September 1994).
[51] See Dine and Hughes, *EC Company Law*; B. Bercusson, *European Labour Law* (Butterworth, London, 1996). 以及参见第 6 章。
[52] 1997 XV/6002/97.
[53] See Case 81/87, *R v HM Treasury and Inland Revenue Comrs, ex p Daily Mail and General Trust plc* [1988] ECR 5483.
[54] See Case C33091, *R v IRC ex p Commerzbank* [1993] ECR 1-4017. See also *Centros Ltd v Erhverus—og Selskabsstyrelsen*, ECJ, judgment of 9 March 1999. 以及参见下文关于公司设立自由的讨论。

时,却无需在法人资格方面做任何变动。但一个严重的偏离发生在第11(2)条,因为如果一家公司的中央管理机构未坐落在某一成员国内,该成员国可能拒绝它的注册申请。这可能实际上阻止了仅仅是注册办公地的自由流动。若干严重且显而易见的问题出现了,并且该草案无法处理。这些问题相互关联,同时又相互区别。

对债权人的保护,试图通过这样的规定来实现:债权人(包括公共机构债权人)可以要求"足够的担保"(adequate security)。如此产生的权利的行使,将受其迁移(第8条)之前可适用于公司的法律的约束。这种情况看起来并非行得通。首先,谁来决定多少才是足够的?其次,担保权实际上是企图担保优先支付。如果该公司再迁移至另外一个成员国,并设立了另外一家担保债权人,就无法阻止优先权的冲突了。这一冲突接着就会发生,是因为新的债权人的权利将受到新的成员国法律的约束,从而可能(而且很可能将)摧毁被遗弃在前一个法域的债权人的权利。此外,无法确定以下条款的可行性:一项嵌入该类"担保"的管辖权条款(jurisdiction clause),或寻求阻止一家公司在新的法域设立进一步担保的有关条款。什么样的法律将规范这些条款的有效性呢?

雇员的权利是最小的。除非工人在股东大会上拥有投票权,他们仅有的权利将是审视管理团队提交的报告(第5条)。不可否认,这一报告将不得不包含有关工人参与的提议,但是只有在雇员于提议动迁之前在公司的管理机构拥有代表时才能如此(第4(1)(c)条)。对于很多成员国来说,这不可能是一个可接受的工人参与动迁的程度,而且也带来了涉及规定了工人就业权的法律的问题:他们的参与权是公司法上的权利吗?后者可是随着公司注册地法律的不同而变化。该项提议在第4(1)条中,似乎对这个问题持肯定的说法。但是有人可能争辩到,现存的雇佣契约并未做相应的变更,以至于要决定任何参与和协商权被纳入雇佣契约的程度可能是一个难题。要所有的成员国对这一问题给出相同的答案,是不可能的。

第6条涉及股东的权利,授权股东大会以2/3的票数——如果其至少代表了一半的公司股本数,即简单多数——决定动迁。这一看法对公司结构采取了过于简单化的观点。不同类型的股东的权利可能千差万别,但并不存在分组投票(class votes)的规定。很多成员国并不认为公司仅仅是其股东的创造物,但也没有规定债权人或雇员在关于动迁的实际决策中拥有发言权——债权人能够要求足够的担保除外。第 7 条允许成员国制定旨在保护少数派股东的相关措施,但其他部分没有类似的说法。

在前面的段落里,出现了大量有关确定准据法的问题。这一提议可能忽视了其他一项最有意义的问题,即当母子公司中的一个变更了所处的法域时,规范母子公司之间关系的法律是哪个。该项提议中还有一个漏洞,就是缺乏任何手段帮助一个拟向某公司提供借贷的人,使其能够分辨出在另外一个法域要承担什么样的突出责任。也不存在任何渠道可以获得有关欧洲各项公司费用的清单。

因为其对雇员、债权人以及在更低的程度上对股东保护乏力,这一措施要么将促使成员国采取"毒药丸"措施(比如税收)以阻止公司的离开;要么将导致一种特拉华效应(Delaware effect),公司将去寻找并挑选(forum shop)那些监管最小的环境。这在美国有一定的益处,因为特拉华州的公司法已经是一个产业了,但是有很多人将公司这种方式的迁徙看作是一个"竞次"现象。[55] 值得注意的是,当公司管理机构与其注册地相分离时,允许成员国阻止新的注册,但是不能对仅仅将注册办公地从其所属法域迁移出来的行为加以阻止。

这个提议和拟议中的欧洲公司(European Company,或者为大家所熟知的 Societas Europa 或 SE)之间的关系是非常模糊的。欧洲公司的目的完全是为了跨国境运行,以至于《第十四号指令》草案实现的唯一附加功能,就是允许公司在其他成员国重新设立,而在欧盟层面不存在使他们困扰的规则;或者在其更改所处的法域

---

[55] 参见第 5 章,以获得对于关于公司迁移以逃避监管这一问题的详细思考。

之前,对于跨国境运营不存在任何先决条件。公众公司能够转变为欧洲公司,这一点被欧洲公司草案故意给忽视了,这看上去是一个奇怪的忽略行为。而且,如果《第十四号指令》能够真正起作用,则似乎对是否需要一个欧洲公司提出了质疑,因为在这种情况下,成员国之间的平滑迁移将得到保证,而补充原则(principle of subsidiarity)*也将使得没有必要拥有欧盟层面的立法。在这两个文本之间存在的一个奇怪的分歧:在《第十四号指令》草案之下,存在着成员国的公众公司能够在不同的成员国内分别拥有总部办公地和注册地的可能性,而欧洲公司的总部办公地和注册办公地则被要求位于相同的成员国。

欧盟委员会关于公司法的咨询活动

进一步的融合得静候欧盟委员会着手的咨询进程的结果。在1995年,安永公司(Ernst and Young)被欧盟委员会邀请来研究规范欧盟范围内公众有限公司的条例。报告于1995年12月发表。[56] 作为报告的一个结果,欧盟委员会着手进行咨询活动,试图准确鉴别哪个(如果有)公司法指令能够被简化,以及是否可以做其他变更。

安永的报告注意到,仅仅基于公司形式的条例是不相关的——由于有利的税收或社会安全体制的原因,家族或单个股东控制的公众有限公司(public limited companies, plcs)并不罕见。报告确认了三种类型的公众公司:(i)"公开的"公众有限公司(open plcs),即该公司已经上市或者其股份被认为是被"广泛持有"——这几乎总是一些大公司;(ii) 大型的"非公开的"公众有限公司(closed plcs);以及(iii) 小型的"非公开的"公众有限公司。"非公开"被简单地用来表示只有少量的股东。报告得出结论,为非公开公众有限公司设计的条例应该被延伸至闭锁公司(private

---

* 又译作辅助性、从属性原则等。即上级在正常状况下,不应做下级所能做的事;上级只是为了"补充"下级的不足,才能有所行动。——译者注

[56] "The Simplification of the Operating Regulations for Public Limited Companies in the European Union" (European Commission, 1995).

companies），应为它们在经济上具有相似性。

报告发现,企业的国际化引起了公司管理结构的融合,尽管详细的规则仍然存在很大的不同。两位作者相信,被确认的一般原则应该被纳入一项指令当中,但是其中某些规定应被"移植"到国内法体系当中,要么置于一部法律之下,要么置于一部国内最好的实务守则的框架内。与在指令规定和国内法的角色之间保持平衡相比,它们更加含糊。看起来,该报告似乎认可了国内法的角色,因为指令的规定也需要得到执行。然而,报告信任的是从中可以找到某种形式的一致意见的指令规则。对于下列有关公开公司的问题,可以找到明显的一致意见：

- 投票权和认购的股本之间的比例(不可思议的是,这是从欧洲公司有关规定的最新修正案中被删除的条款之一)
- 删除章程细则中的多重投票权和批准条款(multiple voting rights and approval clauses)或特别多数(special majority)规定。

所有可适用于公开的公司的、为外部人提供的保护,被认为同样必须适用于大型的非公开公司,但是对股东的保护应该更具灵活性。

报告发现,小型的非公开公司感受到了最强烈的简化需求,尤其希望采取单一经理制和避免过多形式化的东西。该报告总结到,对于公开可得的信息,如果在数量上,尤其是在质量和易获得性方面得到提升,那么就可以达到简化的目的。通过现代通信技术的使用可以实现这一点。

尽管报告对促进税收方面的融合进行了呼吁,但是对于公司设立自由(freedom of establishment)这一主要问题,报告采取的方式是,如果该指令被限制在拥有超过500名雇员的公司,劳资共同决策制的难题将只影响到欧盟内1%的公司。它建议不应仅仅针对小型公司来处理这一问题,而应该草拟不同的规则来覆盖这些公司,并允许在小型公司有关规则的一体化方面取得更快的进展。

公司集团的治理作为一个独立的问题,仅仅被附带地加以处理,因此可以公允地做出如下结论:在可预见的将来,欧盟在为公司集团建立立法框架方面,仅仅构想了很小的进展。

公司迁徙自由

欧共体条约第 43 条和第 48 条(以前的第 52 条和第 58 条)中奉行的关于公司迁徙自由的原则,通过欧洲法院的适用,已经成为阻止对公司进行歧视的工具。[57] 这对于那些用来决定公司法问题的连结点(connecting factors)*,有着特别的影响。特别地,它提出了居所(residence)这一连结点——其经常被用以税收上的目的——的合法性问题。因此,这些问题被置于公司居所的语境下加以讨论(参见下文)。

英国国内法的工具

识别(Characterisation)

英国的冲突规范基于一个将事实问题归类到一个个法律范畴(legal category)**的体系。任何法律范畴都拥有某些因素,如果是涉外因素,则被认为为了找到实质性的解决方案,要求法院考虑适用某个国外的法律体系是否更加合适。正是通过对这些连结点的重要性和意义加以权衡,引导法院对规范这一问题的正确"法律选择"作出判断。Re Bonacina 一案[58] 就是一个例子,在该案中,尽管在达成一个意大利语的协议时,没有考虑到根据英格兰法律该行为必然创立了一个有约束力的契约,但其仍被认为符合契约的特性,从而指向该契约最密切联系地这一连结点。这一地点是意大利,其相关法律规定这样的协议是有效的并可强制执行。在一个

---

[57] See generally J. Wouters and H. Sneider (eds.), *Current Issues in Cross-Border Establishment of Companies in the European Union* (Kluwer, London, 1995).

* 连结点(connecting factor, point of contact, or connecting ground),指冲突规范中就范畴所指法律关系或法律问题指定应适用何地法律所依据的一种事实因素。——译者注

** 或译作"范围",指冲突规范所要调整的民商事关系或所要解决的法律问题。——译者注

[58] [1912] 2 Ch 394.

涉及麦克斯韦尔事件(Maxwell affair)*后果的复杂案例中,上诉法院法官 Staughton 这样阐述其发现解决方案所涉的步骤:

> 首先,有必要对法院所面临的问题进行识别。比如说,是关于婚礼的形式效力(formal validity)的问题吗?或者是动产的无遗嘱继承问题?或者是契约解释问题?第二个步骤是选择冲突规范,其规定了所讨论问题的连结点。比如,婚礼的形式效力问题,绝大部分由其举行地的法律来决定……第三,根据在步骤二中找到的、步骤一所识别问题的连结点,有必要确认其所系属的法律体系。[59]

通过引用戴雪(Dicey)的观点,Staughton 法官断定,法院应当通过考虑"英格兰冲突规范的基本原理和有待识别的实体法(substantive law)的目的"来推进。[60] 这似乎是一个完美的指南,但是在一些案例中,比如正在考虑的这个案例中,两个相互冲突的关于识别的基本原理几乎同等重要。上诉法院面临的情形是,大量的股份实现了转让,其中包括一些将股份用作贷款担保的交易,但不知道所有者是谁。原告包括了初始的所有人,以及那些主张处于担保——明显地是通过将股份作为担保物而设立的——之下的人。交易主要发生在纽约。在一审中,法院认为争议的焦点是,在若干相互竞争的对股份提出的要求中哪个享有优先权,并且因此宣称应该由交易发生地的法律加以规范。一审中没有提及这是一个与公司相关的问题。上诉法院支持了一审判决但其理由是,争议的焦点在于关于善意购买(bona fide purchase)是否存在一个行得通的辩护。然而最重要的是,它判定那些相互竞争的要求与股

---

* 20世纪80年代末,英国发生了不少著名公司(如蓝箭、科罗拉尔)相继倒闭的事件以及一系列的公司丑闻,引发了英国对公司治理问题的讨论和由一系列委员会报告所堆砌成的最佳公司治理规则框架。丑闻之一,即麦克斯韦尔公司在陷入债务危机时,能够不受限制地借取巨额资金及侵吞各分公司的养老基金。——译者注

[59] *Macmillan Inc v Bishopsgate Investment Trust Plc and others* [1996] 1WLR 387.
[60] Ibid., 44.

份相关,因此正确的识别是,这是一个与股份的所在地(*situs*)相关的问题,因此判决适用公司注册地的法律。这其中可行的识别方法有:财产权问题(物之所在地法),动产(物之所在地法),票据(法院地法,或适用流通地之法确定可流通性,适用物之所在地法确定所有权),权利动产(除了用与转让有关的权利所适用的法律确定可转让性外,一般是让与人与受让人之间契约所适用的法律,或者物之所在地法)。

上诉法院拒绝援引上议院在 *Colonial Bank v Cady and Williams* 一案[61]中的裁决。该案的原告是一家美国公司已故的股份持有人的遗嘱执行人。该遗嘱执行人签署了空白的转让书,授权他们将股份注册到自己的名下。他们将证明文件递交给了他们的经纪商,后者和被告银行一起,欺诈性地将这些证明文件做了押付处理,作为该经纪商对被告银行的应付款的担保。上议院"并不令人惊讶地"[62]宣布,英格兰法律作为交易发生地法而被适用。只有事关股份的有效转让是否将在实质上使得股东有权将其进行注册的问题,被认为适用公司注册地法。这一案件生动地说明了一旦涉及财产交易,就难以确认与公司的联系的相关性。当该案的当事人仅仅因为偶然的事实——他们处理的财产碰巧是股份——与公司发生联系时,并不存在一个简单的答案来确认正确的连结点。*Macmillan* 一案的经验似乎是,识别技术将这一问题留待法院自由决定,以获得其所希望的解决方案。尽管这仅仅可能存在于个案当中,但其意味着要预测一个可靠的结果是异常困难。

公司法律冲突中的问题

与公司有关的法律冲突问题,在传统上都被识别(classified)为如下有关的法律范畴:公司的住所和居所、地位、权利能力和内部

---

[61] (1890) 15 App Cas 267.
[62] Per Staughton LJ in the *Macmillan* Case, 403.

管理,以及破产。这些法律范畴(classifications)往往是掩盖了所涉问题的复杂性,因为它们在某种程度上(尤其是与公司的住所和居所有关时)被"误读"为那些适用于个人的规则。这些法律范畴早该更精确地反映发生的公司法问题的实质了,因而在此提出如下法律范畴:

承认(Recognition)

产生于这一语境下的一个问题,就是对创立于外国法之下的机构的承认问题。这确实是一个两面性的问题(a two-part issue),因为对这类人工实体(artificial entity)的识别不可避免地导致要考虑那些依附于识别的法律后果,比如公司的成员承担的是否为有限责任。[63]

自由迁徙(Free movement)

在这里,该问题是指一家公司能否从一个法域迁徙至另外一个法域,并可以继续运行而不必改变其法律形式。尽管类似于承认事项,这一问题还包括了其他方面。在欧盟语境下,它还包括了欧盟法一些基本原则和各内国法规范之间冲突的问题。前者规定了个体(包括法人个体)的迁徙自由,其背后是反对基于国籍的差别对待的规则;后者则通过制造公司法上的障碍(比如"真实住所"(*siège réel*)理论,根据这一理论,公司的住所被认为是公司的注册地以及其总部办公所在地),或通过诸如税收限制等非公司法规则,对自由迁徙加以阻挠。[64]

---

[63] *J. H. Rayner (Mincing Lane) Ltd v Department of Trade and Industry* [1990] 2 AC 418 一书对此做了详尽的讨论。See also *Associated Shipping Services v Department of Private Affairs of H. H. Sheikh Zayed Bin Sultan Al-Nahayan*, Financial Times, 31 July 1990 (CA) and *Bumper Development Corpn v Commissioner of Police for the Metropolis* [1991] 1 WLR 1362 (CA), and see Drury, "Recognition of Corporations", 165.

[64] Case 81/1987, *R v HM Treasury, ex p Daily Mail and General Trust Plc* [1988] ECR 5483.

对"选民"同等对待 (Equivalence of treatment of constituencies)

随着企业的持续全球化,股东、雇员和经理人的住所、居所和工作地可能处于不同的法域,可能处于远离公司注册地和/或其总部办公地的地方。一个一直未得到充分处理的问题是,作为公司组成部分的"选民"所享有的不同权利,在何种程度上是为公司法所规范的;以及在何种程度上是契约上的或成立于侵权法之上的,以至于作为契约一方当事人或民事侵权行为的侵权行为人,公司的存在已逐渐变得意义不大。难以处理的原因之一是,参与公司活动的各当事方所拥有的权利的性质并不确定。股东的权利不仅仅是契约上的,它们也是章程上的,并且能够通过衡平法则(equitable doctrine)以多种方式对这些显而易见的权利的行使加以限制。同样,雇员的权利有着契约上的因素,但同样在章程中也有涉及,比如在涉及雇员的知情、协商和代表等权利(rights of information、consultation and representation)时。不同的法域以很不同的方式看待公司,从中产生的问题已经使得欧盟通过融合措施解决冲突问题的努力极其复杂化。

破产 (Insolvency)

破产过程中的权利问题可能是最难以处理的问题之一,需要去对付许多的法律冲突问题。[65] 对于公司的自由迁徙而言,不同法域在破产过程中对债权人的不同对待是最重要的藩篱之一,因为债权人对一个公司迁徙至另外一个不同的法域极其警惕——如果这意味着他们对本来可能控制的该公司资产将失去任何安全措施。这一问题实际上是三重的:债权人不喜欢改变法院——如果这意味着要在外国法院进行诉讼;任何法域的改变将意味这一家

---

[65] 有关破产的法律冲突问题,参见 A. Boyle and R. Sykes (eds.), *Gore-Brown on Companies* (44th edn, Jordans, Bristol, looseleaf), ch. 37.

公司有权使用不同的工具设立其他有担保的债权人,而且原先的债权人不必然有权获得有关外国法律工具的信息;外国的优先权体系可能使得现有的有担保债权人降低至安全度更低的地位。上诉问题导致各种问题累加在一起,这在欧盟现在试图解决这些问题的努力中得以例证。

当前英国法

管辖

根据1985年《英国公司法》或任何其他相关的英国制定法注册的公司,应服从相应的英国法院的管辖。[66] 并且,在一个成立于英国及直布罗陀*之外但在大不列颠拥有分支机构的公司,和一个在大不列颠设立了营业场所(a place of business)的外国公司之间,做了明显的区分。前者被要求和公司注册登记的工作人员一道将一个回执归档,该回执包含了一个居住在大不列颠、被授权在该分支机构的业务方面为了该公司利益接受法院传票的人的详细名字和地址信息。[67] 后一类型的公司,即只在英国拥有一个营业场所的公司,根据第691(1)(b)(ⅱ)条的规定,被要求和公司注册登记的工作人员一道将一个回执归档,该回执包含了一个居住在大不列颠、被授权为了该公司利益接受法院传票送达的人的名字和地址信息。根据第695(2)条,如果一家公司怠于履行其义务,或者如果指定的人死亡或不再居住在大不列颠,或拒绝接受送达,或因为其他的原因不能被送达,可以通过将传票留在或送至该公司在大

---

[66] 1985年《公司法》第725条。

* 英国殖民地,位于伊比利亚半岛南端,因扼守从大西洋到地中海的直布罗陀海峡而成为战略要地。——译者注

[67] SI 1992 No 3179, Companies Act 1985, section 609A, para. 3(e). 但当涉及该分支机构及公司的海外主体部分都开展的业务时,传票能够被送达(*Saab and Another v Saudi American Bank* [1998] *Times Law Report*, 11 March)。

不列颠设立的任何营业场所的方式予以送达。[68]

"营业场所"有着一个宽泛的定义。营业场所必须固定且明确[69]，而且其有关活动的开展时间必须充裕到可以被辨别为一项营业，尽管在一个贸易展上连续布展 9 天在过去就被认为是充裕的。[70] 除了在一个营业场所开展业务，"公司必须通过有人在这个国家为其开展业务而保持其'商业存在'。该公司仅仅在此处拥有代理人还不足以表明这一点，这个代理人必须在这个国家为该公司开展业务。"[71] 一个个案件对以上不同方面的强调也是不同的。比如，在 South India Shipping Corporation Ltd v The Export-Import Bank of Korea 一案[72]中，一家公司在租得房产并在该法域内拥有一名职员的情形下，尽管其在那没有和广大公众完成银行业务方面的交易，法院仍裁决其在该法域内已经设立了一处营业场所。[73] 为 SI 1992 No 3179、《1985 年公司法》第 609A 条以及 Sched 21A 第 3(e) 款对"分支机构"所做的定义，据说与《第十一号公司法指令》中的相同[74]，后者对这一话题同样也未包含具有更深层次启迪意义的东西。

欧洲法院在 Establissements Somafer SA v Saar-Ferngas AG 一

---

[68] 传票必须送达至指定的人，而不能是公司（Boocock v Hilton International Co [1993] 1 WLR 1065）。但未能遵守这一规则并非是致命的，这种情形可以通过 the CA under RSC Ord 2 r 1 进行补救。

[69] The Theodohos [1977] 2 Lloyd's Rep 428.

[70] Dunlop Pneumatic Tyre Co Ltd v A G Cudell & Co [1902] 1 KB 342. See also Okura & Co Ltd v Fosbaka Jernverks Aktiebolag [1914] 1 KB 715; Deverall v Grant Advertising incorporated [1954] 3 All ER 389; The World Harmony [1967] P 341; South India Shipping Corp Ltd v The Export-Import Bank of Korea [1985] BCLC 163.

[71] Per Buckley LJ in Okura & Co Ltd v Fosbaka Jernverks Aktiebolag [1914] 1 KB 715.

[72] [1985] BCLC 163.

[73] See also Adams v Cape Industries plc [1990] Ch 433. 在该案中，问题在于一家公司的存在或居所是为了执行一项外国判决而设立的。

[74] 89/666/EEC, OJ 1989 L124/8.

案[75]中,仔细考虑了"分支机构或代表处"的概念。法院认为分支机构或代表处的概念意味着这样一个营业场所:拥有永久的门面(appearance),拥有经营管理人员并具备和第三方磋商业务的物质条件,以至于第三方尽管知道如有必要,其与总部办公地位于国外的母机构存在法律联系,但仍无需与这类母机构直接打交道,而在这个构成其延伸的地方处理业务。这一标准接近于英国法院所适用的"营业场所"的标准,尽管较之于在 South India Shipping Corporation 一案中的必要性,前者可能更强调实际的业务交易。在 Schotte v Parfums Rothschild (Case 218/86 [1987] ECR 4905) 一案中,欧洲法院发出了可能采取一个更为自由的理论的信号。

在公司未能履行其制定法上的义务的情况下,而且符合 Adams v Cape Industries 一案[76]所制定的标准——其为外国判决的承认确立了管辖权,则似乎要服从英国法院的管辖。在该案中上诉法院断定,某一公司在一个法域的存在就已经足够,而且这一点可以通过对那些公司业务开展者的活动(包括其与公司之间关系的所有方面)进行详细的调查而得以确立。以下几个因素被认为是重要的:

(a) 其代理人开展业务的固定营业场所,最初取得的目的是否是为了使得他能够代表该海外公司而行动;(b) 该海外公司是否为该代理人直接偿付(i) 该固定营业场所的物业费用,及(ii) 从业人员的人工费用;(c) 该海外公司对该代理人所从事的业务在财务上做了其他什么支持(如果有的话);(d) 该代理人是否以业务开展情况(比如佣金)、定期的固定报酬或者其他方式获得报酬;(e) 该海外公司对代理人所从事的业务的控制程度如何;(f) 该代理人是否为他自己留有(i) 部分物业,及(ii) 部分与该海外公司有关的业务的从业人员;(g) 该代理人是否在其营业场所或信笺上展示了该海外

---

[75] [1979] 1 CMLR 490, Case 33/78.
[76] [1990] Ch 433.

公司的名称,如果展示了,他所采用的方式是否指明他为该海外公司的代理人;(h)该代理人自己作为当事人,完全为了他自身利益开展了什么业务(如果有的话);(i)该代理人是否以该海外公司的名义或采取别的能够约束该海外公司的方式,与客户或其他第三方订立合同;(j)如果是的话,该代理人在使该海外公司受到合同义务的约束之前,是否需要得到事先的特别授权。[77]

根据上诉法院法官 Slade 的看法,"上述清单并未穷尽所有问题,而且它们中任何一个的答案都不必然是结论性的"。[78] 然而,法院同意 Pearson 法官在 *F&K Fabbour v Custodian of Absentee's Property of State of Israel* 一案中的意见:"首要的标准"是"查明该代理人是否有权代表该公司订立合同,且无需将其提交该公司审查批准"。[79]

英国法院的管辖权受到关于民事管辖和判决的《1968年公约》和《洛迦诺公约》(Lugano Conventions)*的第16(2)条以及1982年《民事管辖和判决法》(the Civil Jurisdictions and Judgments Act)的限制。后者第43条是前面两项公约的第16(2)条的执行性立法,对一些诉讼(proceedings)规定了专属管辖权(exclusive jurisdiction)。这

---

[77] Slade LJ [1990] ch 443 at 507.
[78] Ibid.
[79] [1954] 1 All ER 145, at 152.
* 即《布鲁塞尔公约》和《洛迦诺公约》。前者指1968年9月27日由欧共体国家在布鲁塞尔签订的《关于民商事裁判管辖权及判决执行的公约》(简称"布鲁塞尔公约"或"1968年公约"),就缔约国之间关于民商事诉讼管辖及法院判决执行事项创设了统一的制度和规则,其适用于所有的欧洲共同体国家。后者指1988年在瑞士的洛迦诺缔结的《关于民商事判决的管辖与执行的公约》,适用于欧洲共同体国家与欧洲自由贸易区(European Free Trade Area,简称 EFTA)国家之间。在所有用于统一国际私法原则的各公约中,布鲁塞尔公约毫无疑问是最成功的,其被称为"欧洲程序法的基础"。该公约的成功也被与之相类似的洛迦诺公约的成功所证实。两公约先后在英国实施。虽然这两个公约在适用上是独立的并在某些实际问题上有差别,但洛加诺公约在很大程度上是对布鲁塞尔公约的复制。——译者注

些诉讼主要关系到章程的有效性,公司或其他法人的无效或解散,或者其内部机构的决定。此类专属管辖权属于公司住所地国。当一家公司在英国之外的一个缔约国内拥有其住所时,英国法院不再拥有对上述事件的管辖权。为此,一家公司只有满足下列标准之一时才算在英国境内拥有其住所:(a) 其根据英国某一组成部分的法律注册成立或创立;或者(b) 其中央管理和控制活动在英国境内实现。[80] 在 *Grupo Torras SA v Sheikh Mahammed al Sabah* 一案[81]中,上诉法院宣布,第16(2)条不适用于有关滥用职权的诉讼——相对于那些与公司董事或内部机构的职权无关的诉讼。

公司实体的承认

英国法将法律人格的授予,归到对实体的设立或解散[82]加以规范的法律体系之下,后者属于内国法体系的一部分。关于承认的范围是一个存在一定困难的问题,它在缺乏执行有关条约的内国法规范时,能够提交给国际法而被后者授予法律人格。在 *F. H. Rayner (Mincing lane) Ltd v Department of Trade and Industry* 一案[83]中,对某一国际组织(国际锡理事会,the Tin Council)的承认,被认为不是基于对该项国际条约的解释,而是基于该项条约被纳入英国法的程度。在 *Arab Monetary Fund v Hashim (No 3)* 一案[84]中,上议院认为,阿拉伯联合酋长国制定的一项内国法规范将法律

---

[80] 关于中央管理和控制活动的讨论,可参见下文关于居所的讨论,以及 P. Stone, *Conflict of Laws* (Longmans, London, 1995), 134。

[81] [1996] 1 Lloyd's Rep 7.

[82] Dicey and Morris, *Conflict of Laws*, 1103, Rule 154; Bonanza Creek Gold Mining Co v R [1916] 1 AC 566 (PC); Lizard Bros v Midland Bank [1933] AC 289; Foreign Corporations (Application of Laws) Act 1989, section 7, 8; Toprak Enerji Sanayi A. S. v Sale Tilney Technology Plc [1994] 1 WLR 840; International Bulk Shipping and Services Ltd v Minerals and Metals Trading Corp of India [1996] 1 All ER 1017; The Kommunar (No 2) [1997] 1 Lloyd's Rep 8.

[83] [1990] 2 AC 418.

[84] [1991] 2 AC 114.

人格授予了阿拉伯货币基金组织,因此该组织被承认拥有在英国法院起诉的资格。这是一个国际银行组织,根据 20 个阿拉伯国家及巴勒斯坦解放组织之间的条约而建立。然而在 *Westland Helicopters Ltd v Arab Organisation for Industrialisation* 一案[85]中,上议院认为,*Arab Monetary Fund v Hashim* 一案只限于起诉资格这一狭窄的问题。无论如何,其与该货币基金组织的章程或治理问题的解释,或与该组织官员代表它与第三方进行交易的职权有关问题的解释,都是无关的。而这些关于章程解释的问题,在 *Westland* 一案中是相关的。上议院判决到,在一个由国际条约创立的组织根据埃及(缔约国之一)的法律被授予法律人格的情形下,与该组织章程的含义、影响和运作有关的问题,就其属于根据国际公法只能按照该条约和国际公法原则加以判定的问题的意义上,必须根据这些法律规范加以判定,而不应该根据埃及的内国法加以解决。上议院似乎对 *Rayner* 和 *Arab Monetary Fund* 案中双层理论(the dualist doctrine)的严格适用,有可能反悔。但要果真如此,很可能不幸的是,他们并未在这一点上推翻 *Rayner* 一案并获得一个更富逻辑性的观点(符合与根据内国法所创立的实体有关的法律):对该实体法律人格的承认,应该是其创立时所依据的法律的结果。

公司注册地法律的确定

1991 年《外国公司法》第 1 节规定,如果在任何时间,(a) 一个团体(body)根据某一地区的法律,宣称已经,或者根据具体情况看上去已经丧失了法人身份(corporate status),而该地区在当时还不是一个被承认的国家[86],由此产生了该团体在英国任何组成部分的法律之下是否应该被视为拥有法律人格的问题;而且,(b) 该地区的法律在当时看上去是由该地区一个固定的法院体系加以适用的,那么在判定前述问题和有关该团体的其他任何重大问题时,该

---

[85] [1995] QB 282.
[86] I.e. 由英国政府进行承认[s1(2)(a)]。

地区就应该被视为一个被承认的国家。戴雪指出了该规定未能解决的两个问题[87]，但对两者建议采取的方法相同。第一种情形是该国得到承认，但叛乱团体操控着某种法律体系；第二种情形是敌国对某一地区主张主权。尽管这一问题以不同的方式产生，解决方案应该是相同的：要么其中一个国家得到承认，但存在一个正在运行的不同法律体系，这类似于叛乱团体的问题；要么两个国家都不予承认，在这种情形下将适用《外国公司法》。

事实上，是由法院来判断适用什么法律。在英国政府习惯于承认政府的那段岁月里，对于一个未得到承认但实行有效控制的团体，其行为能否得到法院承认的问题没能得到解决。[88] 现在，这一选择明显是开放性的，并且可以通过外交部门提供与 *Republic of Somalia v Woodhouse Drake and Carey (Suisse) SA* 一案所考虑因素有关的证据，在其帮助下加以解决。[89] 这些因素是：(a) 其是否为立宪政体(constitutional government)；(b) 如果存在对该国该地区施加的行政管理控制，考虑其范围、性质和稳定性；(c) 英国政府与其是否存在任何交往，如果存在则这些交往的性质是什么；以及(d) 在少数情形下，国际上对其作为该国政府加以承认的范围。戴雪提出："法院很可能将继续采取现实主义的态度，其并不关注一个地区是否是一个得到承认的国家，而是关注该地区实际发生的事情以及在那里实际上被适用的法律。"[90]

1990 年《合同（准据法）法》

这是英国对《关于合同义务法律适用的罗马公约》的执行性法案。它将用以确定 1991 年 4 月 1 日之后订立的契约所适用的准据

---

[87] Dicey and Morris, *Conflict of Laws*, 1110.
[88] *Carl Zeiss Stiftung v Rayner & Keeler Ltd (No 2)* [1967] 1 AC 853, 907, 908; *Hesperides Hotels Ltd v Aegean Turkish Holidays Ltd* [1978] QB 205, 218, affirmed on other grounds by the House of Lords [1979] AC 508.
[89] [1992] 3 WLR 744.
[90] Dicey and Morris, *Conflict of Laws*, 1110.

法。[91] 然而,该公约并不适用于"由公司或者其他法人或非法人团体相关法律所规范的问题,诸如公司或者其他法人或非法人团体的以注册或别的方式设立、权利能力(legal capacity)、内部组织机构或停业(winding up),以及公司高管或成员(officers or members)按其身份对该类公司或团体的义务所负的个人责任"。[92] 这些问题被排除在公约之外,是因为欧共体已经做了这一步的工作,对欧共体内与公司相关的实体法进行了协调。[93]

Giuliano-Lagarde 报告[94],对于该类排除的范围给出了一些指引,建议其应该是灵活的,以便考虑到各国法律的多样性。这一报告既非结论性的,亦不具备约束力,但是在判定与该公约任一条款的含义和影响有关的任何问题时,法院有可能对该报告加以考虑。[95] 该报告暗示,该类排除"影响到为设立一家公司或企业以及对其内部组织机构和停业进行管制所必须的所有复合(complex)行为(契约的,行政管理的,注册),即属于公司法范围内的那些行为"。[96] 据称,内部组织机构包括"该类公司或企业的会议召集、投票权、必要的法定人数和高管的任命等"。

与兼并及集团有关的法律并未得到特别提及,而且由于欧盟关于集团的《第九号指令》(草案)和关于跨境兼并的《第十号指令》(草案)遭受令人沮丧的挫折,其是否被覆盖在内也不清楚。欧盟委员会在 1997 年 12 月宣称,有可能对上述指令草案全部或其中之一予以复活,这可能导致它们被认为属于公司法融合计划中的问题,并因而根据排除的理由属于该类排除范围之内。"极有可能(并且是值得做)的是,应该对该公约第 1(2)(e)条中的排除给予一个不依赖于其他文本的独立解释。该解释要集中关注将公司法

---

[91] OJ 1980 L266.
[92] 第 1(2)(e)条。
[93] See *Gore-Brown on Companies*, ch. 15, and Dine and Hughes, *EC Company Law*.
[94] OJ 1980 C282/12.
[95] 1990 年《合同(准据法)法案》第 3 条。
[96] OJ 1980 C282/12, 12.

问题排除在该公约管辖范围之外的意图,并且特别注意到欧共体内部正在从事的公司法融合工作。"[97]对权利能力的排除并不包括公司或企业内部部门的越权行为,但后者被该公约第1(2)(f)条排除在外。关于第三方能否主张一家公司或者其他法人或非法人团体受其内部部门对外行为的约束这一问题,第1(2)(f)条的规定将其排除在公约管辖范围之外。

在涉及先法人契约(pre-incorporation contract)*的情况下,尤其是有关一家公司可否承继其发起人在创立公司过程中订立的契约时,有关排除范围的若干难题就产生了。[98] 1985年《英国公司法》第36C条(正如1898年《英国公司法》第130条所表述的)现在延伸适用于在大不列颠之外根据SI 1994 No 950, Regs 2 and 3注册成立的公司。由此,对《欧共体第一号公司法指令》[99]的所谓执行被延伸至在英国之外注册的公司。第36C条规定:

> 在不存在任何相反协议的情况下,一份在公司还未创立时而宣称由或为该公司订立的契约是有效的。其等同于与一个宣称代表该公司或作为该公司代理人的人所订立的合同,而且相应地他个人对该项契约也负有责任。

英国法对外国公司的上述延伸适用,看上去与Giuliano-Lagarde报告中的一个评注相一致。该报告指出:"那些目的仅仅是在利害当事人(发起人)之间创设义务以设立一家公司或企业的行为或初步契约,并未被包括在该排除范围。"[100]确实,该排除范围的措辞,似乎并无覆盖所有与先法人契约有关的问题的特别倾向。

事实上,关于先法人契约,可能会产生三个不同的问题。第一

---

[97] Dicey and Morris, *Conflict of Law*, 1115.
* 也被称为先公司合同。指在公司的设立阶段,出于成立公司的目的,发起人代表即将成立的公司和第三人订立的合同。——译者注
[98] 或者欧洲经济利益集团(EEIG)。See J. Dine, "The EEIG: Some Private International Law Problems" (1992) 13 *Company Lawyer* 10, 11—12.
[99] Council Directive 68/151, 9 March 1968, OJ 1968 spec ed.
[100] OJ 1980 C282/12, P12.

个问题是发起人本身之间的契约义务。如果前述报告得以遵循，这些契约义务将会被《罗马公约》所覆盖。第二个问题是发起人和第三方之间的责任。[101] 这一点现在即将被 1985 年《英国公司法》第 36C 条所延伸覆盖。有人提出，该延伸与排除的目的是相符的，后者并未触及欧盟公司法融合计划的关注点。最后也是最为困难的问题是，该公约的排除范围是否覆盖了第三类案件，这涉及公司本身是否将受先法人契约约束的问题。在这里，关注点是《欧共体第一号指令》的执行，其第 9 条规定：

> 在一家设立中的公司获得法律人格之前，如果以其名义做出一定的行为但该公司并未承继源自于这些行为的义务，则除非达成相反的协议，有关行为人应该对此承担无限连带责任。

该指令清晰地构想了一个机制，凭此一家公司能够"承继"这类义务。另外，关于 1985 年《英国公司法》第 36C 条是对该条规定的不完全执行的观点，也是存在争议的。如果这类机制得以提供，并且/或者该英国法上的条文被看作是对《第一号指令》的不正确的执行，那么这一问题应当被认为是一个公司法问题，而被包含在排除范围之内。而且也可主张该问题与公司权利能力有关，因而也被排除在《罗马公约》适用范围之外。然而，尽管与先法人契约有关的这一问题，在英国经常是放在公司法的语境下加以考虑的，但通常的契约法律规范也是适用的[102]，因此关于该排除范围事实上是否倾向于覆盖该特别问题，是不存在疑问的。[103]

在这些为《罗马公约》所覆盖的任何争论当中，最基本的原则

---

[101] As in *Rover International Ltd v Cannon Film Sales* [1987] BCLC 540; *Oshkosh B'Gosh v Dan Marbel* (1988) 4 BCC 795; and *Cotronic (UK) Ltd v Dezonie t/a Wenderland Builders Ltd* [1991] BCLC 721.

[102] *Re Northumberland Avenue Hotel* (1886) 33 ChD 16; *Howard v Patent Ivory Manufacture Co* (1888) 38 ChD 156.

[103] 关于这一点，参见 Dicey and Morris, *Conflict of Laws*, 1115. 该文认为，发起人的个人义务应当属于排除范围。

是,契约受到各方当事人所选择的法律的约束。[104] 这一选择必须在契约的条款中以适当确定的方式表达或展示出来。如果它是不确定的,契约将受与之最密切联系的法律的约束。[105]

公司的住所和居所

住所(Domicile)

在英国法上,公司的住所位于其注册成立所依据的法律的所属国家。[106] 公司的住所属性被戴雪描述为一个不适当的概念[107],它是从自然人的出生地这一属性类推而来的。1982 年《民事管辖和判决法》第 42 条规定的住所属性明显区别于传统的住所属性,因为它与公司的设立无关,而与公司权力中心(seat)所在地有关。公司的住所不同于股东的住所(以及国籍和居所),原因在于法院承认公司是一个具备法人人格的独立法律实体。然而,在 *Daimler Co Ltd v Continental Tyre and Rubber Co (Great Britain) Ltd* 一案[108]中,上议院多数派意见认为,尽管 Continental Tyre 公司注册于英格兰,但它仍然可能具有敌对身份,以至于不能在英国法院提起诉讼或应诉。这种敌对身份的属性,被认为源自于这样一个事实:除了一小部分,几乎所有的股份为德国居民所拥有,且所有的董事都居住在德国。握有剩余股份的公司秘书(the company secretary)*居住在英格兰,并且是一个英国臣民。韦丁顿勋爵帕克(Lord Parker of Waddington)通过提及公司的"身份"而非其住所、居所或国籍,

---

[104] 第 3 条。
[105] 第 4 条。
[106] *Gasque v Inland Revenue Commissioners* [1940] KB 80; *The Eskbridge* [1931] P 51; A. Farnsworth, *The Residence and Domicil of Corporation* (Butterworth London, 1939)。
[107] Dicey and Morris, *Conflict of Laws*, 1103.
[108] [1916] 2 AC 307.

* 在英国、香港等,有限公司必须委任一位当地法人或自然人担当公司秘书(the company secretary)作为法律担保。其职责为安排会议、准备会议纪录、提交法定文件给政府部门、确保公司符合法定要求等。——译者注

确定了这一属性,尽管他使用了国籍和住所的概念来辨别公司的"身份"(character)。比如:

> 一个自然人,尽管他是一个出生于英格兰的英王殿下的臣民,仍可能通过依附于英王殿下的敌人而具有敌对身份,而同样负有责任但不具备诉讼能力(under liability and disability)。如果他对敌人予以积极资助,则是一个叛国者;他也可能远远还未够上这一点,但仍具有敌对身份。如果他在英王的敌人境内拥有捕获法(prize law)*上的商业住所,其商品在海上就是很好的捕获对象(prize),如同它本来就属于敌国的臣民。不但积极的方式,而且消极的方式,都可能使得他自己同样不具备诉讼能力。一个英国臣民自愿地居住于敌国……将使其与英王殿下的敌人融为一体。[109]

从 Daimler 一案来看,对与公司有关的问题,仅仅依据注册地加以判断似乎是不充分的,但不幸的是,章程上的资格(constitutional capacity)受注册地法律的规范(参见下文)。[110] 根据1985年《英国公司法》注册成立的公司只能拥有一个住所,因为在其他国家的重复注册必然要求根据该国的法律重新注册,从而设立了一家住所位于新注册地国的新公司。[111]

居所(Residence)

对一家公司的居所进行判断,伴随着诸多困难。在 Daimler 一案中,将居所归结为注册地的方法体系,被批评为因其固定不动而

---

* 捕获法(prize law):战争中在海上拿捕敌国船只和货物,以及在某些情况下拿捕中立国船只或货物的国际惯例。海战中为阻止敌国贸易,削弱敌国作战能力,对敌国商船也可以进行攻击和拿捕;中立国商船如载运战时禁制品或破坏封锁也可以被拿捕。——译者注

[109] Ibid., 338—9.
[110] 1988年《所得和公司税法案》第65(4)、749(1)条是例子之一。
[111] 但是,参见下文关于公司自由迁徙的讨论,以及上文关于《第十四号指令》草案的讨论。

不能正确地体现控制活动所在地及公司的身份。不过,它是英国在征税时所采取的标准。[112] 但这样一个方法体系,与欧盟的规则可能是不相容的。后者通过有关不得基于国籍对公司加以差别对待的禁令,寻求支持公司的自由迁徙。而且倾向于强调两个截然不同的理论之间的重大区别,以决定对与公司有关的问题及公司在一个以上的法域运作的能力加以规范的"正确法律"。这两种理论可以被分别描述为:"注册"("registration" or "incorporation")理论,被荷兰、英国、爱尔兰和丹麦所采用;以及"真实住所"(siège réel)理论,为剩下的大多数欧盟成员国所遵循。根据前者,公司如果在一国拥有注册的办公场所,即被认为完全是根据该国法律创立和构建的。这等同于注册地规则和英国税收上的居所规则。根据后者,公司并不被认为是完全在该国内设立的,除非它在相同的法域同时拥有注册的办公场所及中央管理机构。如果这类公司,比如通过迁移中央管理机构所在地将其与注册办公场所分设,后一种理论的遵循者认为该公司丧失了其起源地的国籍,并且直到其根据当地法律重新加以设立,在当地拥有一个注册办公场所时,才能得到新国家的承认。

"真实住所"理论在英国法律中得到有限的某些认可,即认为就大多数情况来说,外国公司的居所位于能够从中切实找到其公司事务的中央管理和控制活动的国家。对影响这一判断的因素加以判断又是一个困难。在 *Re Little Olympian Each-Ways Ltd* 一案[113]中,中央管理和控制活动的标准被采纳,用来判断一家公司的惯常居所,目的在于适用《最高法院规则》(the Rules of the Supreme Court)的有关规定,即关系到诉讼费用担保(security for costs)的第23号令第5.1条。为了考虑是否命令原告公司提供诉讼费用担

---

[112] Finance Act 1988, section 66 and Sched 7.
[113] [1995] 1 WLR 560.

122 公司集团的治理

保,法院(大法官分庭*,Lindsay 法官)有义务判断该公司的惯常居所是否位于该法院所属法域之外。其所采取的标准是中央管理和控制活动切实所在地。Lindsay 法官认为,"惯常"(ordinarily)对于居所的概念而言,是一个很重要的修饰词,尤其是在有关公司的情形下:

> 其意味着所要求的持续性、对事情通常或习惯上组织方式的借鉴……尽管这一修饰词在涉及个人的情况下并不具有相应的效果,我的看法是,公司要在超过一个地方拥有惯常居所的难度,高于其在超过一个地方仅拥有居所的情况。[114]

97 将"居所"诠释为与"中央管理和控制活动"相关,可以从 Radcliffe 勋爵对 *Unit Construction Co Ltd v Bullock* 一案[115] 所作的判决中找到正当性理由,其依次援引了 Loreburn 勋爵关于 *De Beers Consolidated Mines v Howe* 一案[116] 的判决。尽管"中央管理和控制活动"这一短语,作为"制定法上的一般性用语,人们通常可以寻求规避这样一种限制形式",因而被公认应该用一套"司法方案"取而代之[117],但 Lindsay 法官还是出于提供诉讼费用担保的目的,认可了采用这一短语的效用:

> 鉴于在采纳税收案件中所使用的惯常居所的含义方面,并不存在不可克服的困难;鉴于在系统阐述任何替代性标准方面存在的困难;以及鉴于 Loreburn LC 勋爵仅仅在引入第 23

---

* 英国高等法院分为大法官分庭(Chancery Division)、王座分庭(Queen's Bench Division)和家事分庭(Family Division)三个分庭,行使平等的管辖权。其中,大法官分庭初审管辖权包括审理有关土地的转让分割、抵押、信托、破产、合伙、专利、商标、版权以及涉及公司法的案件。此外,大法官分庭的独任法官可以审理针对税务官作出的有关税务决定的上诉案件,以及来自郡法院的关于个人无清偿能力的上诉案件。——译者注

[114] Ibid., 565.
[115] [1960] AC 351 at 366.
[116] [1906] AC 455 at 458.
[117] Per Lord Radcliffe in Bullock [1960] AC 351 at 366.

号法令之前不久,于 Unit Construction Co Ltd 一案[118]中对长久以来确立的 De Beers [1906] AC 351 标准的强烈认可。[119]

在采纳这一标准时,Lindsay 法官拒绝了其他两个在其之前已经争论过的可能性。其中一个标准奠基于 Adams v Cape Industries Plc 一案[120],在该案中,上诉法院采取的路径源自于 Pearson 法官对 F & K Fabbour v Custodian of Israeli Absentee Property 一案[121]的判决,而后者采用了一个基于在该国的"固定营业场所"的居所标准。这一路径遭到抛弃是基于这么一个事实:以上援引的两个案例中的争议点,要么是"存在"(presence),要么最多是"居所",这与惯常居所"蕴含的持续性"形成鲜明对比。[122] 拒绝这一标准的另外一个理由则更具有争议性,因为它指出"居所"出于不同的目的而具有不同的含义。Lindsay 法官倾向于援引 De Beers 一案,"因为 Adams 案涉及的问题是,从英国人的视角看或者为了该命令能够在英格兰得到执行,某一外国法院是否本来可以正确地裁决某公司位于该外国法院所处的法域中,以便作出不利于该公司的命令。这是一个很有可能被礼让和互惠原则所粉饰的问题,而这些原则迄今对诉讼费用担保问题影响不大"。[123] 关于这一拒绝将"固定的营业场所"作为居所判断标准(相对于中央管理和控制活动标准而言,这显然是一个更容易满足的标准)的理由,适用于一些情形,但对于其他的情形却不适用,尤其要将满足居所的"惯常性"所需的任何条件除外。长期以来,人们接受了为得到外国司法权的承认而适用更不严格的标准(参见下文)。尽管这是真实的,但 Fabbour 案中的争议点是实体法上的问题,即一项保险政策在保险公司居所地的法律地位。该公司的主要营业场所位于英格兰,但是

---

[118]　[1960] AC 351, 366.
[119]　[1995] 1 WLR 560 at 567.
[120]　[1990] Ch 433.
[121]　[1954] 1 WLR 139, 146.
[122]　[1995] 1 WLR 560 at 567.
[123]　Ibid.

法院宣布它在巴勒斯坦/以色列也拥有居所,因为它在那的代表有权代表它签订合同,而无需提交给它批准。因此,该公司拥有两个居所。那么,对于所处法域、财产地位的判定[124]、税收以及包括诉讼费用担保在内的其他问题,似乎将适用不同的规则。

中央管理和控制职权的判断

上议院在 Swedish Central Railway v Thompson 一案[125] 中,裁决公司可以拥有一个以上的居所,尽管它也在 Paulo (Brazilian) Ry v Carter 一案[126] 中裁决到,中央管理和控制职权即是行使最高权力 (paramount authority) 的职权。尽管上诉法院通过提出"最后裁决的权力"(power of final arbitrament)[127]不应该等同于中央管理和控制职权,试图来调和这两种立场,戴雪和 Farnsworth[128] 仍认为上议院的这些陈述是不连贯的。[129] 在 The Rewia 一案[130] 中,中央管理和控制活动被认为等同于执行最终控制的职权。虽然在"最后裁决的权力"和"形式最高权力的职权"之间难于划出一条界线,但仍然可以做到:"最后"一词蕴含着一个决策完成的时刻,而"最高权力"可能归属于一个由位于不同法域的诸多决策者组成的内部部门。因而,行使最高权力的职权可能"被分割,甚或至少在理论上不断漂移。[131] 戴雪提出,在这些特殊案件中出现了两个居所[132],而且在该公司位于两个国家的居所,都"能发现一部分控制权力和职权"。[133] 一旦那些为判断中央管理和控制职权问题需考虑的众

---

[124] Lindsay 法官也提及这一点。Citing *Kwork v Commissioner of Estate Duty* [1988] 1WLR 1035.
[125] [1925] AC 495.
[126] [1896] AC 31.
[127] Farnsworth, *Domicil and Residence of Corporation*.
[128] 而且 Stone 认为它们是些陈词滥调。Stone, *Conflict of Laws*, 107, n9.
[129] *Union Corporation v IRC* [1952] 1 All ER 646 at 654—63.
[130] [1991] 2 Lloyd's Rep 325.
[131] *Unit Construction Co v Bullock* [1960] AC 351, 366.
[132] Dicey and Morris, *Conflict of Laws*, 1106.
[133] Ibid., citing Lord Radcliffe in *Bullock* at 367.

多因素得到认真的分析,就可以减少逻辑上的困难。如果对上述众多因素以及应给予他们的不同权重进行了认真梳理,则意味着从下面这种观念的些许后撤:为判断中央管理和控制职权这一问题,唯一的必要就是去寻找权力的塔尖。[134] 比如对下面这些因素加以权衡:公司目的条款的规定[135],注册地[136],公司真实交易和业务开展地[137],公司簿册存放地[138],从事管理工作的地方[139],那些拥有完全的权力对各区域分支机构的行动步骤加以否决及要求予以更换的董事们本身碰头的地方或居住地[140],那些将其职责委托给公司管理层的董事们惯常碰头的地方[141],与公司的物理存在相关的考虑(比如其"拥有房产"的地方)[142],首席办公室(the chief office)所在地或可以找到公司秘书的地方。[143]

然而有一点是清楚的,即章程中宣布的中央管理活动的应然发生地,绝非是结论性的。法院将对实际情况做一个调查。[144] 对居所地的确认,并不被认为与对权力塔尖的确认是同义的。法院将开展调查以判断哪个法域是重大权力的实际执行地。[145]

---

[134] *Re Little Olympian Each-Ways Ltd* (*No 3*) [1995] 1 BCLC 636, 638.
[135] *Cesena Sulphur Co Ltd v Nicholson* (1876) 1 ExD 428, 454.
[136] Ibid., 444, 453.
[137] Ibid., 452.
[138] Ibid., 455.
[139] Ibid., 455.
[140] Ibid., 456.
[141] *Goerz & Co v Bell* [1904] 2 KB 136, 138, 148; *De Beers Consolidated Mines v Howe* [1906] AC 455, 459; *Swedish Central Railway Co Ltd v Thompson* [1925] AC 495, 503.
[142] *De Beers* [1906] AC 455, 458.
[143] *Jones v Scottish Accident Insurance Co Ltd* (1886) 17 QBD 421, 422—3.
[144] *Bullock* [1960] AC 351.
[145] 其情形可能是,"权力塔尖"理论受到公司有机理论的影响。据此,公司的"大脑"被视为位于决策者身上。See *H L Bolton* (*Engineering*) *Co Ltd v T J Graham & Sons* [1956] 3 All ER 624; *Task Supermarkets Ltd v Nattrass* [1972] AC 153.

权利能力和内部管理

正如 1985 年《英国公司法》所修改的,公司的权利能力以及所有涉及公司章程的其他问题,都受注册地法律的调整。[146] 由于 1985 年《英国公司法》的第 36、36A 和 36C 条的规定(其延伸适用于那些在大不列颠之外根据 SI 1994 NO 950 注册的公司,从 1994 年 5 月 16 年起生效,并为 SI 1995 NO 1729 所修订),该项法律规范现在部分地具备了制定法基础。这些条款规定,在大不列颠之外注册成立的公司可以用注册地法律允许的任何方式签订合同,而且办理公司注册手续的人[147],可以是根据该区域内的法律依授权(明示或暗示的)行事的任何人。[148] 可以以该法允许的任何方式运用有关文档[149],而且如果这类文档得到该公司明示签署生效(无论以何种形式的文字),则等同于其是由一家在英格兰和威尔士注册成立的公司所签署的,并拥有相同的效力。为保护买方的利益,对于一家在大不列颠之外注册成立的公司而言,如果某一文档声称其是由一个或若干个根据公司注册地法律依授权(明示或暗示的)行事的人所签署,那么该文档就被视为被正确签署。[150] 正如 Sealy 就第 36A 条所泛泛指出的,这似乎足够宽泛到可以覆盖明显的伪造。[151] 这些规定将伪造问题留给了注册地法律,后者还规范这样一些问题:谁被认为是按该公司明示或暗示的授权行事的[152],以及有关文档的签署方式。但显而易见的是,英格兰法被延伸适用于该文档是否"得到了该公司的明示签署"这一问题。该条

---

[146] Dicey and Morris, *Conflict of Laws*, Rule 156, at 1111, and 1997 Supplement.
[147] Regs 2, 3 and 4(1)(a).
[148] Regs 2, 3 and 4(1)(b).
[149] Regs 2, 3 and 5(a).
[150] Section 36A(6), as adapted by SI 1994 No 950, Regs 2, 3 and 5(a).
[151] L. Sealy, *Cases and Materials in Company Law* (6th edn, Butterworth, London, 1996), *Secunda* [1994] Ch 271.
[152] See *Banco de Bildao v Sancha and Rey* [1938] 2 KB 176; *Presentaciones Musicales SA v Secunda* [1994] Ch 271.

例还将英格兰关于先法人契约的法律规范延伸适用于外国公司，带来的后果是发起人个人受此类合同的约束。这对于公司是否受其约束这个问题是否有影响，还不明确，而且可能仍取决于注册地法律，除非进行扩展的第36C条的措辞被发现排除了这种可能性，以支持对发起人强加个人责任——这也是第36C条对于根据1985年《英国公司法》注册的公司的唯一影响。该制定法上的规定，将公司总体上的权利能力的问题，留给了与注册地有关的普通法规范。比如在 The Saudi Prince 一案[153]中，法院裁决到，公司的章程根据其注册地的法律加以解释，如其规定无权参加一个意在置地的交易，则该公司在任何国家都不能购买土地。正如戴雪所注意到的，英格兰法院不愿干预任何公司内部管理事务[154]，同时拒绝干涉由其章程授予的自由裁量权[155]，但是这些事项关涉章程的解释，因而没有其他的准据法行得通。明显地，对公司成员的契约上的权利加以规范的法律，即是对其注册成立[156]、成员所承担的有限责任的范围[157]以及在与其他公司合并时对资产的继承权进行调整的法律。[158]

作为连结点的居所及设立经营场所的自由

正如前面所提到的，这一问题涉及以下两者之间的冲突：成员国对活跃于其法域内的公司的活动（应用"真实住所"理论，或者根

---

[153] [1982] 2 Lloyd's Rep 255.
[154] Dicey and Morris, *Conflict of Laws*, 1112—13.
[155] *Pergamon Press v Maxwell* [1970] 1 WLR 1167.
[156] 尽管戴雪认为这可能是出于合同法上的一个隐含的选择。Dicey and Morris, *Conflict of Laws*; *London and South American Investment Trust Ltd v British Tobacco Co* [1927] 1 Ch 107; *Re F H Lloyd Holdings plc* [1985] BCLC 293.
[157] *J H Rayner (Mincing Lane) Ltd v Department of Trade and Industry* [1990] 2 AC 418; *Kutchera v Buckingham International Holdings Ltd* [1988] IR 61.
[158] *National Bank of Greece and Athens SA v Metliss* [1958] AC 509; *Steel Authority of India v Hind Metals Incorporated* [1984] 1 Lloyd's Rep 405.

主要经营场所（Primary establishments）

在 R v HM Treasury, ex parte Daily Mail and General Trust plc 一案[159]中，欧洲法院对公司更改其所处法域的权利以及成员国阻止这种自由迁徙活动的能力，进行了认真的分析。Daily Mail 控股公司申请将其中央管理和控制活动转移到荷兰。在荷兰更为优惠的规则之下，这一转移活动将为其节约数目客观的资本利得税。英国财政部拒绝同意这一转移，因此根据《欧共体条约》第52和58条[160]，一个关于该拒绝是否有效的预备问题（preliminary question）就被提交到欧洲法院。法院认为，母国的税务当局在同意此类搬迁之前，可以要求对税项负债（tax liability）予以清算。由于第220条项下缺乏有关惯例允许住所的搬迁，而且关于该主题也不能达成一项指令[161]，法院宣称公司作为成员国法的创造物，仅享有有限的迁徙自由。这一判决令人失望，欧盟面临的许多困难仍继续存在，因为它过多地依赖于各国的公司法模式。

次要经营场所（Secondary establishments）

在 Commission v France 一案[162]中，欧洲法院拒绝运用一个基于公司居所的连结点。案件事实关涉法国的税收立法，后者规定注册营业场所（registered office）位于法国的保险公司，包括外国保险公司在法国设立的子公司，就其在法国公司拥有的股份所得红利，作为股东可以享受税收抵免（tax credit）。对于那些注册营业场所位于其他成员国的公司，其在法国设立的分支机构或代表处，被

---

[159] Case 81/1987 (1988) ECR 5483.
[160] 现在的第43条和第48条。
[161] 现参见《第十四号指令》草案。
[162] Case 270/83 1986 ECR 273.

拒绝授予这一利益。欧盟委员会发现,这一差别对待实际上等同于基于国籍的差别对待,而与第52(3)条的规定背道而驰,因而对法国政府提起诉讼。法国政府提出的有关该条规则的正当性理由之一是,就财政措施而言,存在着一个国际公认的关于居民和非居民的区分。[163] 然而,法院并未接受这一基于居所的区分,而是将作为连结点的居所作为一个变相的国籍标准:

> 在这种语境下应该注意到,对于公司而言……正是其注册营业场所……同自然人案件中的国籍一样,起到连结点的作用,指向某一特定国家的法律体系。接受这一命题——成员国可以自由地对一家寻求在该国设立经营场所的公司施予不同对待,其原因仅仅是出于该公司的注册营业场所位于其他成员国的事实)——将因此使得该项规定(第58条)完全丧失意义。[164]

然而正如 Ceroni 所指出的,法院继续认为,只要对哪些因素在任何给定的语境中将影响到关于国籍这一连结点是否可以接受的判断,没有加以引导,则"国籍"这一连结点"在某些情况下"仍然是可以接受的。法院驳回了分支机构或代表处能够通过改为子公司来规避差别待遇的主张:"第52条明确许可(leaves)商人可以自由选择合适的法律形式以在其他成员国开展业务,而且该项选择自由不得被歧视性的税收规定所限制。"[165]

欧洲法院因此受到批评:在追求阻止对次要经营场所歧视的目标时过于激进。这在 *Segers v Bedrijfsvereniging* 一案[166]中,导致法院在寻找与某一法域的连结点时乐于采纳"注册地"理论,而且得出的结论与其本身有关服务提供的判决不一致。Serges 先生是

---

[163] 关于对该主题的其他正当性理由及更为综合的分析的讨论,参见 Luca Ceronik, "The Barriers to the International Mobility of Companies within the European Community: A Re-reading of the Case Law" [1999] *Journal of Business Law* 59。
[164] Ibid., 304.
[165] Ibid., 305.
[166] Case 79/1985 [1986] ECR 2375.

一位荷兰公民,其拥有一家在英格兰境内成立且拥有注册营业场所的闭锁有限公司(a private limited company),并担任该公司的董事。然而,该公司通过在荷兰设立的一家子公司开展其所有的业务。Serges先生被拒绝加入荷兰疾病保险计划,原因是该计划仅仅适用于那些在荷兰拥有注册营业场所的公司的董事们。荷兰保险联合会(the Dutch Insurance Association)申辩到,这类差别对待对于防止欺诈行为是必要的,因为一家公司可以通过在一个国家注册,但在另一个国家设立次要经营场所从事其所有经济活动的方式,来规避后一个国家现行的有关规则。欧洲法院认为,如果一家公司根据某一成员国的法律设立而且在该国拥有注册营业场所,那么"该公司通过其位于另一成员国的代表处、分支机构或子公司从事经济活动这一事实,完全是实质性的"。因而,差别对待是不公正的,除非能够根据第56条表明,这一差别对待是基于公共政策、公共安全或公共卫生,因而具备正当性。当前这个案例被认为并不能归类到这些例外当中。该法院接受了这一裁决导致的"选择法院"的效应,以及总顾问有关该效应是第52条和第58条授予的权利的必然后果的观点。然而,仅仅基于该公司在英格兰境内注册成立且拥有注册营业场所的事实,欧洲法院承认该公司"经营场所"位于英格兰。它本来可以坚持该公司还需在该法域拥有主要办公场所时,才被认为满足了设立"经营场所"的要求。之所以没有这么做,是因为接受了注册地理论,而该理论只为少数成员国所坚持。另外的可能性是,法院本应该在裁决该公司"经营场所"位于英格兰之前,揭开该公司的面纱以便发现其与英格兰的联系的真实程度。以上任一路径都将减少选择法院的可能性。欧洲法院在 Segers 一案中采取的路径不同于其他情形下采纳的法理,后者对一家服务提供商规避其运营地国现行法律的行为给予了更高的优先权。[167] 然而,这似乎在最近的 *Centros Erverhaus-og Selskabsstyrelsen* 案[168] 中得到了确认。在该案中,丹麦被判决不得继续坚持最低资本要求——这将阻碍一家英国公司在丹麦注册。该公司已经在英国合法设立,但是在那并未开展任何业务,而是打算仅在丹麦境内运营。有观点认为这一套程序仅仅是为了规避丹麦的最低资本要求才采取的手段,但欧洲法院并未受其影响,相反,或许可以发现走上了采纳与注册地理论相关的法律的方向。

和英国税收有关的一个案例,将这一禁令延伸至间接的差别对待。在 *R v Inland Revenue Commissioners, ex parte Commerzbank AG* 一案[169] 中,一家在德国注册成立的公众有限公司贷款给若干美国公司,并就其收到的利息缴纳税款。然后它获得了退税(a refund of the tax),但被拒绝给予退税挚息(repayment supplement),因为就税收上而言,它在英国并不拥有居所。如果它在英国拥有居所,则是免税的,也就不会发生关于此项特别支出的利息问题了。不过,那些在英国拥有税收上的居所的公司,享有获得有关多缴税款的退税利息的一般性权利。欧洲法院指出,使用财政居所(fiscal residence)作为给予退税利息的标准,很可能不利于那些"经营场所"位于其他成员国的公司。因此,这是一项针对他们的间接的差别对待的措施。英国争辩说,这只不过是对两种截然不同情形的差别对待。欧洲法院对此未予认可,而是认为真正的比较不应是在一家缴纳了税款因此会产生退税权利的居民公司和一家免税因此不会产生退税问题的非居民公司之间*,而应该是在都按照法律多

---

[167] See *Centre Distributeur Leclerc and Others v Syndicat des Librairies de Loire-Ocean* 229/83 [1985] ECR 1; and *Johannes Henricus Maria van Binsbergen v Bestour van de Bedrijfvereniging Voor de Metalnijverheid*, Case 33/74 [1974] ECR 1299.

[168] 欧洲法院 1999 年 3 月 9 日的判决,未予以公开报导。

[169] Case C-330/91 [1993] ECR I-4017.

* 原文为"a resident company paying tax, so that no right to a refund would arise, and a non-resident's exemption from tax, which gave rise to the refund",应为笔误。——译者注

缴了税款的两类公司之间进行。[170] 问题是基于居所的区分在何种程度上是为欧盟法律所容忍的。[171] Ceroni[172] 主张应该从 Shumacker 一案[173] 出发加以类推。法院在该案中认为，就直接税（direct taxation）来说，居民和非居民的身份是不可比较的，因为在正常情况下，居所地国都掌握其居民个人和家庭境况的所有相关信息，并且居民收入的主要部分通常集中于居所地国。所以，拒绝将有关国家福利（state benefit）给予非居民通常情况下并非是歧视性的。运用于公司身上，Ceroni 认为这将推翻公司的相关规则，但是这一类推应该非常严格地加以适用，因为有关个人和家庭境况的观点并不适用，而且非居民公司从该财政居所地国获得收入主要部分的可能性，"在大型跨国公司的情形下将变得越来越小"。[174]

在缺乏融合措施的情况下，运用条约关于经营场所的一般性条款，似乎是一把钝器，遭遇到了关于基于居所的税收待遇方面的困境。关于在注册地理论和"真实住所"理论之间进行选择的问题，欧洲法院要采取注册地理论，看起来还有很长的路要走。

结论

公司和自由市场国家渴望允许在任何法域以最小监管的方式进行交易，而另一些国家则采纳特许理论并期望对在其境内运营的公司法人加以控制，冲突法规范给我们展示了对于这两种愿望之间固有的紧张状态的一系列不连贯的反应。最难于处理的两难困境体现在：基于居所的征税及因此与欧盟设立经营场所自由的

---

[170] See also Case C-264/96, *ICI Industries Plc v Colmer* [1999] 1 WLR 108.

[171] Raised by J. Wouters, "Fiscal Barriers to Companies Cross-border Establishment in the Case-Law of the European Court of Justice" (1990) *Yearbook of European Law* 91.

[172] Ceroni, "Barriers to International Mobility of Companies", 59.

[173] Case C-279/93, *Finanzampt Koeln-Aldstadt v Roland Schumacker* [1995] ECR I-225.

[174] Ceroni, "Barriers to International Mobility of Companies", 62.

原则相抵触,与不得基于国籍给予差别对待之间的冲突。在欧盟内部或超出其范围之外的地方,采纳一个连贯一致的国际私法体系看上去不太可能,除非上述相互冲突的原则得以正确地处理。

在本章的开头,我们看到为保护"合法的期望",冲突法规范得到发展。在本章,我们还看到存在大量相互冲突的合法的期望,而且法院在它们之间未能做出明确的选择。本书后文将建议:可以采纳解决法律冲突的工具,在一定程度上表达出受到全球公司运营影响的社会群体的合法期望;并且通过采取真实住所理论的修正版本——不是用来判断对一家公司是否予以承认,而是根据章程来判断其决策的有效性——可以达到这一目的。如此,决策的有效性就可以得到修正,但依据的不是注册地法律(比如英国法),而是中央决策活动切实发生地的法律,或者该决策对之有重大影响的地方的法律。这将引入一些明显地存在于涉及合同的国际私法规范中的相同机制,该规范指向的是该合同最密切联系地的纸面上的合同法(the paper law of the contract)。这一规则起作用的方式,将在第六章得到进一步的讨论。

4 有关公司及公司集团的监管理论和模式

监管的理由和结构

在本章中,我们将重新审视公司的基础理论,并对作为采纳这些理论的结果的监管结构加以检视。在监管的正当性和监管手段或模式的正当性之间做一个区分是重要的。有时两者之间存在自然而然的因果关系,但也并非总是如此。比如,特许理论承认国家有权对公司的行为加以监管,但这并非要求国家必须采用这一手段。因而,有几个层面的理论应该得到注意。第一个层面是评估这些理论能够为监管提供的正当性的程度以及监管的力度和范围。通过对自由市场契约理论的仔细梳理,我们可以最为清晰地看到这一点。除非是在"市场失灵"的情况下,该理论反对绝大多数的国家监管性干预。此外,在讨论该理论的监管后果时,对正当监管的力度和范围进行了探索。在第二个层面上,监管理论为拟将采取的监管手段和模式提供了指导。比如,当国家监管被压缩至最少(pushed to the margin)时,刑法所施予的监管与坚持契约理论是相互联系的,这看上去自相矛盾但事实可能就是如此。只有极端的反社会行为才受到监管,这样就可能采用那种由公司外部的监管者挥舞着大棒的模式。而在最接近细节的层面上,所用到的各种类型的规则之间是存在差异的。尽管有关的讨论并非意在从任何层次上解决这类规则问题,但应该注意到的是,即使是在细节的层面上,公司结构的基础理论都可能具有非常的意义。比如,契约理论将尽可能地通过使用推定规则(可以放弃)[1]或默认规则[2],来保护参与者的交易地位。

监管的正当性

紧随公司基础理论之后的,便是监管的正当性问题。对市场失灵进行矫正的概念则跟随着交易成本经济学理论,后者与法律契约理论共同呼吁对契约决策干预的最小化。特许理论和社群理论让公司对国家监管大开门户,并通过"社会良心"的诉求使得公司很可能概念化。因而,这两种理论都有着重大的监管后果。引人注目的是,只有后一种理论允许将公司利用为直接的社会工程学手段,或实现分配正义的一个手段。在契约理论当中缺乏这类直接的利用,取而代之的观念是:股东利润的最大化,包括经济的增长,将最有利于整个社会;"为解决贫穷问题,经济增长不只是一个选项,而且它是不可回避的"。[3]

为什么公司需要特别对待

有关公司的两个极端观点意味着,不需要我们去区分哪些是涉及公司事务的监管,哪些是一般性的社会监管。比如,将公司看作仅仅由若干合同相互连结(nexus)而构成的极端观点,意味着在这一领域监管是必需的,而在其他领域,其目的仅仅是为了确保市场保持完善。需要再次提及的是,极端的简化论经济理论,非常严

---

[1] B. Cheffins, Company Law (Clarendon, Oxford, 1997), 218.

[2] S. Deakin and A. Hughes, chapter 3 in *Company Directors: Regulating Conflicts of Interest and Formulating a Statement of Duties*, Law Commission Consultation Paper No. 153 (Law Commission, London, 1999).

[3] Mahbub al Haq, former World Bank Vice President and special adviser to the UN Development Programme's annual *Human Development Report* in his Barbara Ward Lecture to the 21st World Conference of the Society for International Development, Mexico City, April 1994, cited in D. Korten, *When Corporation Rule the World* (Kumarian Press, Connecticut, 1995).

重地依赖于私法工具和自由企业理论。将这些理论作为监管的唯一理论加以依赖是危险的,下面我们要讨论到很多的理由。Ogus 评价说:"没有哪个工业社会曾经排他性地依赖于一个私法的基本原则体系。"[4]对此,他发现很容易就能察觉到如下理由:

> 理性的个人和企业将仅仅在预期利益超过预期成本的情况下寻求行使权利,这里的成本不仅仅包括合法的开支,还包括时间和麻烦……正是由于这一原因,有很多合法的要求都没有得到继续主张。这样,影响到许许多多的参与者但仅仅对每一个权利个体施加了少量损失的外部性问题,无法利用私法工具将其加以"内化"(internalised)……在难于获得为成功主张一项要求所需的信息时,尤其是在涉及高科技及发生了复杂因果关系的情形下,对私人行使权利的这一抑制性影响得以加剧。[5]

Riley 通过提及"社会规范所施加的、必须在作出利润最大化的决策之前加以补偿且公司目的不因此而改变的"限制[6],很好地阐述了这一特性。一些经济学家坦陈,公司在其自由追求利润最大化的目的之前不得不对"负外部性"加以补偿——这将给作为机构的公司的想法增加某种可信度,而且集体目的和公司目的之间是有差异的。社会不再是一张由完全追求最大盈利能力的契约所组成的无缝的网。Ogus 以污染了一条溪流的"Jill"作为例子[7],指出根据契约理论处理该问题是不可行的。第一是因为交易成本高,为对该溪流下游的居民作出补偿涉及进行大量的交易。第二是因为"对第三方影响的扩散问题将因其不确定性及时间的流逝而加剧。例如,Jill 排出的污染物如果是有毒的,其所导致的

---

[4] A. Ogus, *Regulation: Legal Form and Economic Theory* (Clarendon Law Series, Oxford, 1994), 27.

[5] Ibid., 27—8; and see Cheffins, *Company Law*.

[6] C. Riley, "Understanding and Regulating the Corporation" (1995) 58 *Modern Law Review* 595.

[7] Ogus, Regulation, 19.

伤害将在一段不确定的时期内给不确定的人群带来不利影响。显然,在法律上需要可选择的若干解决方案"。不幸的是,正如我们将要看到的,这类对待事物的观点并未被广泛采纳,而且公司为使其利润最大化而渴求将其遵循规则的义务最小化的,被认为具有负外部性,且显然可以被看作是贫穷在全球蔓延的主因。[8]

另外一个使得内—外部区别边缘化了的观点,就是极端的社群理论观点。根据这一理论,公司仅仅是国家政策的工具。前文已经指出,这一观点在本质上模糊了公司的商业功能。因此,除非整个世界仅仅被看作是一个完善市场或公司仅仅被看作是社会政策的工具,否则有关的情形是在社会利益和公司利益之间存在着差异。如果果真如此,有必要对内、外部的监管做一个区分。内、外部监管之间恰当的平衡,取决于每个社会希望采纳的公司模式。

首先,我们必须分析经济理论和社群理论这两种极端理论的完全含义。

监管的正当性理由:使市场完善

新古典经济理论在本质上是一个去监管化的(de-regulatory)范式。其对特许理论的整体排斥,使得国家只能对市场失灵稳健地予以矫正。对于拒绝通过监管将社会价值施加于公司之上,米尔顿·弗里德曼[9]的表述可能最为严厉,他认为服从于"社会责任

---

[8] Korten, *When Corporations Rule the World*; J. Dunning (ed.), *Governments, Globalisation and International Business* (Oxford University Press, Oxford, 1996); J. Karliner, *The Corporate Planet* (Sierra, San Francisco, 1997); P. Harrison, *Inside the Third World* (3rd edn, Penguin, Harmondsworth, 1993).

[9] M. Friedman, "The Social Responsibility of Business Is to Increase Its Profits", *New York Times Magazine*, 13 September 1970.

而非为股东谋取最大利润"的商人,将不知道自己服务于何种利益。[10] 而且,社会也无法容忍由私人集团选择的人来执行征税和支出的公共职能。

这是一种关于公司的极端的自由企业私法观,其完全排斥任何国家利益或干预的正当性。这种对任何国家作用的整体排斥是值得怀疑的,尤其是考虑到 20 世纪大型公司日益增长的能力和影响。[11]

正如在第一章中所提到的,监管仅仅被用作"市场失灵"的矫正措施,其概念是令人困惑的:它能够包含完善市场(在这,参与者"理性行动着且为数众多,对于出售的产品拥有完全的信息,能够以微小的成本签约,拥有充足的金融资源进行交易,能够毫无困难地进出市场,并将兑现他们承诺予以承担的义务"[12])中的几乎任何一种被视为失衡的情形;同时,它为容许公司享有绝对的自由在世界范围内转移资本并强制推行贸易自由提供了正当性理由,从而损害到很多发展中社会。[13]

正如在第一章中所讨论的,有关批评将瞄准作为这些理论基础的基本假设,包括"理性参与者"的概念和为参与者自身利益的理性行动。有关监管的问题,进一步的批评是相关的。通过 Robert

---

[10] 当然,这正是 Berle 和 Dodd 之间长期争论的主题。E. Dodd, "For Whom Are Corporate Managers Trustees?" (1931) *Harvard Law Review* 1049; A. Berle, "For Whom Are Corporate Managers Trustees?" (1932) *Harvard Law Review* 45, 1365. Berle 表达的恐惧是,"公司利益"如果被作为准绳来使用,则必须被赋予实际内容。也可参见第 1 章。

[11] 要获取 Wedderburn 对这一观点的强烈反对意见,参见 K. Wedderburn, "The Social Responsibility of Companies" (1985) 15 *Melbourne University Law Review* 4。See also A. Fraser, "The Corporation as a Body Politic" (1983) *Telos* no. 57, 5–40.

[12] Cheffins, *Company Law*, 6.

[13] M. Chossudovsky, *The Globalisation of Poverty* (Pluto Press, Halifax, Nova Scotia, 1998); Korten, *When Corporations Rule the World*; Harrison, *Inside the Third World*.

Cooter 的思考,一个思路得以凸显。[14] 他对经济理论的分析以及该分析的成功,解释了经济学家如何找到智识生态(intellectual ecology)*中的罅漏(a vacant niche),并迅速地予以填补。[15] 这一理论通过把处罚视为价格的等价物,提供了一个对处罚后果进行科学预测的理论。正如 Cooter 所解释的,在参与者的行为属于非战略性的情况下,这一理论非常有效。对于战略和非战略行为,他是这样举例说明的:

> 美式橄榄球运动中,当持球运动员沿着左边线奔跑时,一个运动员却经常沿着右边线奔跑,作为诱饵(decoy)来愚弄对方球队。与此相对照的是登山运动,当主要队员从北坡攀登时,从来不需要队员从南坡开始,以作为诱饵来愚弄山峰。[16]

正如 Cooter 所指出的,"当人们在法律的范围内相互作用时,他们的行为经常取决于相互间认为对方会怎么做。"[17] Cooter 说道,这样,"法律的经济分析就发现了一种将战略行为当作是非战略行为的分析技巧……因而,科斯定理(Coase Theorem)将战略理论看作是交易成本"。[18] 然而,Cooter 对这一观点不以为然:"在现实中,战略行为并不同于柑橘、理发或其他任何商品的成本。把战略行为称之为'成本'降低了对其进行分析的重要性。"[19] Cooter 承认经济学理论对于评估法律的效率及其对财富分配的可能影响颇有价值,但是他相信,"法律的经济分析可以获得类似 X 射线的视

---

[14] R. Cooter, "Law and unified Social Theory" (1995) 22 *Journal of Law and Society* 50.
 * 又译为"知识生态"。图尔敏(Toulmin)认为知识/智识的发展是个人与环境之间不断交互作用而得到的,他将这样的一个交互作用的环境称为"智识生态"。——译者注
[15] Ibid., 51.
[16] Ibid., 52.
[17] Ibid.
[18] Ibid.
[19] Ibid.

野(*X-Ray vision*),而非外围的视野(*peripheral vision*)"。[20] Cooter 将最大化、理性、平衡和效率等概念看作是经济学理论的核心基础。这些概念是有价值的,但是:

> 经济学的"果肉"中缺乏一些基本的营养素来滋养社会科学。尤其是,经济学"认为偏好是给定的",这意味着它并不想去解释人们实现目标的方式……经济学家典型地假定,一个人以其自己理解的方式来追求他或她的自我利益……一个人的价值的获得是通过价值内化(internalising)来实现的。内化的价值对于道德和法律而言是必不可少的。经济学并未说明这一内化是怎么发生的。换句话说,经济学没有描述一个人是如何变成他或她感兴趣的自我的。[21]

Cooter 又继续向前推进了一步。他指出,在一个大型的组织里,雇员的自我利益与该组织的利益并非完全是捆绑在一根绳上。

要对人的努力和创造力进行挖潜,需要将代理人(雇员)的自我利益和首要利益(该组织的)捆在一起。但是代理人的狭隘的自我利益,从来没有和首要利益完全捆绑在一起。在现代经济中,代理人问题是可管理的,因为人们已经将其职业角色内化于自身,且该角色承载了他们的自我利益……职业角色的内化包括对职业规范的接受,而且这是一种发自内心最深处的接受,并进入了个人的自我概念(Self-Concept)*。一旦一个人将职业规范纳入了自我概念,他或她将区分两种自我利益。最为简单的自我利益,我称之为"薄的自我利益",仅仅看到财富或权力方面的物质回报。更为复杂的自我利益,我称之为"厚的自我利益",则将其修正为不仅限于物质回报,还包括道德的主观价值。[22]

---

[20] R. Cooter, "Law and unified Social Theory" (1995) 22 *Journal of Law and Society* 54.

[21] Ibid., 59—60.

* 心理学术语,指一个人在与环境的交互作用中根据自我经验所形成的对自己的知觉、态度与评价的整合体。自我概念是个人人格的核心。——译者注

[22] Ibid., 60—1.

Cooter认为,经济学强调的是"薄的"自我利益,并因此在经济学和法律之间创造了一种"基础性的"紧张关系:"理想化的经济决策者是'完全理性的',这意味着完全有助于追求明白无误的外在目标;理想化的经济决策者是'完全通情达理的',这意味着他或她已经将社会道德规范内化于自身"。[23] 接着,Cooter解释了在一个社会共同体里,道德规范的内化是怎样通过旨在谋取"某一区域的公共福利"的协作而发生的。一旦这种行为被认为是有价值的,它就变成了一则社会规范。这样一种视角完全忽视了个人关于公司的看法,而直指存在于公司自身之内的社会规范的概念,认为公司拥有若干手段对决策行为加以管控。Cooter的著作提出,监管者忽视了两个关键因素,而且应由他们自担风险。第一个是内部管控对于控制公司行为的重要性,根据监管理论和实践,这是一个持续发生的问题。第二个是对战略行为加以考虑的重要性。在Ayres和Braithwaite的合著中,对这两个问题做了进一步的发展,这将在下面关于监管理论的内容中予以讨论。

Campbell也认为,支撑经济交易的基础性社会关系的价值被低估了,尤其是在经济契约理论者的模型中。[24] 在采取一个更为广泛的视角后,Campbell进一步指出,将监管奠基于试图恢复自由市场的努力之上的做法,是完全错误的:"这类监管的目标有着其固有的荒谬之处,从而阻碍了对其进行积极的追求,甚至使其陷于弄巧成拙式的狭隘限制中。随着其在抽象化方面的惊人一跃,资本主义被认为是不存在内部矛盾的自由放任主义,而经济上的协调被认为是源自于把公司归结为这个完全神化了的资本主义的市

---

[23] R. Cooter, "Law and unified Social Theory" (1995) 22 *Journal of Law and Society* 61.

[24] D. Campbell, "Ayers versus Coase: An Attempt to Recover the Issue of Equality in Law and Economics" (1994) 21 *Journal of Law and Society* 434; and see Cooter, "Law and Unified Social Theory".

场治理。[25] Campbell 对科斯的著作进行了仔细的分析：

> 科斯本人从未像这样真正地来检视市场，因为市场是被认为当然地存在的……对此，存在着一个非常重大的问题，与对完善市场罕见的抽象化有关。市场是典型地作为一个纯粹的理论假设而被引入的，然而其将要担当的却是激励的功能。遇到的困难是，当需要对有关市场的这种推理给出一个具体的外在形式时，其给出的就是自由放任主义的外在形式。这一点从来没有得到明确（至少在学术著作中是如此），因为其发生的方式是相当秘密的。然而，通过这种方式，效率被理想化地等同于神化了的自由放任主义观点……这一等同被发现位于实在主义的交易成本经济学的核心，而且确实很可能是由波斯纳（Posner）给出其最为通俗的学术阐释。[26]

根本的问题在于这样一个假设：自由放任的市场是个好东西。相反，它很可能仅仅被视为是导致生产过剩的路径，后者将导致恶意竞争、卡特尔联盟和周期性的金融危机。[27] 经济学上关于市场的力量将最终使得所有人受益的理论的基石，将因此存在问题：

> 经济分析派基于其标准的立场，主张社会财富的最大化是一个有价值的目标，因此司法裁决应该努力促使社会财富的最大化，比如将权利分配给那些购买权利而非购买交易成本的人。但有一点仍然是含糊的：为什么社会财富是一个有价值的目标。谁将认为一个拥有更多财富的社会……就比一

---

[25] D. Campbell, "Why Regulate the Modern Corporation? The Failure of 'Market failure'", in J. McCahery, S. Picciotto and C. Scott (eds.), *Corporate Contraol and Accountability* (Clarendon Press, Oxford, 1993), 103 at 105. 他的分析集中于"那些作为先进资本主义经济主要机构的大型公司"。

[26] D. Campbell, "Why Regulate the Modern Corporation?", 112.

[27] See also C. Craypo, "The Impact of Changing Corporate Strategies on Communities, Unions and Workers in the United States of America" in S. Deakin and A. Hughes (eds.), *Enterprise and Community: New Directions in Corporate Governance* (Blackwell, Oxford, 1997), 10.

个财富更少的社会更好?除了一些人错误地将社会予以人格化并因此认为一个拥有更多财富的社会就更好(正如同一个自然人个体那样),任何一个未犯有这一错误的人为什么应当认为财富最大化是一个有价值的目标呢?[28]

德沃金(Dworkin)通过考虑财富和社会价值之间的关系回答了这一问题[29]:"作为社会价值组成部分、本身值得拥有"的社会财富,和"作为社会价值的工具、其价值在于通过一个有意为之或'一只看不见的手的作用'的分配过程来提升其他价值"的社会财富,这两者之间存在着重要的区别。[30] 对于作为社会价值组成部分的社会财富,德沃金确认了一个谦逊的和一个不谦逊的主张。前者主张社会财富是社会价值的一个组成部分:"一个社会如果拥有更多的财富,那么仅就此点而言,它优于其他社会;但一旦考虑到包括分配在内的社会价值的其他组成部分,它在总体上有可能是更糟糕的"。不谦逊的主张则"认为社会财富'是社会价值唯一的组成部分'"。[31] 关于作为社会价值的工具的社会财富,德沃金做了三类区分:(a)可能存在这样一种主张:社会财富的增加导致其他价值的提升,"比如,通过某些看不见的手的作用实现削减贫穷,社会财富的增加提升了社会中最穷的(worst-off)群体的地位"[32];或(b)也可能存在这样一种主张:财富是有价值的,是因为它提供了产生此类提升的可能性;或(c)"社会财富既非社会价值的原因,也非社会价值的组成成分,而是其替代品。如果某一社会直接瞄准价值的提升,比如试图提升其成员总体的幸福,则它实现该目标的程度,不如它如果是瞄准提升社会财富的情形。"[33] 他将

---

[28] R. M. Dworkin, "Is Wealth a Value?" (1980) 9 *Journal of Legal Studies* 191 at 194.
[29] 以否定的方式。参见下文。
[30] Dworkin, "Is Wealth a Value?", 195.
[31] Ibid., 195.
[32] Ibid.
[33] Ibid.

这看作是"伪目标理论"(false-target approach)。

这些理论对于公司和集团的监管有着至关重要的影响,对此作出进一步区分的是"强机构理论"(strong institutional theory)。德沃金通过这一概念表达了这样的理念:"尽管财富最大化仅仅是社会价值的组成部分之一,但它是法院被要求一心一意地加以追求的那一部分——其他的组成部分则被留给了其他机构"。[34] 在这,德沃金提到的是总体上的法院裁决,但能够立即观察到的是,在涉及公司的情形下,这类想法会引起大量的共鸣。

如果我们从一家公司的首要目标就是财富的最大化这一观点出发,那么这类必须存在的监管就必须使得这一财富最大化的进程成为可能。在对分配问题加以考虑的情形下,通过公司法以外的各种手段,让财富最大化这一进程自由推进。这是那个在第一章中已经考虑过的著名的授权对监管的争论。强机构理论所固有的危机终将开始显现,只要我们对公司和集团的监管的基本成分(building blocks)包括了如下含义及伴随的信念:(i) 德沃金所确认的、作为社会价值之一的财富的任何含义;(ii) 在任何情形下,作为机构的公司的角色都是追求财富最大化;(iii) 有义务为财富最大化提供授权机制;(iv) 自由市场就是最佳的授权机制;(v) 公司集团尽管财大气粗,但正如亚当·斯密所构想的,其与单个小企业的地位并无什么不同。这一结构中任何一个组成部分都未导致跨国集团脱离控制——它是一个累积效应。如果我们收窄德沃金的关注点并集中于公司和集团,两个独立但又相互联系的问题产生了。其中之一关涉公司在社会中扮演的角色:作为机构的它们是否仅仅是创造财富的机器?第二个问题关涉公司作为一个社会的角色。即创造财富的价值在该机构本身的内部是如何运作的?如果我们将德沃金有关价值的分析应用于作为一个社会的公司的运作,我们发现,取而代之的是将公司解构为交易各方之间的单个关系的观点。如果公司被看作是一个社会,则可以主张其增加的

---

[34] Dworkin, "Is Wealth a Value?"

财富是有社会价值的,因为可以福泽那些境况最不好的人;考虑到分配的因素,这个社会也能够被评价为更好或更坏的。如果将其看作是个体之间的契约关系,则不能得出这一结论,它否认了公司结构的现实,并将使得股东成为财富的虹吸管,而非再分配正义(redistributive justice)的工具。一个推进监管理论的有趣方式,是调查这一问题的内外两面是否相互有着重要的影响;换言之,如果公司被认为是机构,而非仅仅是股东追求财富最大化的工具(engines),确保该组织内部社会正义的内部管控对公司和集团的外部运作会有什么影响?

似乎有日益增多的迹象[35]表明,建立在以上列举的各步骤之上的可选择的观点导致了"一个源自于意识形态、政治和技术力量趋同的治理危机,这一趋同隐藏在经济全球化进程之后,该进程正在将权力从对公共福利负责的政府那里转移给那些由一个单纯的责任——寻求短期的金钱利益的增加——所驱动的公司和金融机构"。[36]

Campbell 详细地探究了两种"不为资本主义所有制的局限所限制的"解决方案。[37] 其一是不再将利润最大化作为经济成果中压倒性的目标:"毫无疑问,追求私人利润的生产对经济活动的规模所施加的限制,就是严重扭曲了潜在的理性结果(比如计划中的必要劳动时间的减少),而且它是资本主义私人财产权在产生该结果的公司中的延续"。[38] 另外一个可能的解决方案是扩大需求,其方式是"在严重扭曲的财富分配的背景之下,通过竞争性的工资斗争之外的各种手段"从政治策略上提高收入。[39] 这两种解决方案都不被看作是一个完整的答案,但是他们被提出来,以便作为某

---

[35] 参见第 5 章。
[36] D. Korten, *When Corporations Rule the World*, 12; Chossudovsky, *The Globalisation of Poverty*; Dunning (ed.), *Governments, Globalisation, and International Business*.
[37] Campbell, "Why Regulate the Modern Corporation?", 127.
[38] Ibid., 128.
[39] Ibid., 129.

一解决方案的一部分:

> 但是,正是公司将他们排除在外。紧随着市场失灵理论的监管动机,必定是固执且错误的,因为它们的基础是对市场结构问题(公司被引入以解决该问题)的系统性压制……如果我们想要将公司行为置于最佳治理之下,那么恰当的治理结构的表述不能总是对作为生产工具的私人所有制抱有偏见……这类"经济"指标,现在仍与公司法人相关,传达的并非生产的管理,而是我们未能彻底将公司法人置于自觉和负责任的控制之下。[40]

很多作者[41]主张恰当的治理结构应当通过程序加以决定,认为并非是市场失灵得到了矫正,而是作出了真正的政治选择。正因为如此,这类选择不应当由"一小伙精英资本家"一手掌握,而应当"以一种适当的公开方式"发生。[42]

Craypo 也提出了反对去监管化倾向的相同主张:

> 随着劳工标准(labour standards)开始下降,各类学者、政治家和批评家预测,更低的人工成本将使得美国工业更加高效和更具全球竞争力。他们继续如是说,但是少有东西公之于众来支撑这一主张……可以合情合理地得出这一结论:公司已经丧失了历史上的、为其所导致的损害采取单方且排他的决策和行动的特权;并且劳工、政府和社会利益相关者应该得到授权来共享这一关键的进程。[43]

在假定监管的真实目的在于恢复完善的市场时,一个人必须小心翼翼地前行,注意到尽管做了一些努力将新古典主义经济学

---

[40] Campbell, "Why Regulate the Modern Corporation?", 129.
[41] Ibid., and Dworkin, "Is Wealth a Value?"; Korten, *When Corporations Rule the World*.
[42] Campbell, "Why Regulate the Modern Corporation?", 130.
[43] Craypo, "The Impact of Changing Corporate Strategies", 23.

和伦理上的考虑相协调[44],但不论是从所有制的法律视角还是从经济学的视角看,纯粹的契约理论将把对管理层权力的最小约束摆在适当的位置,而且不再压制多数派股东将少数派股东的财产据为己有的能力,只要前者是根据公司章程而正确行动的。

社群主义和社团主义的观点:具备社会良心的公司

立论于一个被描述为"枯燥的"的观点,Selznick 相信:

> 道德淡漠(moral indifference)(扭曲的优先权、不诚实的消费者、恶化的环境和畸形的婴儿)的社会成本,制造了对增强的责任、更多的外部监管和更强的社会责任感的不可抑制的需求……企业已然被认为充满了价值,并因为承诺变得厚重。近些年来人们日益明白:道德能力(moral competence)*要有意义,它的建设就必须嵌入到企业的社会结构当中。这样就可以理解,公司的良心不再是难以捉摸或无法形容的……它包括了使得责任成为决策的必要组成部分的特定安排。[45]

信赖这一理论的基本要求,就是要努力使得公司的"道德"与更广泛的社会道德相一致。尽管人们承认"将这一组织嵌入社会环境"的进程"……是一个导致分心和涣散的潜在原因",但仍然追求这两类道德之间的一致。[46] 监管的正当性理由以及监管要深入到公司的核心,都是显而易见的。不那么明确的是,公司的利益是否或怎样能够出现于"分心和涣散"的情形之下,以及由于公司内

---

[44] Cheffins, *Company Law*, 158.

* 道德能力是人认识、理解道德规范,在面临道德问题时能够鉴别是非善恶,作出正确道德评判和道德选择,并付诸行动的能力。它是道德思维与道德实践、道德认知与道德行为相统一的特殊能力,而不仅仅是一种心理因素。作为人的一种本质能力,它是人完成道德的行为所必需的心理特征,是形成道德品质的开端。——译者注

[45] P. Selznick, "Self-Regulation and the Theory of Institutions" in G. Teubner, G. Farmer and E. Murphy (eds.), *Environmental Law and Ecological Responsibility* (Wiley, Chichester, 1994), 398.

[46] Ibid., 397.

部各种利益是如此的分散,如何能够要求经理们根据公司的利益对其决策负责。对于此种情形,Berle 和弗里德曼的观点引起广泛的共鸣。[47]

特许理论

特许理论的核心理念是国家有权对公司的运营设定限制[48],这可能被看作是为监管的兴旺提供了一个放手干的自由。但如果无限地追求这一自由,其结果将等同于社群理论所导致的结果。然而,它确实留有追求不同监管手段的自由——外部规范的强加或内部决策结构模式的规定,仅仅是下文将要考虑的若干选择中的两个。

在特许理论的语境下,下面这种说法是有争议的:"公司利益"的概念仅仅是块遮羞布(fig leaf),用以掩饰国家干预并赋予这种干预以自由企业理论的味道,而现实中法院正在行使"衡平"管辖权。比如在 *Perter's American Delicacy Company Limited v Heath* 一案中,首席法官 Dixon 说道:

> 如果对修改章程细则的权力没有作出相关的限制性规定,一个控制着必要投票权的股东可能影响公司的规章制度,并因此利用非基于公司成员身份的某种能力,或以某种违背诚信概念的、特别且特有的方式,操纵公司的运营或使用公司的财产以从中获益。对一个公司成员来说,诚信概念被如此广泛地宣扬或认可,以至于对它们的偏离,无需进一步的分析,就被描述为欺诈行为。比如,可能会采纳这样的条款,要求公司为该股东提供低于成本价的商品,或对该股东真实提供或虚构的服务支付公司 **99%** 的利润。[49]

---

[47] Berle, "For Whom Are Corporate Managers Trustees?", 1049; Friedman, "The Social Responsibility of Business".

[48] 参见第1章。

[49] High Court of Australia 1938 (1939) 61 CLR 457.

现在,不受良心节制的契约(an unconscionable contract)的概念并非不可能和契约自由的理念相协调,但毫无疑问的是,需要去掉其表面的虚饰。然而,以"为公司利益"作为法院干预的正当性理由,也似乎并非站得住(ring true)。法院作出的干预,明显是为了将正义和公平的客观标准施加于各方当事人之上。公司利益的理念,代表了纯粹的契约/现实主义理论的一个飞跃,因为它拟制了一个真实身份(the fiction of a true identity)并寻求将它强加于公司之上,并且将这作为一个手段,既允许管理层的自由裁量权,也通过对经理层依其自身利益的行动加以阻止,从而对这种自由裁量权施加了国家控制。它也代表了简单化的拟制/特许学派的趋同,因为它触及了公司内部决策的核心,而不是施加简单的外部监管。因此它代表了一个复杂的特许理论,通过接受公司内部存在不同团体的理念,要求在平衡有关利益的基础上,获得分别来自于相互间的保护,而非仅仅是施加大量标准化的国家干预。而且,它认可公司是一个法律上的拟制,具有国家授予的属性和人格,同时也包括了国家、公司以及公司内部不同的团体之间的相互作用。

各种理论的监管后果

契约理论

股东控制的首要地位

在第一章中,我们探讨了契约理论的重要后果,即把股东提升为唯一最重要的对管理层权力进行管控的人。现在,我们转向这些理论的监管后果。首先是有关股东中心地位的后果。

波斯纳写道:"考虑到对于大多数的股东而言,积极参与企业经营管理活动的机会成本高得令人望而却步,因此(所有权和控制权)的分离是有效率的,而且确实也是不可避免的。"[50] 当然,这种分离也意味着管理层的利益不再与股东的利益完全捆绑在一起。然而,利润最大化的目标意味着,即使将有关利益加以完美地协调,仍会导致 Campbell 和 Korten 在上文描绘的结果。因而,有关股东作为公司治理机制效果的讨论,具有了非现实的意味。

下文将提到,法院对有关公司章程修改的公司决策的干预,包含了"公正"标准的强行施加。如果认同难以达到帕累托效率标准,并因而赞成卡尔多—希克斯标准(Kaldor-Hicks standard),那就无法通过有关对市场加以完善的理论来对法院的干预加以正当化。我们还记得,要达到帕累托效率标准,在没有使任何人受损的情况下,至少要有一个人受益;卡尔多—希克斯改进(Kaldor-Hicks improvement)的情形则是,受益者在其所得超过其他人损失的前提下才采取行动,这样前者才能潜在地弥补其他人的损失。Ogus 简洁地对这一标准提出了异议:"第一,其允许将损失强行施加于个体。第二,因为其根据金钱来平衡所得和所失,从而假设了一个单位的货币对于任何拥有或接受它的人来讲,价值是相同的。"[51] Ogus 指出,这是一个错误的假设,因为一个单位的货币的相对价值是根据接受者的财富的多少而变化的。一个有效率的决定,可能使西方发达国家的股东受益,而损害穷国的利益。

那些坚持这些基础理论的法域采取了这样一个体系:在理论上,股东全体大会拥有作出影响公司管理层的决定的重要权力;但这种理论上的控制权在实践中受到极大地限制。如果公司的控制人拥有多数股份(经常就是这样),则这些控制者能够做出各种不端的行为来损害少数派股东的权益,然后通过投票阻止公司采取

---

[50] R. Posner, *Economic Analysis of Law* (2nd edn, Little Brown, Boston, 1977), 411. 无可否认,他呼吁"阻止管理层将太多的企业净利从股东那向他们自身倾斜",但不明确的是,在缺乏任何有效的监督阶层的情况下这将会是什么样的。一些经济学家日益认可,对公司控制权市场和激励计划的依赖,并不能"构成一种解决管理层和其他公司参与者之间利益分歧的成熟解决方案"(Cheffins, *Company Law*, 125)。

[51] Ogus, *Regulation*, 25.

法律行动以获得赔偿。正如我们所看到的,这种模式在控制管理层方面是不起作用的,股东不再是一个有效的治理机制。[52]

股东控制的目的

这样,我们不仅仅看到股东并不能有效地承担起控制管理层的角色,而且即使是在其有效的情形下,对于将股东提升至权力的至高地位的理论是否有利于解决下文从自由经济学视角提出的某些问题,很可能也是有争议的。比如,如果股东控制的目的被看作是为了利润最大化的目标,将管理层的利益和股东的利益协调一致,那么股东的控制将仅仅对管理层为自身利益的行动加以阻止。在促进必须与公司运营发生联系的其他人的任何利益方面,它根本就无所作为。因而,这些理论呈现给我们的是双重魔咒:将股东提升至一个将使得他们无效的角色,但即使他们是有效的,那也将是破坏性的结果。

公司的利益

从上述分析可以得出,公司的利益和股东的利益(被假设为追求利润的最大化)是一致的。当然,正是公司的利益明确并限制了公司控制人的行动。遵循这一理论基础,意味着诸如雇员等其他人的利益被排除在考虑之外,除非他们的利益能够对利润最大化有贡献,或者他们是外部监管的主体。在这种情形下,这些人的利益具有"负外部性",即以一种尽可能最低的必要限度的方式来支撑利润最大化的首要目标。这是一种极端的景象,而且有大量的证据表明公司的实践并不符合这种模式。然而其作为一种基础性的理论,意味着要摆脱这样一种倾向需要正当性理由——无论是通过主张快乐的雇员具备更高的生产效率,还是主张热心遵循环境法规将为该公司的产品带来舆论好评。

还有什么其他的对管理结构的控制产生于自由企业理论?

---

[52] 要获得一个全面的分析,参见 J. Parkinson, *Corporate Power and Responsibility: Issues in the Theory of Company Law* (Clarendon, Oxford, 1993)。

公司控制权市场

契约理论,以及特别是自由市场经济理论,其基础是一个以公司控制权市场闻名的理论上的控制机制。[53]"契约主义模式将敌意收购看作是用以减少监管成本的一个特别重要的手段。"[54]对于一家富有的公司,如果懒散且无能的经理人未能充分利用其资产,那么该公司就成为一个诱人的猎物,成为其他公司掠食的目标。掠食者可能对其股份发出收购要约(这些股份会因为管理层糟糕的业绩而被低估),要求获得公司的控制权,注入一个高效能干的管理层并进而恢复该公司的效率和盈利能力。"经理层是害怕收购要约的,因为在一个成功的出售之后,他们通常会失去这份工作。然而,这种焦虑具备一种有益的副产品:由于他们的工作随时处于危险当中,经理们有动力根据最大化股东财富的方式运营他们的公司。"[55]而从夕阳产业(declining industries)流出的生产资料(productive assets)的有效率的再分配,据称进一步增进了福利。[56]

这一理论表明,自由市场创造了其自己的维持效率的警察(efficiency police),但是不幸的是该理论的可信度,其远非以一种系统的方式发挥作用[57]:"收购目标的选择并非与管理层的业绩水平

---

[53] F. Easterbrook and D. Fischel, *The Economic Structure of Corporate Law* (Cambridge, MA, Harvard University Press, 1991).

[54] S. Deakin and G. Slinger, "Hostile Takeovers, Corporate Law and the Theory of the Firm" (1997) 24 *Journal of Law and Society* 124 at 126.

[55] Cheffins, *Company Law*, 119; and see J. Macey and G. Miller, "Corporate Governance and Commercial Banking: A Comparative Examination of Germany, Japan and the United States" (1995) 48 *Stanford Law Review* 73.

[56] M. Jensen, "Takeovers: Their Causes and Consequences" (1988) 2 *Journal of Economic Perspectives* 21.

[57] See Cheffins, *Company Law*, 1—2.

完全关联"。[58]

与要约收购之后的业绩有关的证据,也对这一学术假设提出了质疑。若干研究已经确认,从长期来看,合并之后的股价在下跌,不管合并是源自于一个敌意的或一个协商的要约收购;并且最为综合性的研究发现,随着时间的推移,这种负面的效应进一步加强……更早的研究没有将股价走向作为公司业绩的判断标准,而是基于和公司销售、资产和利润有关的会计数据……其也发现,那些被要约收购(acquired by tender offers)的公司,在收购前后都有着略微低于行业平均水平的现金流和销售业绩,因而"收购能够提升业绩的假设并未得到支撑"。[59]

而且,生产的再分配将导致地理上不利地区的突然衰败。苏格兰法学会对有关收购是有益的假设[60]提出了挑战:

有观点认为股东总是处于最佳位置来判断什么是公司的最佳利益,因此公司资本市场应当被允许以尽可能少的阻碍来运行。这一观点在苏格兰的评论者中并未得到广泛拥护。不仅对于那些直接涉及的劳动者,而且对于更广泛的群体来

---

[58] Deakin and Slinger, "Hostile Takeovers", 126; and see A. Cosh, A. Hughes, K. Lee and A. Singh, "Institutional Investment, Mergers and the Market for Corporate Control" (1989) 7 *International Journal of Industrial Organisation* 73.

[59] S. Deakin and Slinger, "Hostile Takeovers", 144, and see T. Langeteig, "An Application of a Three-factor Performance Index to Measure Stockholder Gains from Merger" (1978) 6 *Journal of Financial Economics* 365; E. Magenheim and D. Mueller, "Are Acquiring Firm Shareholders Better off after an Acquisition?" in J. Coffee, L. Lowenstein and S. Rose-Ackerman (eds.), *Knights, Raiders and Targets: The Impact of the Hostile Takeover* (New York, Oxford University Press, 1988; A. Agarwal, J. Jaffe and G. Mandelker, "The Post Performance of Acquiring Firms: A Re-examination of an Anomaly" (1992) 47 *Journal of Finance* 1605; D. Ravenscraft and F. Scherer, "Life after Takeover" (1987) 36 *Journal of Industrial Economics* 147; F. Scherer, "Corporate Takeovers: The Efficiency Arguments" (1988) 2 *Journal of Economic Perspectives* 69.

[60] 包含在一个关于《欧共体关于收购的第十三号指令》的DTI咨询文件中。

说,一个自由的收购市场都被认为存在潜在的严重结果;而且这可能为一个更为棘手的监管结构提供了正当性,只要该监管结构是为使得这些竞争性利益都得到考虑所需要的。[61]

另外,过分夸大对效率的考虑可能导致虹吸效应,将财富从相对贫困的地区转移给相对富裕的地区。

社群理论

拥抱社群理论的后果,将随着对国家和企业相似程度的看法的不同而不同。苏联法律提供了一种范式,其几乎与经济学上的自由企业理论没有更多的不同。比如,"一旦一个生产实体被设立,国家就给其分配了基本资产(basic assets)和流动资产"。[62] 对于一家企业而言,其完全有可能按照国家的计划,在亏损的状态下运营;而且,尽管该实体被认为拥有独立的法律人格且能够"自主决定那些在其营业执照记载范围内的合法交易",其对自身资源的利用仍受到了高度限制:

> 苏联立法对于生产实体处置其资产的行为、通过计划和计划合同生产的商品和服务,规定了非常具体的要求。结果,企业自主的方方面面,都没有独立的存在理由。在计划经济中,它们为服务于更大的经济功能而有条件地存在着。[63]

作为其结果的是极其著名的低效和官僚作风。

特许理论

在第一章中提到,特许理论导致了这样一个结论:国家权利得以延伸,来确保公司根据公法概念中特别固有的公平和公正的理念正确运营。采取这一基础性理论的后果之一是,因此需要更为

---

[61] Law Society of Scotland, "Memorandum on the Thirteenth Directive on Take-overs" (1989).

[62] W. Butler, *Soviet Law* (Butterworth, London, 1988), 245—6.

[63] Ibid.

仔细地检视公法和私法上公司概念之间的关系,及公法上有关概念的关联度。

正如 Nolan 所注意到的,"有些奇怪的是,在英格兰缺乏持续的努力来利用公法上相关的因素和关于这些因素的著作,促进对私法——尤其是公司法——如何控制那些授予公司董事会或某一董事的自由裁量权的理解"。[64] 相关的解释很可能是,英格兰法律对契约基础理论显而易见的坚持,以及公法原则在法院决策中的缺席。一旦清晰地接受了这一理论——公司的行为能力源自于英王的特许而且超越被授予的能力范围所为的行为是无效的,那么越权无效原则也适用于公司,就如同其适用于政府官员一样。这与 Forsyth 所捍卫的关于越权无效原则的"正统"解释,完全相吻合。Forsyth 接受的是 Browne-Wilkinson 在 *R v Lord President of the Privy Council, ex parte Page* 一案中对越权无效原则的表述[65]:

> 这一(关于司法审查的)基本原则是指,法院将进行干预,以确保公共决策机构在所有的情形下(除非是案卷表面的法律错误,error of law on the face of the record)合法地行使权力。……这一干预……基于这样一个命题:这类权力被授予决策者,其需遵循的基本假设是,权力只能在被授予的权限范围内,按照公正的程序并在 Wednesbury 标准*的意义上合理行使。如果决策者超越被授予的权限范围,以一种程序非法的方式或以 Wednesbury 不合理的方式行使其权力,那么他正在

---

[64] R. Nolan, "The Proper Purpose Doctrine and Company Directors" in B. Rider (ed.), *The Realm of Company Law* (Kluwer, London, 1998).

[65] [1993] AC 682.

* Wednesbury 标准及下文的 Wednesbury 不合理,是英国法院在 Wednesbury 一案中确立起来的、普通法上对行政决定进行合理性审查的一项经典技术。对其含义的经典表述是,行政决定"是如此地不合理,以致任何有理性的行政机关都不会作出这样的决定"。——译者注

超越其权力行动,并因而是非理性的。[66]

经济和法律契约主义的崛起,与特许理论及拟制理论形成针锋相对的态势,并且意味着国家的作用被最小化。法官往后退缩了。但是有趣的是,我们注意到,法官将他们自己排除在外时所使用的手段,非常接近于 Forsyth 所担忧的"剥夺"条款机制——这是一个包含了阻止对决定进行审查的条款的立法草案。Forsyth 引用了南非 1953 年的一项法令:"任何法院无权对……根据本法第 3 条作出的任何公告……的有效性进行调查或作出判断。"[67] 如此,法院的管辖权就被起草人狡猾的立法技术给"剥夺"了。在法院向契约理论的投降中可以看到相同的过程,法院对它们固有的管辖权受到减损给予了容忍。

而且,正如我们将要看到的,法官们在放弃了任何有效的公司越权无效原则之后,发现他们自己茫然失措,无法基于一致性对公司的决定加以审查;相反,只好求助于陌生的违背契约(contractual contortions)[68]的概念、关于"公司利益"的伪概念[69]或者"对公司犯下的错行"。[70]

Christopher Forsyth 着手雄辩地呼吁保留越权无效原则,作为被大多数人认可的司法审查原则的基础。[71] 公司法律师只能是战栗地接受。对越权无效原则的废止,经历了由司法部门造成的可怕的混乱,原因是其在契约理论和特许理论之间争论着孰高孰低。比如,法官本能地希望保留对董事所行使的自由裁量权进行审查

---

[66] C. Forsyth, "Of Fig Leaves and Fairy Tales: The *Ultra Vires* Doctrine, the Sovereignty of Parliament and Judicial Review" (1996) *Cambridge Law Journal* 122, at 129—30.
[67] Ibid., 130.
[68] 在对 1985 年《公司法》第 14 条的解释中。
[69] 在章程细则有变化时寻求对少数派股东加以保护。
[70] 当存在"对少数派股东或公司犯下的错行"时,用以保护少数派股东。
[71] 通过反驳现实主义者的批评加以捍卫。后者包括 Dawn Oliver,"Is the Ultra Vires Rule the Basis of Judicial Review?" [1987] *Public Law* 543; P. Craig, *Administrative Law* (3rd edn, Sweet & Maxwell, London, 1994), esp. 12—17.

的能力,因为这些决定的后果覆盖范围广泛且影响到很多无辜的民众。然而,相反的主张——所有参与者仅仅正在自由地行使他们的契约权利——通过很多的决定产生了共鸣。比如,我们看到最初的理论是公司行为不能超出其目的之外,正如在 Ashbury Railway Company v Riche 一案[72]中被延伸至注册公司的章程大纲所宣称的,理由是其保护的"不仅仅是——可能我要说不主要是——公司原始股东的利益,而且这些法律规范也意在为两类非常重要的其他团体的利益作出规定:首先是那些可能因接替原始股东而成为股东的人,以及其次更为特别的是那些可能成为该类公司债权人的人"。[73]

在这,我们可以看到三种相互竞争的理论之间的相互影响。传统且自下而上的特许理论和契约理论之间展开了竞争,并不可避免地使人困惑。国家特许理论宣布不得逾越向公司授予的国家权力的范围,但是对未来股东和"外部公众"的保护可能被看作是基于另一种不同的特许理论。在此,人们认为它不是一个国家出于其目的对公司运作加以限制的问题,而是一个施加社会正义规范的问题。比如,它可以被看作是"自下而上"的特许理论的产物,并通向公众对公司行为的预期,因为创立公司的那些个体正是从公众那里获得了运营公司的合法性。

现在,未来股东和公众并没有出现在契约理论中,而且明显地,债权人被期望自己管理好他们的交易,而非依赖于国家的保护。因此,这里有着关于特许理论的清晰证据。

先看一下传统的授权理论,该理论早期适用于那些根据专门的《英国国会法案》(Act of Parliament)注册成立的制定法上的公司(statutory companies)。这一点意义重大[74]且是必要的,因为这类公司对那些需要在其上建设铁路或开凿运河的土地,经常具有强

---

[72] (1875) LR 7 HL 653.
[73] Per Lord Cairns LC.
[74] L. Sealy, *Cases and Materials in Company Law* (6th edn, Butterworth, London, 1996), 126.

制性的购买权力。

Craig[75]和Forsyth[76]都指出，专营权（monopolies）受制于越权无效原则，即使这一权力是一种事实上的存在。公司甚至更应受制于该原则，尤其是在该知名的、唯一类型的公司是经英王的直接许可（grant）而创立的情形下。明显地，历史上的特许公司（charter companies）完全属于其能力和特权都源自于英王授权的公司类型。法院也在 Re Crown Bank 一案[77]中裁决到，在如下情形下对公司的目的并没有作出恰当的表述：该公司的目的的表述所使用的术语（按照North法官的话讲）"是如此的宽泛，以至于可以被说成是批准这家公司放弃银行业务，而着手一项旨在用一长串气球将地球和月球连起来的业务"。

后来向契约理论的转变开始极大地影响了法院，尤其是当法院判决允许通过列举每一种能够想象到的业务，获得一个类似于 Re Crown Bank 一案的效果。在 Cotman v Brougham 一案[78]中，该公司的章程大纲用了30个子条款（sub-clause），允许公司能够从事几乎任何一种业务，而且其目的条款结束于这样一个表述：每一个子条款都应该被解释为独立的条款，而不应当通过援引其他任何子条款或根据公司的名称加以约束或限定；而且任何这类子条款或在此处详述的目的，都不应该被视为仅仅是在第一个子条款中提到的公司目的的附属或辅助性规定。

在此，该公司目的表述中的最后部分，将规避法院倾向于对这类表述施加的限制：他们根据"主要目的"规则进行解释。这意味着，公司的主要目的可以通过公司名称或目的清单中首先指出的目的来加以判断。然后，目的条款中所有随后的表述将被认为是公司的能力范围，但仅仅为了促进"主要"目的才能够被有效地行使。在 Cotman v Brougham 一案，起草人已经起草了相关的目的表

---

[75] Craig, *Admininistrative Law*, 222—5.
[76] Forsyth, "Of Fig Leaves and Fairy Tales", 124.
[77] (1890) 44 ChD 634.
[78] [1918] AC 514.

述来规避这一规则,而且也通过列举长长的 30 个公司目的的清单,寻求规避 Re Crown Bank 限制。他的努力成功了。法院宣称,该章程大纲必须根据其字面含义加以解释,尽管以这种方式起草章程大纲的实践遭到谴责。正如 Sealy 所指出的:

> 法官把采取类似于后卫的行动和这些试图减损越权无效原则的努力作斗争,看作是他们的职责。他们经常抗议这类草案的冗长和啰嗦——这是一种徒劳的举动,以及一种对于他们来讲是相当不得体的态度,因为他们中的大多数在他们职业生涯的早期,作为律师,花费大量职业时间来起草或整理的,正是他们现在试图谴责的这些条款。[79]

然而,这种态度"部分地源自于一种错位的正义感,但还是很有道理的,因为它毕竟是他们所拥有的最有力的武器,用以处理那些有着明目张胆的公司错行的案件"。[80]

伴随着 Bell Houses Ltd v City Wall Properties Ltd 一案[81]中对"主观性条款"(subjective clause)的接受,公司被授予的特权也得到了进一步的扩展[82]。在该案中,公司的章程大纲包含了以下条款:"3(c)从事与上述任何业务或(公司的)一般业务相关的,或从属于这些业务的其他任何交易或业务,无论其是什么,只要根据董事会的意见由(原告公司)来从事是有利的即可。"通过援引"主观性条款",上诉法院法官 Danckwerts 在 Bell Houses 一案中说道:

> 在各种职权平衡的基础上,情况似乎是,董事们的意见如果真的能够解决这一问题,那董事会为什么不能决定这一事项?股东基于章程大纲投入其资金,如果章程大纲授予董事们根据

---

[79] Sealy, *Cases and Materials on Company Law*, 127.
[80] Ibid., 127.
[81] [1996] 2 QB 656.
[82] 然而,另外的描述工具清晰地表明,事实上公司的权力是一种客观实在。*Re Introductions* [1970] Ch 199, *Rolled Steel Products (Holdings) Ltd v British Steel Corpn* [1986] Ch 246.

他们自己的看法来判断,在特定的情形下从事某一特定的业务是否合适,那为什么对他们的决定的约束力加以否定?[83]

我们注意到,随着契约主义占了上风,对公众和债权人的保护的观念似乎已从法官的头脑中消失了。越权无效原则的让位及契约主义的胜利,导致了一个问题,即法院失去了一个强有力的控制手段及卓越的分析工具。[84] 正如后文所要讨论的[85],这一损失不仅仅延伸至控制权力行使的方法,而且延伸至决定公司内部决策模式的方法。

在不存在越权问题的情况下,法院干预其他公司决策的理由是不明确的。契约理论典型的表述,反映在 Jessell MR 在 *Pender v Lushington* 一案的判决中[86]:

> 在所有这类行使财产权的案件中,人们是出于一些适当或不适当的动机来行使他们的权利的。而我总是认为,法律规则应当是,那些拥有财产权的人有权行使他们的权利,而无论他们行使权利的动机是什么。

这本来看上去已经足够明确,但奇怪的是,他感觉从 *Menier v Hooper's Telegraph Works* 一案[87]中的观点获得了支撑。"在该案中,上诉法院法官 Mellish 注意到:'我的意见是,尽管公司的股东确实可以按其意愿并为其自身利益进行投票,然而,多数派股东并不能出售公司的资产并且不能做此考虑。'"[88]

对于他为什么能从一个对自私自利地行使权利加以限制的表述中,得出对其主张的支撑,这一点是不甚明了的。但法院确实对此施加了限制,这一点是明确的,尽管其预先声明权利的行使是一门艺术,而非科学。很简单,对于那些以某种方式不受节制的公司

---

[83] Ibid., 683.
[84] As pointed by Nolan. "Proper Purpose Doctrine and Company Directors", 17—22.
[85] 参见第 6 章。
[86] (1877) 6 ChD 70.
[87] (1874) LR 9 Ch 250.
[88] Ibid., 75.

决定,法院似乎保留了加以阻挠的权利。在这样做的过程中,他们可能要么认可存在一些商业道德的因素,他们感觉有义务去遵守;或者认可对于公司而言,简单的契约概念是不现实的:它包含了股东之外的其他人的利益,它还有自身的利益。在 *Standard Chartered Bank v Walker* 一案[89]中,Vinelott 法官诉诸于"正义"(equity),来阻止股东投票反对由银行为一家公司的重组而提出的决议案,以及对其两个董事的解雇。该公司已资不抵债,而且如果该决议案没有被通过,这些银行不准备继续推进该公司的重组。Vinelott 法官宣称:"对重组议案的反对或任何方式的阻挠,将是如此地无意义和有害,以至于无论是出于哪一种动机的驱动,都相当于对公司资产的故意挥霍。对此,法院根据 Mareva 原则有权加以阻止。"

但是,果真如此?又何以见得?我们知道,Lindley MR 在 *Gold Reefs of West Africa* 一案中强行适用"法律和正义的一般原则"。[90] 其与司法审查的关系,明确体现于 Lindley 勋爵随后在 *British Equitable Assurance Co v Bailey* 一案中所做的评论:"当然,和其他权力一样,那些修改议事程序的权力必须加以善意(bona fide)地行使,并应注意到创设这些权力的目的。"[91]

在这些例子中,经常被拿过来与之做类比,是那些与行政决定的司法审查基础有关的更为广泛的概念,尤其是那些以从协商或参与程序中产生的决策的合法性为基础的概念。"在那些构成有关参与政府决策主张的基础的想法和过程监管之间,存在着一种足够密切的关系……其指明了……已超越了仅仅对实体性利益进行保护的过程监管的基础。"[92]

法院所做的这方面的控制,以及恰当目的原则的影响,将在第

---

[89]　[1992] BCLC 603.
[90]　[1900] 1 Ch 656. 并参见第 1 章。
[91]　[1906] AC 35.
[92]　G. Richardson and H. Genn, *Administrative Law and Government Action* (Oxford University Press, Oxford, 1994), 124; and see P. McAuslan, *The Ideologies of Planning Law* (Pergamon Press, Oxford, 1980).

六章中做更为充分的探讨。

128 监管的类型或模式及方法的正当性

对各种不同监管方法加以区分

对于外部惩罚性监管,我曾经在别处[93]指出,为阻止特定方面的行为所施加的刑罚或准刑罚规则,如果孤立地加以使用,其在试图监管商业行为方面是一种无效的方式;其原因是,在基本的商业交易是复合型交易的情况下,对禁止行为的限制要进行足够明确的定义,存在着其故有的困难。因为成功地起诉一家公司或其高管之一,对于该公司而言有着非常严重的后果,所以一项刑事调查很可能被看作是需要加以抵制的威胁。对契约主义的坚持,强化了这样一种观点:这类外部监管需要谨慎且强有力的正当性理由。其结果是,监管者被挡在公司之外,只能试图通过刺穿公司的面纱以找到起诉的充分理由。[94] 而且,商业运作的速度和复杂性,使得外部监管日益无效。[95] 在这种情况下,公司面纱将难以刺穿,这一气泡将保持一种完整无损的状态。[96] 正是由于这一原因,公诉人为强化其手段,藐视了不得自证其罪(self-incrimination)的权利。[97] 然而,这一行为导致了侵犯基本权利的问题。如果不这么做,起诉就不能是有效的,那么这是否意味着这种监管方法出了差错?

然而在我们的头脑中必须铭记,刑罚的存在具有威慑作用,防止一些人以禁止的方式做出行动。一小部分成功的起诉因此

---

[93] J. Dine, *Criminal Law in the Company Context* (Dartmouth, Aldershot, 1995).

[94] See Ogus, *Regulation*.

[95] 尤其但不单单是在金融部门。See C. Goodhart, P. Hartman, D. Llewellyn, L. Rojas-Suarez and S. Weisbrod, *Financial Regulation* (Routledge, London, 1998), 45.

[96] Ogus 谈起公司时,将其比作抵制刑事立法的"一个黑箱"。Ogus, *Regulation*, 97—8.

[97] Gerard McCormack, "Investigations and the Right to Silence" (1993) *Journal of Business Law* 425; Dine, *Criminal Law in the Company Context*, ch. 9.

并非该项措施成功之处的确切反映。然而,由于很多的原因,刑罚的方法有着严重的缺陷。与该种形式的监管有关的问题更多,因为在很多的法域,包括英国在内,公司主要被看作是个人主义的自由市场工具,从而使得对公司内部事务的干预变得难以具备正当性理由[98],并因此遭受到极大的憎恶。[99] 在对惩罚性监管方法分析之后,Ayres 和 Braithwaite[100] 呼吁一种新的公司监管方法。基于在若干制药公司[101]、煤矿公司[102]、澳大利亚监管机构[103]及疗养院[104]开展的经济分析和经验研究,他们观察到,一个高度惩罚性的管制(regime)将导致一种抵制性的亚文化[105];而

---

[98] R. Posner, *Economic Analysis of Law* (4th edn, Little Brown, Boston, 1992); F. Easterbrook and D. Fischel, "Limited Liability and the Corporation" (1985) *University of Chicago Law Review* 89; Cheffins, *Company Law*, ch. 3; Ogus, *Regulation*, 29; D. Sullivan and D. Conlon, "Crisis in Transition in Corporate Governance Paradigms: The Role of the Chancery Court of Delaware" (1997) *Law and Society Review* 713, esp. 719.

[99] 从巴林银行的轰然坍塌中吸取教训时应该注意的是,巴林银行(伦敦)要洞悉在新加坡的操作,面临着相当大的困难。"新加坡要塞"的心态是一个重要的因素,其在相当长的时间内被用来掩盖里森导致的损失。*Report of the Board of Banking Supervision Inquiry into the Circumstances of the Collapse of Barings* (HMSO, London, 1995) (BoBS Report)一文第2.19段,生动地展示了经纪人和银行家之间的文化冲突。And see N. Leeson, *Rogue Trader* (Warner Books, London, 1996), ch.4; S. Fay, *The Collapse of Barings* (Arrow Books, London, 1996), 102.

[100] I. Ayres and J. Braithwaite, *Responsive Regulation* (Oxford University Press, Oxford, 1992).

[101] J. Braithwaite, *Corporate Crime in the Pharmaceutical Industry* (Routledge & Kegan Paul, London, 1984)

[102] J. Braithwaite, *To Punish or Persuade: Enforcement of Coal Mine Safety* (State University of New York Press, Albany, 1985).

[103] P. Grabosky and J. Braithwaite, *Of Manners Gentle: Enforcement Strategies of Australian Business Agencies* (OUP, Melbourne, 1986).

[104] J. Braithwaite, T. Makkai, V. Braithwaite, D. Gibson and D. Ermann, *The Contribution of the Standards Monitoring Process to the Quality of Nursing Home Life: A Preliminary Report* (Department of Community Services and Health, Melbourne, 1990).

[105] Ayres and Braithwaite, *Responsive Regulation*, 19—20.

164 公司集团的治理

且,"惩罚性姿态投射出监管参与者的消极预期,其带来的关键性危险是抑制了自我管控"。[106] 其实,监管者被看作是敌人。人们将发现,这一方法是令人屈辱的,并将"憎恶之,进而以各种方式——包括放弃自我管控——加以抵制"。[107] 而且,孤立的惩罚性的管制(regime)"导致一种猫和老鼠的监管游戏,借此,企业通过利用法律漏洞公然藐视法律精神,而国家制定越来越多的具体法律以填补这些漏洞"。[108]

Ayres 和 Braithwaite 指出,除了这种憎恶的气氛之外,低效、高成本和惩罚性法律执行的不确定性都表明,出发点必须是一种合作的立场。当依靠的仅仅是惩罚性的事后(ex post facto)制裁,明显不可能采取一种合作的立场。这一立场在对那些贫穷国家援助项目的投放所做的研究中得到了强化。Chambers[109] 指出,以服从权威为特征的(authoritarian)教育体系,以及紧随其后的由手握实权的官僚(他称之为上层)所进行的援助项目的投放,导致接受者(被称作下层,相当于被监管者)被驱使采取三种可能的姿态:

> 他们可以遵从、采纳上层的行为范例并将其内化于自身,接受现实的变迁;可以大声疾呼、反抗和抵制;或者可以追寻一种玩弄外交辞令和欺骗伎俩的中间道路。[110]

特别地,Chambers 通过如下文字,表明一种惩罚性的管理模式是如何(单独,或与其他因素一道)导致欺诈行为的:"业绩倾向于被夸大,目标即使未达到也报告说实现了……目标的实现很大程度上流变为簿记(book-keeping)工作。"[111] 这种欺诈是由"上层"的

---

[106] Ayres and Braithwaite, *Responsive Regulation*, 25.
[107] Ibid.
[108] Ibid., 26.
[109] R. Chambers, *Whose Reality Counts* (Intermediate Technology Publications, London, 1997).
[110] Ibid., 84.
[111] Ibid., 87. 该处给出了一个关于印度种植高产大米的例子。

自我欺诈、相互欺诈以及因为距离和时间导致的进一步夸大混合而成的。这些因素绝非仅限于惩罚性监管体系,但是这一体系似乎怂恿监管者和被监管者之间保持一定的距离,因而对这一问题的放大具有乘数效应。

对于一个监管者而言,既有一定程度的自由裁量权,又与被监管团体保持一定的关系,是有必要的。

双重目的监管者

具有双重目的的监管者,其存在的某些方面是有利于被监管公司的。监管者既授予利益,又扮演警察的角色。股票交易所就是一个例子。[112] 任何人阅读股票交易所的规则时,如果认为该机构的唯一目的就是对股份的出售进行监管,那么他应该得到宽恕。然而,该机构的主要目的是为这种出售提供便利。出于此目的,需要获取公司的信息并予以免费发布,因为这么做的结果将有利于股票的上市。而一旦面临监管问题(policing issues),也将因此获得帮助。因为这种紧密的关系,公司面纱变得更加透明。

将这种方法应用于商业性公司存在的问题,其规模是部门性的。一个寻求对公司的运作细节加以监督的监管者,将是一个庞大的机构,而且其可能压制多样性和创新的危险将可能立即显现。然而,最近由伦敦股票交易所监督实施的《行为守则》的突然发布表明,使用这样一个监管者来影响公司内部的治理机制,至少对于上市公司而言,并非绝无可能。

内部控制

监管的第三种方法,是寻求在适当的环节布置内部控制体系,以阻止异常行为。这将包含所有公司内部治理的方法。在该体系

---

[112] "关于内部自我管控的典型例子":A. C. Page, "Self Regulation: The Constitutional Dimension" (1986) *Modern Law Review* 141, 145。需注意的是,这是行业的自我监管,而非单个企业的自我管控——后者正日益被视为可行的答案。参见下文 Ayres 和 Braithwaite 的论述。

中,公司面纱不再起到阻隔的作用,因为这是一种来自于内部的管控。例子之一是运用于银行和保险公司的内部控制体系,以识别那些很可能属于洗钱活动的交易。[113]

然而,内部管控很可能还需要兼有某种形式的外部控制。

强制的自我管控

Ayres 和 Braithwaite 着重指出,"要解决去监管化(deregulation)和加强监管之间爆发的毫无结果的争论,其先决条件是监管设计中的创新。"[114]他们主张,"某一具体战略的适当性,取决于法律、宪法和文化环境,以及为其付出的努力",并进而提出了强制的自我管控的战略。这要求每个企业提出它自己的管控标准,这些规则将具备公开实施机制。这一体系明显区别于联合监管(co-regulation)——被他们用来指称行业协会的自我监管。科斯认为,相对于一个一个单独订约,企业被组织起来能够生产出更加便宜的商品。通过引用科斯上述富有洞察力的表述,两位作者指出,只有在比外部的订约更便宜时,政府才应该在内部生产公共产品,即公共监管。他们分析了强制的自我管控,认为对于私人参与者而言,其是一种类似分包性质的(subcontracting)监管功能。[115] 可以证明相对于"外部"监管而言,这种形式的监管更便宜且更具效率,其特别的原因是它深入到公司的内部,带来了更多的合作。进一步的好处包括:为小企业规避过于严厉的规则,以及规避那些随着快速变换的环境而演变的规则。"在太多的领域,人们对必要的监管是既偏爱但又存有顾虑,因而实际中不怎么动用,因为这种命令和控制模式需要达成共识(consensus-building)。"[116]另外的选择则是温和的普遍立法,比如劝告其提供能够"真实和公允"(true and fair)地反映公司财务状况的账目。

---

[113] In the UK, SI 1993 No 1933.
[114] Ayres and Braithwaite, *Responsive Regulation*, 101.
[115] Ibid., 103.
[116] Ibid., 112.

两位作者还提出,公司将更受其自己规则的约束,并且将避免两本规则手册(国家和公司)的混淆。

公共利益团体、程序化(proceduralisation)和守则(codes)

Ayres 和 Braithwaite 提出了一种全新的理论,他们认为可藉此防止"监管俘获"(regulatory capture)。他们相信,可以通过"三分论"(tripartism)将这一问题予以最小化。[117] 这其中包括了公共利益团体(PIGs)的权力。该策略是去识别与隐藏在特定立法背后的精神的贯彻执行(enforcement of the spirit)直接相关的公共利益团体(环境机构之于环境法,雇员之于健康和安全法,等等)。为了阻止安逸,各团体之间的竞争得以产生。然后,这些团体将扮演对监管者和被监管者之间的关系进行监督的角色,并且插手那些有大量(undue)迹象表明存在俘获或腐败现象的地方。

从民主参与的立场出发,也提出了公共利益团体的权力:"利益相关者有机会参与决定影响其生计的问题,是一种民主福利(democratic good),其独立于随着参与而获得的更好结果。"[118] 两位作者的观点是,仅仅为公民提供投票权的有限的民主,将受到公司(corporate sector)日积月累的权力的减损。精选的公共利益团体的权力,提供了制约上述公司权力的要素。而且,公共利益团体的权力将必然导致建立起值得信任的关系,因为"对于我们而言,没有理由不去相信那些与我们生计无关的人。但是一旦某个参与者被授权从而与我们有关,我们被强烈建议与之建立一种信任关系"。[119]

在法哲学领域由 Centre de Philosophie du Droit at Université

---

[117] Ayres and Braithwaite, *Responsive Regulation*, ch. 3.
[118] Ibid., 82.
[119] Ibid., 84.

Catholique de Louvain 引领的权利程序化（*la procéduralisation du droit*）[120]的潮流当中，关于盼望建立民主正义的相同考虑，导致了日益增长的利益。这一理论以一定的方式使得法律从创造正式的实体规范后退，而专注于提供决策的框架，通过确保能够召开利益各相关方参与的、最好且可行的集会（the best possible forum），来获得最终的实体规范。如将该理论更加普遍地适用于监管方法，那么就能将监管者从不可能完成的、制定最好的实体规范的任务中解脱出来，而允许他们专注于提供最好且可行的决策集会，以求获得诚信正直的市场环境。

以上两种理论在最近发布的、包括 Cadbury 报告[121]、Greenbury 报告[122]和 Hampel 报告[123]在内的守则中，都得到了呼应。这两种理论有着相似之处，因为上述三个报告要大力推进的，都是确保正确的人在公司正确的位置上[124]，以及正确的决策结构已然就绪（in place）。比如 Greenbury 报告要求，上市公司的董事会要设立专门由非执行董事组成的薪酬委员会，来决定公司关于执行董事薪酬

---

[120] 可能也会影响到《欧洲公司法》中关于工人参与规定的最新草案。其特色是规定了公司和雇员之间的协商框架。See "Proposal for a Compromise on the proposal for a Council Directive Supplementing the European Company Statute with Regrad to the Involvement of Employees" in J. Dine and P. Hughes, *EC Company Law* (Jordans Bristol, looseleaf), A3—52. 放弃关于工人参与的强制性最低标准及对有关协商的预期议事日程和时间表的明确表述，由此发出的明确信号表明，各成员国内公司模式的多样性被认识到了并得到了认可，但并未完全从这样一个立场后退：雇员的作用是公司在商业上成功的核心所在。这一路径寻求将那些来自于对多样性的现实理解的各项规则加以调和。

[121] *The Report on the Financial Aspects of Corporate Governance* (Gee, London, 1992).

[122] *Directors' Remuneration: Report of a Study Group Chaired by Sir Richard Greenbury* (Gee, London, 1995).

[123] *Committee on Corporate Governance Final Report* (Gee, London, 1998).

[124] 参见对董事会组成（CEO、主席、非执行董事相分离——Hampel Principles, 2.2—2.5, following Cadbury）、薪酬委员会（Hampel 2.11, following Cadbury and Greenbury）、董事的角色及董事的构成和任命（Hampel 3.14 and 3.19）的强调。

的政策以及关于每一个执行董事的一揽子具体方案(specific packages)。对于 Cadbury 方案而言,董事会的组成和运转显然是最有争议的领域。该委员会强调,衡量董事会效率的标准,包括其成员作为一个整体共同工作的方式。[125] 他们也感觉到,执行和非执行董事很可能以不同且互补的方式做出贡献。非执行董事能够作出两方面特别重要的贡献,而且不会与董事会的单一本质形成冲突。[126] 它们分别是,"审查"董事会和执行管理层的业绩[127]的作用,以及"在发生了潜在利益冲突的情形下"出头。[128] 而且,Cadbury 方案引出一个来自于机构股东委员会(Institutional Shareholders Committee)的回应,后者在一篇名为"机构股东的责任"的论文中也提出了权力制衡和决策结构。[129] 这并非一个对应于 Cadbury 建议的特定回应,但是其处理的是该报告草案中提出的一些问题。机构股东委员会承认,"机构股东作为公司的一部分所有人,因为其自身的规模,负有以负责任的方式发挥他们影响的重大义务。"[130] 该论文检视了这一责任的各种承担方式,包括"在高管层面进行的常规、系统的联系,以交换关于战略、业绩、董事资格及管

---

[125] Cadbury, *Report on Financial Aspects*, 20, para. 4.2.
[126] Ibid., 20, para. 4.5.
[127] Ibid., 20, para. 4.5.
[128] Ibid., 21, para. 4.6.
[129] Institutional Shareholders Committee, "The Responsibilities of Institutional Shareholders", December 1991.
[130] Ibid., 1. 但是,Riley 表达了这样的疑虑:随后将发生的是,"有着更为充足的理由认为,股东的声音……将鼓励更多'技术性的'而非'实质性的'遵循。因为越是寻求'实质性的'遵循,对于机构而言,越是需要更多的时间、信息和专业知识。比如,要确保董事会拥有必备数量的、属于事先定义好的'独立'类型的董事,要比确保他们真正独立于那些积极进取、享有必备资源等的经理层,确实要容易的多"。作者在此神秘地预告了后来为 Hampel 委员会所发现的"例行公事式"(box-ticking)心态(Riley, "Understanding and Regulating the Corporation", 595)。Cheffins 则采纳了一种更为乐观的观点:"由于它的自愿本质,导致其……并非是一剂良方,用以解决某些怀疑论者所担心的惰性"(Cheffins, *Company Law*, 650)。

理层品质的看法和信息"。[131] 他们还感到：

> （机构投资者）应当通过积极行使投票权来支持董事会，除非有很好的理由不这么做；（而且）应当积极关注董事会的组成，尤其是涉及：
>
> （i）那些未受到适合于该特定公司的制衡机制正式约束的决策权的集中；
>
> （ii）对拥有相应的才干、经验和独立性的核心非执行董事的任命。[132]

Cadbury 委员会明确[133]认可了这些观点，并十分倚重公司中机构股东的能力。

Cadbury 委员会的建议遭到了大量的批评。[134] 该守则的自愿性质遭受了批评，且主要的批评是，对非执行董事的依赖导致一种双层董事会，有着承担不同职能的董事。[135] 我们应当根据对双重董事会制度——其运行于欧洲的其他地方——的正确理解，来看待这一批评。[136] 它经常包括规定监事会有权解散执行董事会。Cadbury 建议朝着这个体系并未走得很远，即并未建议对所有董事

---

[131] Institutional Shareholders Committee, "Responsibilities".

[132] Ibid., 6.

[133] See Riley, "Understanding and Regulating the Corporation"; V. Finch, "Board Performance and Cadbury on Corporate Governance" [1992] *Journal of Business Law* 581.

[134] Ibid. See also Parkinson, *Corporate Power and Responsibility*, 193—4; Finch, "Board Performance and Cadbury on Corporate Governance", 584.

[135] See Cheffins, *Company Law*, 622. 其强调，如果负责监督的董事（monitoring directors）作为"单层"董事会中的一员，他们"将处于一种尴尬的困境。他们将被迫在扮演监督者角色的同时，还要参与公司决策过程——这使得他们与管理层的决定纠缠在一起，并将执行董事视为其同僚"。

[136] 要获得对德国制度的详细分析，参见 J. J. du Plessis, "Corporate Governance: Reflections on the German Two-Tier Board System" (1996) 1 *Journal of South African Law* 20.

的任命和解聘都应该从股东控制权中去除。[137]

　　Hampel 报告回顾了 Cadbury 报告和 Greenbury 报告,并且相对于后两者而言,采取了一个更少干涉主义色彩的立场。其出发点是,在近几年,对英国公司治理的责任目标的强调,超越并高于(over and above)对其"对商业繁荣的贡献"的强调。该委员会"希望看到矫正后的平衡"。[138] 该委员会提出并进一步加以考虑的,是对 Cadbury 报告和 Greenbury 报告进行审查,同时也对公司治理问题予以重新看待。关于遵循这些守则的方式,由于表面上的遵循掩盖了这些建议的实质正被忽略这一事实,该委员会对于"暗箱"(box-ticking)方式表达了强烈的不满,并且呼吁更多的灵活性。有趣的是,公司控制人的目的被看作是"追求股东投资随着时间的推移而保值(preservation)以及尽可能最大地升值(enhancement)"。[139] 这一狭隘的理论,允许其他"利益相关者"在公司事务中仅仅发挥有限的作用,尽管该委员会认为管理层的角色之一,就是要促成公司与雇员、顾客、信用提供者和其他那些其行为影响到公司福利的人之间的良好关系。

　　这一实施理论要求对这些守则予以遵循或对不遵循加以解释,其结果是容许存在多样性,并允许监管者采取一种源于合作立场的方法,但同时也能够通过在合作尚未出现的情形下逐步扩大干预力度的方式,从这一立场后撤。这一内部控制的问题,例证了"放手"(hands off)理论使得这些守则,即使是对于形形色色的各行业部门,也能够成为一种可能的监管机制。重点是确定一个为各公司个体服务的体系,而不是在外部为公司治理结构强行施加一套标准的准则。

　　在为单个的公司设计规则时,通过改善公司治理结构以代表那些与公司治理有着最密切联系的利益团体,有可能扩展 Ayres 和

---

[137] 要获得对 Cadbury 理论的优点(或相反)的讨论,参见 Cheffins, *Company Law* 一书第 642 页及以下。
[138] Hampel, *Committee on Corporate Governance*, 10.
[139] Ibid., 10.

Braithwaite 的方法——程序化和守则。有充分的理由认为，董事们处在可能被他们自身私利所"俘获"的最糟糕的危险当中。[140] 在几乎所有的公司当中，利益团体都将包括雇员以及很可能存在的债权人，但是程序化和守则方法的本质(thrust)是期望各单个公司设计其公司治理结构，伴随着一个关于该结构如何最好地服务于公司目的的说明。对于作为保护公司权利和利益机制的股东，存在着缺乏信任的问题，这些新的公司治理结构将提供一些机制对此加以弥补。

这将创造一个强制性自我管控的体系，伴随着一个与被监管者之间形成合作性联系的外部监管者，以及为未遵守规则的行为而准备的制裁。企业将更加开心，可以设计其自身的规则和机构，而不是适用外部强加的僵硬的准则；而且，监管者的工作与恰当的公司治理中的公共利益相一致，对于那些与企业的商业行为有着最密切联系的"选民"，将坚持一个平等对待的标准。在此，监管者应该获得每个企业作出的关于这种方式的解释——根据该方式，它们的内部机制既与公司目的相关，也与对"选民"的公正对待及根据英国皇家人文科学学会(the Royal Society of Arts)的建议[141]而对企业业绩所做的评估相关。皇家人文科学学会关于评估企业业绩的建议，参考了企业与其"选民"——尤其是雇员——之间的关系，而非单单基于盈利能力。当关系到公司集团时，就产生了更大的困难。然而，内部管控的重要性不能被过分强调。

金融服务部门的监管

一个关于金融服务部门的监管结构的研究具有指导意义，而且可以从中吸取大量的教训：第一，确定监管目的的至关重要性；

---

[140] 即使从经济契约主义的观点看，董事们也被认为拥有与股东们并不完全一致的利益。因而，他们应当服从于某些旨在使得他们之间利益结合得更为完美的措施。通常人们提出的是一些与利润相关的激励措施。

[141] Royal Society of Arts, *Tomorrow's Company* (RSA, London, 1995).

第二,内部管控的重要性;第三,可能从集团内部财务重组中产生的后果;第四,在交易以令人炫目的速度发生的情形下,试图在全球市场进行监管的困难。

金融市场领域内的监管经常被划分为审慎性监管(prudential regulation)和商业行为监管。有证据证明,这一分类方法在两个方面存在瑕疵:它未能恰当地反映监管的哲学上的正当性;以及它聚焦于所施加的规范的类型,而非要处理的风险的类型。

金融市场据说可以代表血淋淋的(red in tooth and claw)资本主义自由市场。然而,金融服务领域的监管的目标之一,就是保护个人投资者。[142] 这可以被看作是对市场的完善[143],因为个人与其他更为老练的投资者相比,被认为是容易受到伤害的,而且不能获得足够的信息或判断有关投资的价值或比较价值,因而处于不利的地位。但是,为达此目的的监管,也可能更具正当性地[144]被看作是国家利益在保护金融领域弱者这一公共利益目标方面的反映。[145] 因此,该目标体现了有关监管的特许理论。在完善市场方面[146],对这类公共利益目标[147]实现进行解释的努力,可能模糊了旨在保护当事人的监管和旨在保护市场的监管(即对系统风险的监管)两者之间的真正区别。[148] 不大可能的是,如果 Agatha 姨妈*

---

[142] 这类保护可能有着创造吸引更大规模资金的可信任市场的额外作用。

[143] 参见上文第 109 页。

[144] 参见上文第 21 页。

[145] See Cheffin, *Company Law*, ch. 3. 该章分析了政府干预的正当性。

[146] G. Gemmill, "Regulating Futures Markets: A Review in the Context of British and American Practice" in M. Streit (ed.), *Futures Markets* (Blackwell, Oxford, 1983), 295, 303 et seq. 其中,被承认为监管动因的唯一"道德风险",是"阻止金融危机发生的义务"。

[147] 参见上文第 109 页及以下。

[148] Goodhart et al., *Financial Regulation* 一文第 8 章对此做了区分。但作者认为, "系统而谨慎的考虑要求相同类型的监管(比如资本充足率)"。在此有人提出,与归因于并延伸至监管的类型和重要性相比较,这种区别更具根本性。

* 英国作家 P. G. Wodehouse 的著名系列小说《Jeeves》以及 1990 年据此改编的电视连续剧《万能管家》(*Jeeves and Wooster*)中的主人公之一。——译者注

因为招股说明书中的不诚实表述而亏掉了其储蓄,则一个完全市场的崩溃将随之发生。因此,明智的做法是对监管加以审视,目的在于判断是存在一个威胁受害者的风险,还是一个威胁市场整体的风险;而不是抓住将有关规则划分为审慎性监管和商业行为监管这样的理论不放,因为其并不能反映监管的真实目的。Taylor[149]和Goodhart[150]都是在这种目标导向理论的引导下,提出了一个基于划分系统性稳定和消费者保护的制度结构。[151] 明显地,在一个公司集团面临风险时,系统性的崩溃将更有可能。一个集团的崩溃,其可能的后果将席卷该集团内每一个成员公司的所有订约方。

如果涉及的仅仅是一个小的系统性崩溃的风险,那么对监管力度和本质加以衡量的主要依据是其对个人道德和金融上的影响,目的是判断对有关个人所受待遇的愤慨是否会减损对市场整体的信任。寻求对系统性崩溃加以阻止的监管,与其说是基于这类道德关注,不如说是基于风险防范的最高限度。商业和解行为并非一个道德问题,而是一个将崩溃风险予以最小化的问题。

两种类型的监管规则

审慎性监管试图监督一家企业财务行为的正当性。这类监督的开展方式是检查其偿债能力比率(solvency ratios)及资产负债表,而没有区分旨在保护当事人的监督和为确保不存在系统性崩溃风险的监督。商业行为监管集中关注的是诸如广告的真实性和销售人员的操守之类的问题。

在英国监管体系中,就其在很多情况下由一些独立机构加以实施而言,审慎性监管和商业行为监管之间的区别是本质性的。

---

[149] M. Taylor, *Twin Peaks: A Regulatory Structure for the New Century* (Centre for the Study of Financial Innovation, London, December 1995) and *Peak Practice: How to Reform the Uk's Regulatory System* (Centre for the Study of Financial Innovation, London, October 1996).

[150] Goodhart et al., *Financial Regulation*, ch. 3.

[151] 而且,一个相类似的方法在1997年得到澳大利亚Wallis调查委员会推荐。

比如，贸易与工业部（Department of Trade and Industry）、房屋互助委员会（Building Societies Commission）和保险互助委员会（Friendly Societies Commission）有责任分别对保险公司、房屋互助社和保险互助社实施审慎性监管；而这些机构所为的商业行为，则由自我监管组织负责，不久前是个人投资管理局（the Personal Investment Authority）[152]，现在是金融服务管理局（the Financial Services Authority）*。完全除开两个监管者对同一机构进行监督所固有的行政管理上的困难[153]，这一分离强调的也是关注规则的性质，而非风险的性质。比如，以某种方式导致8.68亿英镑损失的商业行为[154]，完全可能导致市场中的系统性风险，而大多数商业行为规则涉及的是当事人保护，而非防范系统性风险。因此，在系统性风险较小的情形下，对当事人保护的关注必须依赖社会希望施加的道德标准；而且有充分的理由相信，可以容忍的非道德行为风险越大，市场崩溃的风险就越小。

在仅仅关注个体面临的风险的情形下，监管可以进一步根据批发和零售市场加以划分。[155] 这一划分是有益的，因为有理由假

---

[152] 英国证券期货管理局（SFA）的主席Sharples先生对英国财政委员会说："我发现，当我环游全球并在各种会议上讨论监管及参会的替代机制时，那些被拜访的外人就会感到困惑，即在英国谁对这些负责……我总是感到困窘，因为我们围桌而坐，可能有两位来自法国、两位来自德国，三人来自美国，而通常大概有十人来自不列颠。"Treasury Committee Fisrt Report, *Barings Bank and International Regulation* (HMSO, London, 1996), para. 83.

* 金融服务管理局（FSA）于1997年10月由证券投资委员会（Securities and Investments Board, SIB, 该组织1985年成立）改制而成，为独立的非政府组织，直接向财政部负责。2000年6月，英国皇室批准《金融服务和市场法》。该法于2001年执行，其时证券和期货管理局（Securities and Futures Authority）、投资管理监管组织（Investment Management Regulatory Organisation）、房屋互助委员会、保险互助委员会、保险互助登记处、个人投资管理局等机构的职责都并入FSA。由此，FSA成为英国金融市场统一的监管机构。——译者注

[153] 比如包括如下困难：如何辨别"首要的"监管者，以及如何打通相关的"渠道"，使得保密信息得以在监管者之间流通。

[154] 对因尼克·里森的交易行为所导致的巴林银行损失的估计。BoBS Report, para. 4.11.

[155] Goodhart et al., *Financial Regulation*, n11, 7.

设,在批发市场对参与者加以保护的正当性不是那么充分。其理由既源于道德立场——因为这些专业人士被假定必须对其交易承担责任;又源于完善市场的立场——因为批发市场的参与者很有可能拥有更完全(better)的信息。

接下来可能有人提出,对于监管者而言,真正的划分应当基于对投资者面临的风险——对应于市场整体风险——的评估。在不存在系统性风险的情形下,审慎性监管和商业行为监管反映的应该仅仅是若干保护标准,而社会将这些适合于潜在受害者的标准,看作是一个道德和政治上的选择。更少侵入性的监管可能被认为是合适的,这与那种监管意在使得系统性崩溃风险最小化的情形形成了鲜明对照。监管的性质和分量,依赖于对其寻求防范的风险的确认,而不是所施加的规则的类型。

确定系统性风险

以这种方式对监管加以分类的努力是值得称赞的,但是其是否具备可能性?不同的机构所导致的系统性风险的强度绝非是固定的。一些分析家提出,银行由于其运行的弱点,特别容易遭受系统性破产(failure)。[156] 包括 Kaufman 和 Benston[157] 在内的其他人,则对这一点提出了挑战。Taylor 基于"大部分金融机构都具有系统性的意义"的观察,提出了一个监管体系[158],但是该拟议中的广泛的系统性监管者遭到了英格兰银行副总裁[159]的拒绝。后者重申了银行导致了唯一的系统性风险这一观点,因而其更青睐于监管的制度性路线(institutional approach)。[160] 在欠发达和发达的市场这两者之间是存在着差异的:在欠发达市场,传统的风险,包括各种

---

[156] Goodhart et al., *Financial Regulation*, 9. 以及参见该著作第8章,其主张设立一家系统性监管机构专门对银行进行监管。

[157] G. Kaufman and G. Benston, "The Appropriate Role of Bank Regulation" (1996) *Economic Journal* 106.

[158] Taylor, *Twin Peaks*.

[159] 1996年的发言。

[160] Goodhart et al., *Financial Regulation*, 158.

各样不合理(undue)的信用风险,仍然是主要的问题,因而应该利用要求资本充足和改善审计程序等传统方法加以控制;而在发达市场,这类程序已经很好地建立起来了,但已经不再能够满足其需要。[161] 这是因为交易的速度、市场的全球化和交易的复杂性,已经减损了传统模式下外部监管的充分性。这一变迁,在银行业尤其突出:

第一,商业银行和投资银行之间的分界线已经变得日益模糊,甚至到现在已几乎不存在……第二,银行业务的复杂性[162]日益上升,而银行的法律、运营及区域结构(Geographic structure)也变得越来越复杂。第三,随着对金融衍生产品[163]和资产负债表外资产(off-balance sheet positions)更为充分的利用,已经使得作为银行健康状况指南的、不定期(比如月度的)资产负债表上的数据,更加不可靠……正因为这些原因,使得无论在其寻求制定所有银行都应遵守的权威的(*ex cathedra*)、普遍的规则和法定比率的监管模式上,还是在其检查银行是否遵守以上规则的监督或监控模式上,外部监管都变得更没有效率和更不具有可行性。[164]

存在的一个争议是,对金融衍生产品本身的利用是否提升了系统性风险发生的可能性。"金融衍生品市场不仅仅创造了降低风险的潜在工具,也创造了威胁金融体系本身的规模达7万亿的

---

[161] Goodhart et al., *Financial Regulation*, ch. 6.
[162] "正如市场已经变得更加自由化以及传统银行业务的利润空间变得更小,银行业和其他金融服务的界限变得越来越不那么清晰。"(BoBS Report, para. 55.)
[163] 在此必须加以强调的是,必须抵制那种将衍生品交易"妖魔化"的诱惑。"衍生品中并非与生俱来就存在着将带来损失的东西。而是对衍生品的选择、衍生品的使用方式,以及最重要的,应用于一个衍生品投资组合之上的控制,决定着衍生交易的结果。" E. Bettelheim, H. Party and W. Rees (eds.), *Swaps and Off-Exchange Derivatives Trading: Law and Regulation* (Financial Times Law and Tax, London, 1996), xxxvi.
[164] Goodhart et al., *Financial Regulation*, 39.

综合性风险。"[165] 尽管可以通过轧差(netting)[166]、入市标价(marking to market)和产品的标准化来降低风险[167]，交易的速度和复杂性，加上所涉及的金融关系网络，使得由缺乏套期保值措施的(non-hedged)交易导致的系统性崩溃成为一个真正的危险。瑞士信贷第一波士顿银行(CS First Boton)经济学顾问 Al Wojnilower 博士警告说："我不认为，在人类历史上，存在一种永远都输的赌博或永远无法获得更多瘾君子嗜好的情形，除非在每一个人都意识到其是一个非常糟糕的错误之后。所以对于我来说，直到存在一个足够大的危机并真正威胁到很多人或他们投票选出的政客的时候为止，这种风险似乎将持续积累。"[168] 这很可能预示了这样一种危险：在1995年1月1日至1995年2月27日的两个月的时间内，尼克·里森(Nick Leeson)导致的损失累计达4.73亿英镑。[169] "这包括……在1995年1月23日至1995年2月27日期间进一步恶化导致的2.78亿英镑的损失。"[170] BoBS报告承认，就巴林银行(Barings)倒闭而言，存在着系统性风险[171]，尽管其被描

---

[165] A. Hudson, *The Law on Financial Derivatives* (Sweet & Maxwell, London, 1996), 215.

[166] See now EC Directive 89/647/EEC as amended; A. Hudson, "Financial Derivatives and European Company Law" in B. Rider and M. Andenas (eds.), *Developments in European Community Law Vol 1* (Kluwer, London, 1996).

[167] Hudson, The Law on Financial Derivative 一文第6章分析了这些金融工具的有效性。

[168] 在澳大利亚广播公司《四角》节目中的讲话。Cited together with other Warnings in L. Hunt and K. Heinrich, *Barings Lost* (Reed Academic Publishing Asia, Singapore, 1996), 18 et seq.

[169] 以及参见里森的描述：其吃一顿早餐时间的300万英镑损失(Leeson, *Rogue Trader*, 147—8)，一个周末的5000万英镑损失(第180页)，以及1995年1月23日一天的5000万英镑损失(第223页)。

[170] BoBS Report, 57, and see graphs at 58, 63, 66 and 74.

[171] BoBS Report, para. 14.7.

述为"极小的"。[172] 因而可以认为,当发生任何大量比例的金融衍生品交易时,应该推定参与的机构对市场带来了一个系统性风险,而且除非该推定能够令人信服地予以替代,所施加的监管的力度应当能够体现这一风险。然而,关于巴林银行倒闭的 BoBS 报告发现:"与在其他一些市场上的情形相比较,尽管利用期货和期权合约(future and options contracts)确实使得里森能够冒高得多的风险(通过它们的杠杆作用),但导致巴林银行倒闭的是他拥有的未得到授权和未被察觉的行动能力。"[173] 这导致英国财政委员会(the Treasury Committee)得出如下结论:"**事实并非是:巴林银行的倒闭例证了金融衍生产品交易固有的风险**"[174]。同时指出,"金融衍生产品的主要经济功能是允许进行风险交易——这些风险产生自诸如利率、汇率、股票和商品价格等经济变量的改变"。[175]

在对该报告两位令人敬畏的作者抱有最大尊重的同时,从他们的思考中也产生了一定程度的混乱。金融衍生产品的主要经济功能可能是如同上面所说的,但这并不妨碍产生一个高风险的后果。而且,英格兰银行和财政委员会似乎不能领会共同原因这一概念。[176] 问题并非是:里森避免察觉的能力是否是巴林银行倒闭的起因,或者金融衍生品的交易是否导致了高风险。这两种因素

---

[172] 基于如下事实:"在巴林银行倒闭之后,巴林银行在其从事交易的远东各交易所中的所有资产,要么被清算(自有资产),要么被转让给了其他结算成员(客户资产)。根据我们的理解,这些都未对交易所、交易所成员或它们的客户造成损失"。这在一定程度上忽略了这样一点:巴林银行的倒闭本可能在银行业引起普遍的传播,从而导致令人恐惧的系统性崩塌。当其发生时,巴林银行的快速出售可能是阻止这一效应的关键。然而,巴林银行的倒闭确实有着严重的全球性后果。See Hunt and Heinrich, *Barings Lost*, ch. 10.

[173] BoBS Report, para. 14.3.

[174] Treasury Committee First Report, *Barings Bank*, para. 8. 黑体强调为原文所加。

[175] Ibid.

[176] R v Benge (1865) 4 F & F 504. See also M. Allen, *Textbook on Criminal Law* (4th edn, Blackstone, London, 1997), 35. 其写道:"就被禁止的后果而言,被指控的行为既非必然是其唯一原因,也非必然是其主要原因。"

并非是两者只能选其一的关系。几乎毫无疑问的是,它们共同促成了这一结果。因而,我们奇怪地发现,该银行断然否认金融衍生品交易中公认的较高风险对其突然的垮塌没有发挥促进作用。[177] 似乎只要对这样一个假定——金融衍生品交易对需要更高水平监督的市场整体带来了风险——加以管理,对任何监管者来说就是谨慎的。

监管者模式

从本章早些时候的讨论中可以得出:一个为被监管组织提供服务的监管组织,并非是一种依赖于简单的外部说明性规则的监管者,其将很有可能履行监管职能,尤其是当其规则的制定、监管的职能(policing function)与提供的利益之间距离离得不太远时。只有这种监管者才能采取一种诸如 Ayres 和 Braithwaite 所描述的合作方法[178]。另外,他们提出了有关"温厚的大人物"(a benign big gun)的理念。

温厚的大人物在他们头脑中的印象是,一个可自由支配金字塔式的各项处罚措施(a pyramid of sanction)的监管者。他们通过部署一种"针锋相对"(tit for tat)的监管方法,来使用金字塔式的各项处罚措施。这其中包括了鼓励合作,但是如果使用一种更低级别的处罚措施,合作并不会到来。那么,如果合作即将到来,一个充分的合作模式被再次确立起来;如果合作并未来临,监管者将沿着金字塔向上以采取一种更严厉的处罚措施。监管者有必要可以自由支配一个金字塔式的监管体系,使得其能够选择采取从劝说直至撤销许可的若干渐进的姿态。当他们能够以"对企业的不合作程度予以迅速反应,并对该反应在道德和政治上的可接受性加

---

[177] 而且 Peter Baring 的说法还回荡在耳边:"盈利能力的恢复是令人吃惊的⋯⋯这使得巴林银行断定,在证券业务上挣钱确实并不是十分困难。"BoBS Report, para 12.32; Leeson, *Rogue Trader*; Fay, *Collapse of Barings*, 109; extract of minutes with Bank of England director of supervision, 13 September 1993.

[178] Ayres and Braithwaite, *Responsive Regulation*, esp. 35 et seq.

以迅速反映"的方式,逐步提升威慑力,则监管机构拥有通过杠杆效应撬动合作的最大限度的能力。[179] 一个仅仅拥有合作手段或仅仅拥有一个核能当量的处罚手段的机构,都将更难以成功完成合作,因为被监管者知道,除非是在极端的情况下,这种极端的处罚手段将不会被使用。英国证券期货管理局(SFA)熟练地运用该体系并已经达到如下程度:它对于被认为是高风险的企业的调查频次,高于对那些已经确立起合作和低风险名声的企业。[180]

在促进合作时的重要一点,就是监管者可以选择进行合作的管理层层级。这使得在使用较低层级谈判的同时,可以对最高管理层保持一种不妥协的姿态。[181]

Goodhart 等人提出了一种不同但又相似的方法。[182] 他们认为监管类似于契约,因此寻求激励性的架构来鼓励合作。他们的方法要求对机构的内部自主权进行有效的干预,因为用以对偏好风险的行为动机进行控制的一个因素,被认为消解了对奖金支出的高度信任(后者正是巴林银行企业文化的一个特征)。然而其并未作为有着任何分量的因素,出现在英格兰银行的报告或财政委员会的报告中。所采纳的这一方法的本质,与 Ayres 和 Braithwaite 的方法有着大量的相似之处,将监管者采取一个更加自由的方法并减少有关调查活动作为合作的动机。Ayres 和 Braithwaite 的强制的自我管控与 Goodhart 等人的"菜单"理论相似,这两种计划都提出了由企业个体实施的相当程度的自我管控。根据"菜单"理论,一家企业将其个别的风险控制机制摆在适当的位置,接着将由监管

---

[179] Ayres and Braithwaite, *Responsive Regulation*, 36.
[180] 美国银行业监管者采取了类似的风险关联计划。K. K. King and J. M. O'Brien, "Market Based Risk-Adjusted Examination Schedules for Depository Institutions" (1991) 15 *Journal of Banking and Finance* 955. See also Goodhart et al., *Financial Regulation*, ch3.
[181] Ayres and Braithwaite, *Responsive Regulation*, 79.
[182] Goodhart et al., *Financial Regulation*, ch. 3, "Incentive Structures for Financial Regulation".

者加以评估,来判断产生的风险的程度。[183]

必须强调的是,监管者模式的确立仅仅是确定监管模式的谨慎的第一步。接下来重要的问题,是判断监管者采取了何种手段。当然,从双重目的的监管者到单纯的说明性规则的制定者,很有可能曲解了监管者的模式,因而丧失在其他方面与该模式相关的任何优势。在确定监管模式时,详细地检视当代最声名狼藉的一个监管失败[184]——巴林银行的倒闭——是具有指导意义的。

这场灾难(débacle)可否为我们提供一些教训?

巴林银行的倒闭

作为尼克·里森在相对年轻的新加坡国际金融交易所(SIMEX)——新加坡进行期货和期权交易的市场——从事期权和金融衍生品交易的结果,巴林银行持续的损失估计在 8.68 亿英镑。尽管有关报道揭示了若干累积性的失败,但除了里森确确实实的不端行为之外,有关这场灾难的大量重要的原因也浮现出来。在这方面值得注意的并有趣的是,没有证据表明他从其不端的行为中获得金钱上的利益,除了以此保住其工作并虚假地表明他的行为得益于在巴林银行内部运作的物质激励[185]体系。

重要的监管失败有:

- 尼克·里森既负责交易,又负责对其自己的交易进行稽核。[186]

---

[183] Goodhart et al., *Financial Regulation*, esp. 51 et seq.
[184] 在此,监管失败是在内、外部管控都失败的意义上而被使用的。英国证券期货管理局(SFA)的主席给出相关证据支持英国财政委员会的评论:"有两个因素共同制造了这场灾难……流氓加上管理失败……我们不得不瞄准管理,促使管理层更加关注他们的责任。"(Treasury Committee First Report, *Barings Bank*, para. 12.)
[185] 在 1993 年是 130,000 英镑,以及 1974 年拟议的是 450,000 英镑。BoBS Report, para. 13.79.
[186] BoBS Report, ch. 7, esp. para. 7.14; Treasury Committee First Report, Barings Bank, paras. 9 et seq.

4 有关公司及公司集团的监管理论和模式   183

- 巴林银行内部的命令架构,无论是在新加坡,还是在新加坡和伦敦之间,都缺乏书面记载且含混不清。[187]
- 对于超越其自身规则的资本转移,英格兰银行给予了非正式且没有书面记载的许可。[188]
- 相对于控制体系,巴林银行的管理层更加关心利润。[189]
- 该集团的"单一合并"(solo-consolidation)*处理得非常糟糕。
- 所有层面的监督者缺乏专门知识。巴林的高管们对其现时所参与的市场并不了解。在这里,尼克·里森能够使得所有的研究者都未能察觉,他所作的解释在最好的情形时是差强人意的、最糟糕时就是一派胡言,但同时又是技术的和复杂的,因而看起来令人确信其不是一个新手。[190]
- 巴林银行内部的各个不同的小集团之间相互敌视,导致了对外部干涉和审计的抵制。[191]

从这些事实中,需要吸取两个主要教训:

1. 监督者(不管是公司内外的)不应容许公司在他们不熟悉

---

[187] BoBS Report.
[188] BoBS Report, para. 11.
[189] Ibid., para 7.12; Fay, *Collapse of Barings*, 27—35.
  * 指在作为母公司的银行对作为子公司的银行拥有实质性管理控制权的情况下,忽略母、子公司之间的法律区分,而将整个集团视为拥有若干分支机构的单个法律实体。就监管而言,只要集团整体拥有充足的资本,就满足了资本充足率的监管要求。亦可参见后文第 146—147 页(边码)的相关解释。——译者注
[190] BoBS Report, paras. 5.53—5.62, 7.54—7.99. 意味深长的是,在第 14 章 "获取的教训……"中提到,首要的"教训"是管理团队有义务完全了解他们所管理的业务。
[191] BoBS 报告第 13.20 段指出了这些人际冲突并得出结论:"矩阵结构……特别是在全球运营的情行下,只有辅之以严格的管理、对个人责任的清晰理解和经理们如辐条般辏集并有效沟通,才能有效运转。但这在巴林银行新加坡期货公司(BFS)案件中并未发生。"

的市场上发展[192],以及不应容许脱离控制的处理手段。

2. 内部控制至关重要。

尽管尼克·里森的双重角色被注意到好几次,但监管者(尤其是英格兰银行)对于资本金边际值(capital margin)的问题,要更加关心得多。

从上述报告中似乎明显地可以看出,经理们关心的是为集团创造一个可以合并财务报告的结构[193];与此同时,这种"单一合并"给监管者带来了大量的困难。[194] 比如:

> 如果授权机构与其某家子公司之间的联系足够紧密……英格兰银行允许该子公司在实际上被当作该机构的一部分(division)来对待,并允许该子公司被纳入到该机构在英格兰银行备案(filed)的、未合并的谨慎利润当中。这就是著名的"单一合并"……必备的要件包括……被单一合并的子公司的经营管理必须置于作母银行的"有效指导"之下,以及对于将超额资本金(surplus capital)*支付给母银行不存在障碍。[195]

对内部控制的需求的强调,可能是给现代监管体系带来的核心教训。其需要强调的是对内部控制体系的监控,而不是收集若干"目标要素"(objective factors),比如资本充足率。明显地,不存在说若干目标财务数据的集合,就能够确保母公司对一家子公司存在着有效控制。它们也无法消除导致巴林集团内部报告和控制体系失灵的人们(personalities)之间的敌意。尽管很少有人否认这些数据在向有关机构指示什么是可接受的风险资本比率(risk-capital ratio)时发挥了一定的作用,然而在不存在充足的内部监控者的情形下,这些指标被侵蚀的速度是惊人的——里森的传奇就充分

---

[192] "他们自己承认,(巴林)银行并不真正了解巴林银行新加坡公司(BSL)的业务。"(BoBS Report, para. 11.22.)
[193] Ibid., ch. 2.
[194] 监管者进行国际合作遇到的困难,在第12.14段及以下得到详细的阐述。
  * 超出法定资本金(required capital)的部分。——译者注
[195] BoBS Report, para. 12.9.

例证了这一点。我们将在讨论监管手段的背景下对这一中心教训的含义做进一步的考虑。

监管手段

外部说明性规则

以上对说明性模式的监管者的考虑,表明单单说明性规则并不能提供一个令人满意的解决方案。其部分原因是仅仅禁止某些形式的交易(比如金融衍生品交易)是一种明显简单化的选择,其并不能获得广泛的覆盖面。正如以上所注意到的[196],将金融衍生品交易妖魔化,可能是一个错误。我们不可能将已经发明的东西恢复到未发明状态,也不可能存在着所有的法域在全球市场上进行合作的一幕,这意味着大型贸易集团(trading blocs)——比如欧盟——所采取的单边行动,将是无效的且有害于竞争的,此外,其还回避了有关这些交易的确切效用这一大问题。[197] 要将套期保值(hedging)和投机(speculation)区分开来并对后者加以禁止,似乎也不是可行的。[198]

针锋相对(tit for tat)

Ayres 和 Braithwaite 用 Scholz[199] 的游戏理论模型来支撑针锋

---

[196] 注释 163。

[197] On which see Hudson, *The Law on Financial Derivatives*, esp. 6.3.1; F. Edwards and C. Ma, *Futures and Options* (McGraw-Hill, New York, 1992), esp. ch. 7, "Social Benefits of Futures Markets and the Role of Spectulation"; M. Streit, *Futures Markets* (Blackwell, Oxford, 1983), esp. chs 3 (J. Burns) and 9 (D. Newbery).

[198] 在任何情形下都可以证明,投机使得套期保值更加便宜(See Edwards and Ma, *Futures and Opertions*, ch. 7)。关于进行这一区分的不可能性,参见 Hudson, *The Law on Financial Derivatives*, Part 6,以及 Streit, *Futures Markets*, ch. 1。

[199] F. Scholz and C. Wei, "Regulatory Enforcement in a Federalist System" (1984) 80 *American Political Science Review* 1249.

相对的监管方法。这一方法"意味着在企业运营的情况下,监管者避免采取一种阻止性的应对措施;但是企业一旦屈从于诱惑,利用监管者的合作姿态,在遵循方面进行欺骗,那么监管者将从共同合作的立场转向采取一种阻止性的对应措施"。[200] Ayres 和 Braithwaite 也指出,被监管者的动机之一常常是利他的,相信其寻求遵守的标准是正确的。根据理性的利己主义(self-interest)来理解这一动机并从这一观点出发,他们指出,"如果我们随着作为一种解释的利己主义向后延伸扩展,直到它吸收了包括利他主义在内的任何东西,那么它意味着什么都不是——它缺乏解释的专一性和解释力(explanatory specificity or power)"。[201] Baithwaite 在《惩罚还是说服?》(To Punish or Persuade)一书中得出如下结论:要发展出一种可靠的有关监管的强制性政策是不可能的,"除非你理解了这一事实:强有力地驱动着商业参与者的动机,有时是为了赚钱,而有时是出于一种社会责任感"。[202]

强制的自我管控

理想的情况似乎是,在一种最终具有强制力的关系中,外部监管者与被监管者形成一种合作联盟。我们已经在上文中看到,对于"强制的自我管控"体系而言,还有许多可说的。其被理解为一个与企业的自我管控手段有关的自我管控形象(vision),而非一种行业自我监管模式——比如据称随着 1986 年《金融服务法》出台存在于英国金融市场上的行业自我监管。

强制的自我管控是如何被调整,以反映在上文得到确认的有关金融服务业监管的各种不同目标? 有人提出,旨在保护消费者的监管,伴随着其对公众利益的关注,可能要求更低程度的管制以及更少的干涉;同时,仍然需要加强在具体规则(尤其是诸如处罚

---

[200] Ayres and Braithwaite, *Responsive Regulation*, 21.
[201] Ibid., 23.
[202] Braithwaite, *To Punish or Persuade*, 32.

之类的规则)制定中的灵活性——这种灵活性现在仍未能达到。在此,回到较早前考虑的有关最新发展,是有指导意义的。其一是包括 Cadbury[203]、Greenbury[204] 和 Hampel 报告[205]在内的守则的激增。其二则是对法哲学领域由 *Centre de Philosophie du Droit at Université Catholique de Louvain* 引领的"权利程序化"(*la procéduralisation du droit*)[206]潮流日益增加的兴趣。人们将会想起,这两种理论之间有着相似之处,因为 Cadbury、Greenbury 和 Hampel 报告的本质是确保在公司内部正确的人处在正确的位置上。[207] 强制的自我管控理论要求对规则予以遵循,或对未予遵循的行为加以解释,其后果是容许多样性,并允许监管者采纳一种从合作立场出发,且能够在合作未达成之情形下通过逐步加大干预而将立场后撤的理论。

内部控制的问题是"放手"(hands-off)理论的一个例证。该理论使得守则成为一种有效的监管机制,以在系统性风险还没有成为一个问题的情形下保护那些参与个体。Cadbury[208]建议,"董事应该报告公司内部控制体系的有效性",而且这一报告应该经由审计师加以审查。Hampel 则认为,"有效性"的问题不能通过这一机制加以处理,其部分原因是可能存在着针对审计师的法律诉讼。Hampel 因此仅仅要求董事报告内部控制体系,而审计师私下里向董事汇报其有效性。这一机制对于保护市场参与者而言,很可能是充分的。但它是复制了巴林银行的运作机制,因而在系统性风险成为现实性威胁的情形下,可以被证明是完全不充分的。

金融服务管理局的《市场行为法》(Financial Services Authority's Code of Market Conduct)所采取的理论,似乎与这一推理背道而驰,

---

[203] *Report on the Financial Aspects of Corporate Governance.*
[204] *Directors' Remuneration.*
[205] *Committee on Corporate Governance Final Report.*
[206] 参见上文注释 120。
[207] 参见上文注释 124。
[208] Code 4.5.

因为其寻求制定关于市场滥用行为的说明性规则。重点是对某些类型的行为——诸如非正常操纵市场和滥用内幕信息(privileged information)——进行定义并加以禁止,而不是寻求施加责任,以监控那些作为主要交易商或雇主的交易机构可能存在的滥用行为。可以争辩说,守则路径应该寻求鼓励机构去建立一些旨在创造控制体系的机制,以确保信息的正确使用并探测市场中的一些动向(movements)——其可能指示了非正常的交易和非正常的信息滥用。接着,这些机制应当是向监管者报告的主题。在某种场合下,当外部监控表明这些控制并未有效运作时,监管者相对于有关机构所采取的合作立场将得到修正。目前起草的那个守则,看起来完全更像是复杂立法的——比如1993年《刑事司法法》(the Criminal Justice Act)第五部分中有关内部人交易的立法——更具用户友好型特征的(user-friendly)副本。

然而,在市场崩溃成为一个问题的情形下,似乎日益形成一个共识:监管者需要使他们自己确信内部控制的充分性,以便可以要求更多的干预性监管措施。正如巴林银行的倒闭令人信服地表明,外部监管如果未能深入到企业内部,则是无效的。监管者并不知道,也无从知道在巴林银行内部究竟发生了什么。面对如此情形,英格兰银行在其关于RATE(风险测评、监管措施和价值评估)*的报告中所指出的,就是一种完全更为可取的路径。[209] 这一方法"涉及对一家银行或银行集团进行一项初始的风险测评,包括通过现场访问(on-site visit)以及适当情形下与其他监管者的联络,来确定关注的领域或补救行动以及起草下一阶段监管工作的计划"。[210] 风险评测计划试图将那些数量工具(quantitative meas-

---

* 1997年,英格兰银行在1987年《银行法》授权下制定出"比率和比例风险监管体系"(RATE and SCALE frameworks)。所谓的RATE是风险测评(Risk Assessment)、监管措施(Tools of Supervision)和价值评估(Evaluation)的首字母缩写。——译者注
[209] 1997年。现被英国金融服务监管局所采用。See FSA Plan and Budget, 1998—9, para. 3.
[210] FSA Plan and Budget, 1998—9, para. 3.

ures)(比如资本比率,capital ratios),定性工具(qualitative measures)(比如组织和管理文化)以及风险控制指标,合并为一个单独的风险等级指标,用以判断对现场访问的相对需求度。这就可以达到期望的效果:允许机构内部的多样性,以及容许对内部文化和规则的忠诚,但同时又将这些与监管者真正深入到机构内部相结合。我们很容易看到与 RATE 相关的金字塔式处罚理论的应用,在允许个体个别地设计其内部控制机制的同时,仍然要求他们向监管者报告:这类控制机制起作用的方式,以及这些个体促使内部控制机制发挥作用的情况和对他们之间沟通交流质量的评测。[211]

结论

这一研究表明根据内部规则进行监管是多么重要。一旦将企业的自我管控看作是目标,一个主要的好处(同时也是负担),就是形式的多样化,从而可以适合不同的组织。说是好处,是因为它是所有外部批评——如说明性规则——的次要的一面。它不会因为寻求迫使所有的被监管的组织适应同一个模子而引起憎恨,关注的焦点是个别风险而不再是规则,而且在监管者的规则和内部规则之间将不再有任何混淆——消解了 Ayres 和 Braithwaite 所提出的问题之一。单独的外部监管不再有效。正如 Goodhart 等人提出的:

> 直到最近,金融监管主要是从外部强加于被监管者之上……尽管很多的外部监管仍将保留,但在金融机构内部,运作的日益复杂性以及投资组合日益加快的调整速度使得外部监管更加不能令人满意。这就提出了这样一个问题:怎样设法达成从外部监管向内部自我管控的转变——适当的激励结构(incentive structure)强化了这一点。[212]

---

[211] See also "The New Techniques for Risk Management" in Goodhart et al., *Financial Regulation*, 73.

[212] Goodhart et al., *Financial Regulation*, 45.

与确定的监管目标相一致,这两种理论都有其生存空间:不存在确定的系统性风险时的一种更加"放手"(hands-off)的守则路径,以及存在该类风险时的一种更具干涉性的风险测评方法。在这两种情形下,监管者都应寻求有效地运用金字塔式的各项处罚措施,在合作未能如期来临时逐步提升处罚力度。

将这些教训一般地应用于对公司集团的监管,有助于意识到在制定外部说明性规则时,自由市场契约理论已经成为一个重要因素。将政府监管边缘化并将监管者排除出公司决策中心,已经导致了一个撤退至边缘并通过强加刑事或准刑事处罚进行监管的倾向。巴林银行的轰然坍塌已经表明,类似的任何外部方法都不起作用。对内部控制存在着一个绝对的需求,这为某种形式的 Ayres 和 Braithwaite 强制执行机制所支持。监管者试图对金融服务市场加以控制的方式,并不能为所有的公司——当然也不能为所有的公司集团——所复制;或者对于监管者来说,市场将非常巨大。肯定可以找到某种采用指导性守则(guideline codes)的控制理论、若干内部管控措施以及一个外部的权威机构。而且,头脑中一定会有这样的观点:政府和社会以受影响的个体的形式,都有权强行坚持允许公司继续运营的双重特许理论。这样,政府退后一步,承认公司的有限责任,而创立公司的个体则允许公司作为一个独立的单元运作,只要该公司在社会规范的范围之内运作。[213] 而且,正如我们将要在第五章中所看到的,这样一个观点是有争议的:世界经济已经处于一个可能相当于金融市场系统性崩溃的危机点。财富日益集中于世界上最富裕的那些国家、生态危机以及不可持续增长问题,都可以得出了这样的结论:公司集团不能再被维持在自我管控的状态,从而不存在任何法律机制来挑战它们的决定,否则将产生与想象中的金融市场的系统性崩溃一样的灾难性后果。关于此类监管的可能性,将在第六章中加以分析。

---

[213] 参见第 1 章。

5 失控的跨国公司

很多研究都强调了世界资源的日益集中化[1],与之相伴的是,无论就各国之间的差距还是各国之内的差距而言,财富都日益聚集到少数人的手里[2],此外还有如影随形且与之相关的环境危机。[3] 几乎没有研究怀疑,作为庞然大物的跨国企业法人在造成该"贫困的全球化"的两个方面(strands)[4],起了很大的作用,特别是更多地因为它们信奉崇尚自由市场的古典经济学理论——正

---

[1] 超过13亿人居住在绝对贫穷地区。See UN Development Programme, *Human Development Report 1998/9* (Oxford University Press, New York, 1999); Third World Network, "A World in Social Crisis: Basic Facts on Poverty, Unemployment and Social Disintegration", *Third World Resurgence* No. 52 (1994).

[2] The United Nations' *Human Development Report 1992* (Oxford University Press, NewYork, 1992)发现,生活在世界上最富裕的国家里的20%的人们,获得世界总收入的82.7%;世界总收入中的仅仅1.4%,流向了生活在世界上最贫穷的国家里的20%的人们。See D. Korten, *When Corporations Rule the World* (Kumarian Press, Connecticut, 1995); M. Chossudovsky, *The Globalisation of Poverty* (Pluto Press, Halifax, Nova Scotia, 1998); P. Harrison, *Inside the Third World* (3rd edn, Penguin, Harmondsworth, 1993); R. Chambers, *Whose Reality Counts* (Imtermediate Technology, London, 1997).

[3] M. Hertsgaard, *Earth Odyssey* (Abacus, London, 1999); H. Heerings and I. Zeldenrust, *Elusive Saviours* (International Books, Utrecht, 1995); J. Karliner, *The Corporate Planet* (Sierra Club, San Francisco, 1997).

[4] 在1990年,至少有2.12亿人缺乏足够的收入或财产来确保基本生存需要。See UN Development Programme, *Human Development Report 1992* (Oxford University Press, New York, 1992); United Nations Population Fund, *The State of World Population 1992* (New York, 1992).

192　公司集团的治理

如我们所看到的,它是如此之多的公司行为的理论基础。如果按销售额来计算公司创造的经济财富,并将之与一个国家的国内生产总值进行比较,公司的巨大能力可以从中得以显示。基于此,"仅仅通用汽车和福特加起来的收入……就超过了所有撒哈拉沙漠以南非洲国家的 GDP 总和"[5],而且最大的 100 个经济实体(e-conomies)中的 51 个是公司。[6] 另外,跨国公司的数量也从 1970 年的 7,000 家急速上升到 1995 年的 40,000 家,而且它们挤占了世界上绝大多数的商业活动:

> 这些公司以及它们多达 250,000 家国外分支机构,挤占了世界上绝大多数的工业生产能力、工艺知识和国际金融贸易;它们开采、提炼和配送了世界上绝大多数的石油、汽油以及柴油机和喷气式飞机的燃料;它们建造了世界上绝大多数的石油、煤炭、天然气,水力及核能的电厂;它们从地下挖掘了世界上绝大多数的矿产资源;它们制造和销售了世界上绝大多数的汽车、飞机、通讯卫星、计算机、家用电器、化学制品、药品和生物技术产品;它们砍伐了世界上大量的树木并制造了世界上绝大多数的纸张;它们种植了世界上大量的农作物,同时加工和配送了世界上大量的食品。总而言之,这些公司拥有世界范围内 90% 的技术和产品专利,并参与到 70% 的商业活动中。[7]

然而,世界经济全球化是一个复杂的现象,本章将对这些已成

---

[5] Karliner, *The Corporate Planet*, 5; "Global 500: The World's Largest Corporations", *Fortune*, 7 August 1995; World Bank, *World Development Report 1996* (Oxford Universtiy Press, New York, 1997).

[6] S. Anderson and J Cavanaugh, *The Rise of Global Corporate Power* (Institute for Policy Studies, Washington DC, 1996).

[7] Karliner, *The Corporate Planet*, 5; see also UNCTAD, *World Investment Report 1995: Transnational Corporations and Competitiveness* (United Nations Conference on Trade and Development, Division on Transnational Corporations and Investment, New York, 1995), xix — xx.

为最近一些研究的主题的问题一掠而过。我们将把若干注意力放到那些拥有监管能力的机构——比如世界贸易组织和国际货币基金组织——所扮演的角色上。其他监管影响,比如经济、社会和文化的人权所起的作用,将在本章的后半部分予以讨论。

为了保证处理这些大量的问题的连贯性,这些问题将在如下标题之下加以讨论:

- 跨国公司(TNCs)对发展的影响;
- 国内生产的被取代;
- 银行和国际货币体系的影响;
- 政治体制的腐蚀及对跨国公司控制的缺失;
- 环境问题;
- 劳工问题。

这些问题中的任何一个都能导致冗长、学究气十足且热烈的讨论。可能这样做更受欢迎:因为这一列表的长度,它们在此只能被概括地加以处理,作为有关跨国集团的角色及其可能的治理这一主要问题的背景。

发展问题

有关跨国公司对发展的影响这一争论的基础,是这样一个假设:"跨国直接投资的好处在跨国公司和东道国之间并未得到平等地分配,因为跨国公司有能力吸留那些收益——其本来可以被用以再投资。[8] Bornschier 和 Stamm[9] 分析了若干经验性的研究,这些研究表明跨国公司的渗透在短期内促进了经济的总体发展,但就长期而言则阻碍了(reduce)增长的表现。这一结论的基础,是1985 年所做的若干研究以及对人均国民生产总值(GNP per capi-

---

[8] V. Bornschier and H. stamm, "Transnational Corporations" in S. Wheeler (ed.), *The Law of the Business Enterprise* (Oxford University Press, Oxford, 1994), 333 at 336.

[9] Ibid.

ta)——而这是一个招致一些批评的工具——所做的分析。"这么一个假设是缺乏基础的:经济增长——正如我们当前对其所做的定义和衡量——导致了人类福利的自动增加。"[10] Paul Ekins[11] 提出,仅当经济增长是通过生产有着固有的价值和利益的商品和服务而发生时,当这些商品和服务在全社会中得到广泛的分配时,以及当这些利益超过了任何有害的后果时,经济增长才可以被证明是有益的。[12]

正如 Korten 所指出的,国民生产总值这一指标忽略了对这些因素的考虑,其"结果经常是荒谬的。比如,对 exon valdez 在阿拉斯加海岸泄露的石油进行清理的成本,以及对纽约世贸中心遭受的恐怖主义袭击所造成的损失进行修复的成本,都被计算为对经济产出的净贡献"。[13] 跨国公司成功地将其注意力由生产损害环境的废物,转向提供"管道末端"(end of pipeline)的清洁方案。其结果是,在为经合组织(the Organisation for Economic Cooperation and Development, OECD)准备的一项研究中,预测了一个到 2000 年产值将达到 3000 亿美元的"环境产业"。[14]

但对于发展中国家来说,强大的国际公司的到来明显地"提供了相当大的诱惑……主要的好处在于,随着资本的直接流入,其有助于收支平衡。"[15] 但是迎进跨国公司的不利之处也是客观事实,"它们的目的在于为其西方的所有者追求利润的最大化,而不是要

---

[10] Korten, *When Corporations Rule the World*, ch. 3, "The Growth Illusion", 39.

[11] P. Ekins, *The Living Economy* (Routledge, London, 1986).

[12] 这一争论反映了对自由市场经济的一般性批评。这在第 2 章中进行了讨论,尤其是在德沃金有关"财富是一种价值吗"的问题中。

[13] Korten, *When Corporations Rule the World*, 40.

[14] 世界经合组织(OECD)将环境产业界定为"包括那些生产治理污染设备以及为环境保护和管理提供一系列商品和服务的企业"。OECD, *The OECD Environment Industry: Situation, Prospects and Government Policies* (OECD, Paris, 1992); and see J. Karliner, "The Environmental Industry: Profiting from Pollution" 24 *the Ecologist* 59.

[15] Harrison, *Inside the Third World*, 356.

促进东道国的福利"。[16] 因而,跨国公司"赚钱并将钱运回老家,毕竟这才是它们存在的目的(raison d'etre)"。[17]

公司演变为全球公司,意味着无论是来源国(home countries)还是东道国的国家利益,和这些公司的运营都是无关的。"因为它们跨越了国境,与层次更高的国家目标相比,很多的多国企业(multinational enterprises, MNEs)更关心的是追求企业内部目标,主要是增长、利润、专有技术(proprietary technology)、战略联盟、投资回报和市场能力。"[18] 另外,"尽管在公民运动的催促下,一些地区和国家的政府做了大量的努力,来限制公司的能力并提升它们对公众负有的责任,直到今天在它们的祖国,这些强大的经济实体仍然紧紧地控制着政治生活的许多关键方面,破坏了民主的进程"[19],而且跨国公司"也在利用全球化的加速进程,来获得日益独立于政府的地位"。[20] 确实,正如我们在前面的章节中所看到的,如果扎根于自由市场经济学理论,那么它们的责任就是专注于上述问题,而非国家或地区的利益。

因此,要评测跨国公司对发展的贡献,取决于一个更为根本性的争论:财富的增长是否等同于发展,而且能否以国民生产总值的增加之类的简单指标,来加以衡量。为进一步做好这一评测,有必要对跨国公司在其他相关领域对东道国的影响加以检视。

---

[16] Harrison, *Inside the Third World*, 358.
[17] Ibid.
[18] Office of Technology Assesment, US Congress, *Multinationals and the National Interest: Playing by Different Rules* (US Government Printing Office, Washington DC, 1993), 1—4, 10.
[19] Karliner, *The Corporate Planet*, 7. 该处追踪了美国政府的"俘获"。
[20] Ibid., 9. 其引用了 Takuya Negami(Kobe Steel Corporation 的高级资深主管和 Environmental Cooperation Task Force of Keidanran 的主席)的说法:"民族国家并未真正死亡,但其即将退休。"

国内生产被取代

Harrison 注意到,"跨国企业……可以达到控制某一地区产业的制高点(the commanding heights),因为它们拥有的巨大的资源和技术优势赋予了它们相对于地区性企业的强大的优势地位(a massive start)"。[21] 关于土著民族被大型公司对自然资源的开采所取代,有着不计其数的故事。这很可能是关于地区性产业被取代的一种最为简单的机制。然而,不断提升利润率的冲动(在这,同样有我们的自由市场经济学家的随声附和)导致了取代地区性产业并制造失业的其他机制。

拥有现代技术的强大公司的到来,取代了传统的制造业和农业,驱使那些被取代者离开土地,进入城市。"大多数(政府)基于这一理论开展工作:传统部门将自然地凋零,其工人将被现代部门所吸收。他们的第一种考虑当然是正确的,但在第二点上却是错误和危险的。"[22] Karliner 对此给出了一个与相关机制有关的例子:

在20世纪80年代,美国的自由市场农业政策降低了对小农场主的价格扶持。结果,大量的家庭式农场破产,而主要的食品公司却获得了创纪录的利润。同时,墨西哥为准备加入《北美自由贸易协议》(the North American Free Trade Agreement, NAFTA),彻底取消了对其生产食品的小农场主的重要保护。结果,美国跨国公司中的那些农业综合企业就进入了利润丰厚的墨西哥市场。他们高效地兼并那些原来在那致力于维持生计的(subsistence)农业的土地,将其转换为需要打大量农药的(pesticide-intensive)农作物,比如草莓、西兰花(broc-

---

[21] Harrison, *Inside the Third World* 一文第357页提供了相关数据。比如,在1976年,外国投资者控制了巴西电子机械产业的33%,橡胶产业的44%,化工产业的51%、非电子机械产业的55%,钢铁产业的61%和汽车产业的100%。

[22] Ibid., 198.

coli)、花菜(cauliflower)和香瓜(cantaloupes)以供出口到世界市场。然后,它们转回来,开始向墨西哥农民销售美国中西部生产的谷物和大豆。理论上,这是一个更为"有效"的体系,由大型的公司法人在边境两侧分别种植最高产的农作物,并以一种有效率的方式进行配送。然而,这样的效率不仅仅伤害了墨西哥的食品安全,提高了农药的使用和威胁到有机农业的生存(viability),而且在美国和墨西哥,都导致了成千上万的农业家庭失去了土地。[23]

国际货币和银行体系的影响

国际货币基金组织(IMF)/世界银行(World Bank)的改革,粗暴地摧毁了发展中国家的社会部门(social sectors),破坏了后殖民地时代的努力和斗争,并且"大笔一挥"就轻而易举地(with the stroke of the pen)颠覆了过去的发展成果。在全世界有着一个相同且连贯的模式:国际货币基金组织/世界银行关于改革的一揽子计划等同于一个导致经济和社会崩溃的连贯计划。[24]

即使是根据这些机构坚持的自由市场经济模式的标准,也难以察觉到任何成功:

> 根据已有的研究,当然不能说,国际货币基金组织所采用的计划导致了通货膨胀和增长表现的改善。事实上,人们经常发现,这些计划与通货膨胀的加剧及增长率的下降有关。[25]

我们不可能深入分析导致宣称各种各样失败的这些复杂且环环相扣的因素,但是可以从中辨别出一种模式。基本的出发点是

---

[23] Karliner, *The Corporate Planet*, 20—1; for many other examples see Harrison, *Inside the Third World*; Karliner, *The Corporate Planet*; and Hertsgaard, *Earth Odyssey*.

[24] Chossudovsky, *Globalisation of Poverty*, 68—9.

[25] M. Khan, "The Macroeconomic Effects of Fund Supported Adjustment Programs" (1990) 37 *IMF Staff Papers* 196—222.

那些最为强大的机构（包括跨国公司）坚持了增长的信条：

> 可能没有一种单独的理念比这样的信念更深地嵌入到现代政治文化中：经济增长是满足人们最为重要的需求——包括削减贫穷和保护环境——的关键因素。[26]

结果，第二步是呼吁全球自由市场，在这里巨型的跨国公司能够支配小的生产者。1995年世界贸易组织（WTO）的成立，强行要求对贸易自由进行管制，标志着这一进程的拐点。这样，即使没有得到国际货币基金组织/世界银行一揽子计划的支持，跨国公司也稳操胜券(on a winning ticket)，因为不仅仅是全球的流动性和巨大的储备，还有它们的垂直整合和相对较小的企业间接费用，都能够保护它们免受市场意外变动的冲击。然而，国际货币基金组织/世界银行对发展中国家的一揽子计划以各种方式支援着跨国公司。其起作用的顺序如下：

发达国家大量的公司债务被转移给政府，因为这些国家获得贷款以偿还给作为私人部门的银行。[27] 在超过100个债务国中[28]，国际货币基金组织和世界银行合作强制推行"结构调整计划"，这似乎直接有利于跨国公司。Korten引用菲律宾政府的一则广告（1995）："为了吸引您这类的公司……我们推倒大山、填埋沼泽、移动河流、搬迁城市……所有这些都是为了您在这更加舒适和您的业务更加容易开展。"[29] 它是怎样起作用的呢？紧随这欧佩克（OPEC）国家在20世纪70年代强行拉升石油价格，发展中国家的外债急速增加。从1970年至1980年，低收入国家的长期外债从210亿美元增加到1100亿美元，而中等收入国家的长期外债从400

---

[26] Korten, *When Corporations Rule the World*, 37.
[27] Chossudovsky, *Globalisation of Poverty*, 22.
[28] World Bank, *World Debt Tables 1994—5* (World Bank, Washington DC, 1994).
[29] Korten, *When Corporations Rule the World*, 159.

亿美元上升到 3170 亿美元。[30] 随着对这些贷款的拖欠成为必然，为确保偿还，国际货币基金组织和世界银行被推入一个强制推行结构调整一揽子计划的处境。"任何结构调整一揽子计划，都要求赢得目的如下的经济政策改革：引导进行调整的该国将更多的资源和生产活动用于偿还债务，以及进一步将该国的国内经济向全球经济开放。削减施加于进口和出口两者之上的限制和关税，并提供吸引外国投资者的激励机制。"[31] Cahn 认为，世界银行成为一个统治机构(a governance institution)：

> 它通过金融杠杆(行使它的权力)，以立法的形式创立完整的合法统治，甚至……(改变)债务国的宪法结构。该银行批准的咨询师经常重写一国的贸易政策、财政政策、文官任职资格、劳工法律、卫生保健安排、环境监管、能源政策、移民安置要求(resettlement requirements)、采购规则(procurement rules)和预算政策。[32]

有很多资料可以证明，伴随以上调整而来的"节俭"(austerity)导致了如下后果：所有社会计划尤其是卫生保健计划遭到削减，人口由乡村向城市迁移，出现了糟糕的健康状况及缺乏适当食物和教育之间的恶性循环(vicious-circle)，以及人们因此愿意接受任何工作，尽管其报酬低廉且管理严酷。[33] 对于那些寻求将工厂设置在全球成本最低的地方的跨国公司来说，这是一种量体裁衣式

---

[30] World Bank, *World Debt Tables 1992—3: External Finance for Development Countries* (World Bank, Washington DC, 1992), 212. See also *The Economist* Nov 27 1999.

[31] Korten, *When Corporations Rule the World*, 184.

[32] J. Cahn, "Challenging the New Imperial Authority: The World Bank and the Democratization of Development" (1993) 6 *Harvard Human Rights Journal* 160.

[33] Korten, *When Corporations Rule the World*; Chossudovsky, *Globalisation of Poverty*; Harrison, *Inside the Third World*; I. Wilder, "Local Futures: From Denunciation to Revalorisation of the Indigenous Other" in G. Teubner (ed.), *Global Law without a state* (Dartmouth, Aldershot, 1997); Heerings and Zeldenrust, *Elusive Saviours*. 但是，新的 IMF 规则包含了若干社会指标。

(tailor-made)的情形。以卫生、安全和环境监管形式表现出来的负外部性,要么被最小化,要么能够朝着这一方向与需要跨国投资以便能够偿还其债务的政府进行谈判。然而到结束的那一天,结果是在发展中国家之内,那些"参与"发展"行为"并与引进的跨国公司有关的人,与那些处境恶化的大多数人之间,存在着巨大的收入差距。而且,向发达世界的利润输出及对债务的偿还,相当于穷国给予富国的巨大补贴[34],并导致了国与国之间收入和生存条件差距的日益扩大。尽管跨国公司将它们存在的目的建立在利润最大化之上,它们仍然保留了该过程中这一不可缺的部分,除非其受到某种方式的监管。

政治体制的蚀变及对跨国公司控制的缺失

本节的出发点是对此加以回忆:针对那些仅在一个国家之内运营的公司的控制是多么缺乏实质性内容。在相当大的程度上,Sullivan 和 Conlon 对于公司治理中的危机的看法已是现实。[35] 股东和政府不能,也不愿意去施加大量的控制。有关巴林银行倒闭的研究——其表明,对于那些包括涉及大量资金的交易的快速运作,即使是公司内部的控制也是多么缺乏实质性内容;以及不同法域的监管者之间的交流是多么贫乏——对此做了补充,并将这些问题放大了许多倍,因为与那些最大的全球公司相比较,巴林集团显得微不足道。对此做出补充的,还有针对与全球性而非某个国家或地区的问题有关的管理培训所做的强调,而且由此我们在头脑中开始对控制的缺失有了一个生动的意象。如果我们接着补充到,这些跨国公司在诱惑之下将肮脏或劳动密集型的工作输出,以

---

[34] 存在着各式各样的估计,但很可能是在 2000 亿美元这个区域。See Hertsgaard, *Earth Odyssey*, 307.

[35] S. Sullivan and D. Conlon, "Crisis and Transition in Corporate Governance Paradigms: The Role of the Chancery Court of Delaware" (1997) *Law and Society Review* 713. 参见上文第 1 章。

逃避严格的环境管制[36]或劳工标准[37],并且回忆起最大的经济单元中有51家是公司集团而非民族国家(nation states)以及是向那些最穷的民族国家进行此类输出,那么有关这一权力的意象几乎已经完整了——除了国际货币体系所做的干涉,其乐于迫使一些国家做东欢迎(play host to)那些全球公司,目的在于试图使得这些国家能够清偿它们对那些世界上最富的国家所欠的债务。

附加于贷款之上的强制性条件要求"良好的治理"和举行多方当事人参与的选举,这被很多人看作是一个伪装而已。[38] 强加的经济改革的真正本质导致了此类的贫穷、疾病和绝望,并很可能在民众中引起动荡,以至于一个"文官政府攫取了越来越多的权力来处置民间冲突"。[39] 因此,"一个国家越穷,越有可能遭受政治和公民权利被剥夺的灾难"。[40]

另外,最贫穷的那些人很可能受教育程度不高,而且更加关心下一顿饭的着落,而不是讨论政治和行使被告知的投票权。在全球性公司集团的巧妙帮助下,全球经济正在破坏着通向民主的道路。即使公司最近采纳了所谓的"可持续发展"模式[41],创造了作为"利益相关者"的"选民"(constituencies)的概念,但仍然可以被看作是反民主的,因为"它将公民及其所属群体重新定义为世界经济中跨国公司的'选民'"[42],而不是鼓励追求通过投票箱实现的民主。而且,跨国公司因其对东道国稳定的政治环境的"需要",很可能因此去说服政府在前者的要求下压制有关的抗议[43],而不管

---

[36] See Korten, *When Corporations Rule the World*, 150.
[37] Ibid., 155.
[38] See Korten, *When Corporations Rule the World*; Chossudovsky, *Globalisation of Poverty*; Harrison, *Inside the Third World*.
[39] Harrison, *Inside the Third World*, 400 et seq.
[40] Ibid., 410. 提供了相关数据。
[41] 一些评论家将其看作是一种"赢得"环保运动和迫切要求去监管化的努力。See Karliner, *The Corporate Planet*, 41.
[42] Ibid., 42.
[43] "极端的不平等只能依靠武力来维持"。Hertsgaard, *Earth Odyssey*, 262.

这些抗议是否具备合法的根源。[44] Karliner 引用了 Shell Nigeria 总经理在 1995 年说的一句话:"作为一家试图投资的商业公司,你需要一个稳定的环境……而独裁能够给你这种环境。"[45]

那么,如果我们转向硬币的另一面,去看看能否对全球公司的运营施加控制,我们可以立即看到民族国家处于一种多么窘迫的位置。即使那些富国从全球公司征缴税款都存在着大量的困难。[46] 贫穷的东道国确实处于一种非常难的处境。以至于一些学者提出,公司本身正在创建一种超越了所有国内法律的全球性法律[47],而且很多学者正试图重新定义民族国家的角色。[48] 监管的可能性,以及跨国公司对自我管控的呼吁,将在第六章中予以讨论。国际法提供不了解决方案,这可以参见 Barcelona Traction Light and Power Co [1970] ICJ 3 一案。

160 环境问题

在这里,我们可以以 Kenneth Boulding 的洞见作为开始。他在《即将到来的太空船式地球的经济学》(The Economics of the Coming Spaceship Earth)[49] 一文中提出,很多的问题扎根于这样一个事实:当事实上我们居住在一个有着微妙平衡的生命支撑系统

---

[44] 例如,由大通曼哈顿银行(Chase Manhattan Bank)推动的对墨西哥的此类干涉。See Karliner, *The Corporate Planet*, 210.
[45] Ibid., 86.
[46] 参见上文第 2 章中对转移定价的讨论。
[47] See chapters by G. Teubner, Hans-Joachim Mertens, Jean-Philippe Robe and Peter Mulchlinski in Teubner (ed.), *Global Law without a state*.
[48] J. Dunning (ed.), *Governments, Globalisation and International Business* (Oxford University Press, Oxford, 1997).
[49] K. Boulding, "The Economics of the Coming Spaceship Earth" in Henry Jarrett (ed.), *Environmental Quality in a Growing Economy* (Johns Hopkins University Press, Baltimore, MD, 1968).

的生命太空船上时,我们正在宽广的边缘地带以牛仔的方式行事[50]:

> 宇航员生活的太空船穿梭于太空中,其上只有全体船员以及珍贵且有限的资源供应。总而言之,所有的东西必须加以回收,不可浪费掉任何东西。对健康状态的衡量不是其船员能够多快地消费掉其有限的储备,而是各个船员在保持他们的肉体和精神健康、他们共享的资源储备以及他们赖以生存的生命支撑系统时,效果如何。被扔掉的东西永远无法再得到。没有回收的东西聚集起来,污染了生存空间。各个船员为了整体的利益,以团队的方式各司其职。没有人想起进行非基本的消费,除非所有人的基本需求已经得到满足且对将来有着充足的供应。[51]

Korten 解释了如何将这翻译为"饱和世界"(full world)的概念。过去,"牛仔"式行为允许国家超越其国内资源的限制去获得为扩张所需的东西,其方式是"伸手从其国境之外获得其所需,一般而言就是通过殖民,掠夺那些还未工业化的民族的资源。[52] 尽管其后果对于被殖民的民族而言,经常是毁灭性的,其对地球生态系统的额外影响却几乎没有被殖民者所注意到。"[53]

Korten 相信,现今世界是饱和的,因而继续这类行为将使得每一个人都陷于贫困。牛仔式行为有着两个基本的后果。其如同殖民主义一样行事,"将中产者的收入转化为上等阶层所有"[54],在

---

[50] See also Korten, *When Corporations Rule the World*, ch. 2, "End of the Open Frontier".

[51] Ibid., 26. 在此,该书总结了 Boulding 的观点。

[52] See also Hertsgaard's account of "mining ecological capital" in China; *Earth Odyssey*, 248.

[53] Korten, *When Corporations Rule the World*, 27.

[54] L. Davis and R. HUttenback, *Mammon and the Prusuit of Empire* (Cambridge University Press, New York, 1986), 16; and see R. Douthwaite, *The Growth Illusion* (Council Oak Books, Tulsa, OK, 1993).

一国之内和国家之间都扩大了收入差距；并且随着世界已经变得饱和，其意味着已经达到了绝对的环境限制。在后一方面，酸雨和全球变暖是其中的两个例子。而且，全球公司当然也在加剧这些问题时发挥了它们的作用。[55] 然而，与当前的质问最为相关的一个问题是领悟到"经济全球化为富国通过出口废物和导致污染的工厂，将其环境负担转嫁给穷国大大增加了机会"。[56] 正是对这些公司监管的失败进一步加剧了富国和穷国之间的差距：这些公司继续运营在一种"牛仔"式行为模式的基础上，将它们的负外部性输出到那些没有能力对其进行监管的国家，因为后者害怕失去进来的投资，或无法偿还其对世界金融体系欠下的债务。这种影响的精确程度还处在争议当中，但对此可以给出一些例子：

> 然而，要理解浪费和污染这一全球性的问题，关键之一是，发展中世界发生这一问题很大程度上是由于发达国家将它们的垃圾非法运送到这些地区……那些（来自德国的）卡车进入东欧，向后者出口达数十万吨的垃圾——西方人发现要处理它们是极其昂贵或不方便的。压力主要来自财务方面。根据美国或欧洲现在的环境法，处理危险的工业和矿产废物的成本，高达每吨几千美元。将这些物质运送到国外则经常要便宜得多。[57]

那些出口国可以作出注意环保的姿态：

> 日本已经将其铝的冶炼能力从 120 万吨减少到 14.9 万吨，而且现在其 90% 的铝需要进口。菲律宾联合冶炼精炼公司（Philippine Associated Smelting and Refining Corporation, PASAR）所做的一项案例研究，间接表明了——用俗话来

---

[55] Heering and Zeldenrust, *Elusive Saviours*; Chossudovsky, *Globalisation of Poverty*; Karliner, *The Corporate Planet*.

[56] Korten, *When Corporations Rule the World*, 31.

[57] M. Czinkota, I. Ronkainen and M. Moffett, *International Business* (4th edn, Harcourt Brace, New York, 1996), 8.

说——这葫芦里究竟卖的是什么药。这家公司运营着一家位于菲律宾莱特省(Leyte)的冶铜厂,该冶铜厂是由日本在经济上予以支持并建造起来的,其生产高品质的铜负电极以运回日本。该工厂占地400英亩,是由菲律宾政府从当地居民手中以近乎赠送的价格(give-away prices)征收过来的。从该工厂排放的气体和废水,包含高浓度的硼、砷、重金属和硫化合物,它们污染了当地的供水,降低了渔业和水稻的产量,毁坏了森林以及增加了上呼吸道疾病在当地居民中的发生率。当地居民的家园、生计和健康成为该冶铜厂的牺牲品,他们现在很大程度上依赖于该工厂向他们提供的非全职的或契约性质的临时雇佣,去做那些最危险和最脏的工作。[58]

Karliner 记录了氯工业从发达国家向巴西、墨西哥、沙特阿拉伯、埃及、泰国、印度、中国台湾地区和中国内地迁移的历史。核电力工业、汽车工业和烟草销售追随了相同的战略。[59] Mark Hertsgaard 生动地描述了发达国家所不能忍受的发展中国家的工业环境,包括重庆(Chongquiing)造纸厂排放的氯:

> 一条宽阔的白色激流,很容易就达到三十码宽,咆哮着从工厂背后的山坡上飞流而下,形成了一条沸腾的牛奶瀑布……数十年通行无阻的排放,让其披上了一层奶油状的残留物,造成了一层层白色叠加的效果和一种病态的美。在我们的上面,该瀑布使得树木向旁边弯曲;在我们的下面,它分为五条水道注入那不幸的嘉陵江。[60]

在关于环境的研究中,这仅仅是可以找到的诸多描述中的少数几个例子。

---

[58] Korten, *When Corporations Rule the World*, 31—2.
[59] Karliner, *The Corporate Planet*, 81—2.
[60] Hertsgaard, *Earth Odyssey*, 3.

毫无疑问,对于环境问题的日益觉醒,国际会议[61]、国际协议和行为规范,公司环境主义——如果不是完全的"漂绿行为"(greenwash)*[62]——的兴起以及可持续发展的概念,导致了一场不停息的争论。然而,这一工作的问题是,某些影响公司集团治理的法律机制,在削弱跨国公司拥有的可怕的不受限制的行动能力方面,是否很有可能是有效的。

劳工法问题

永远追求更高效率的努力对雇员的影响,是对环境的影响这一问题的重复,也是导致贫穷持续地日益全球化的描述的一部分。[63] 另外一个问题是,关于保护"选民"的人权法案遭受了显而易见的失败。既然劳工法问题是经济、社会和文化性人权(而且可能也是政治性人权)的重要元素,那么为什么它们会是看上去缺少牙齿的武装。

人权:作为"第二类"问题的经济和社会权利

经济、社会和文化权利毫无疑问是人权法的"初级分支"(junior branch)。[64] 联合国经济、社会和文化权利委员会在1993年的维也纳世界人权会议宣言中,清楚地说明了这一差距:

---

[61] 比如1992年联合国环境和发展大会("地球峰会")。有关的充分描述,参见 Hertsgaard, *Earth Odyssey* 一书第262页及以下。

* 指名不符实的环保形象包装。——译者注

[62] 正如 Karliner 所怀疑的。See Karliner, *The Corporate Planet*, 41, ch. 6, "The Emerald City". 该章是对一些跨国公司公关行为的描述,比如雪弗龙公司(chevron)每年花费5000美元来保护一些稀有的蝴蝶,同时将其广泛地发布在那些每30秒耗费200,000美元的广告上。

[63] See Harrison, *Inside the Third World*, esp. at 186 et seq; Karliner, *The Corporate Planet*, 155; Hertsgaard, *Earth Odyssey*, esp. 17.

[64] See A. Eide, C. Krause and A. Rosas (eds.), *Economic, Social and Cultural Rights: A Textbook* (Martin Nijhoff, Dordrecht, 1995), 15.

令人震惊的现实……是国家及作为一个整体的国际社会,继续容忍所有过于频繁的对经济、社会和文化权利的侵犯。而如果这些侵犯的发生与公民和政治权利相关,那将激起人们表达他们的恐惧和愤怒,并一致呼吁采取立即的补救行动。尽管有这些花言巧语,实际上比起对经济、社会和文化权利大量而直接的否定,对公民和政治权利的侵犯似乎继续被认为严重得多,而且显然更加无法容忍。[65]

Alston 已经指出,美国里根政府在根本上拒绝承认社会、经济和文化权利享有权利的地位,是受到大量因素的影响。[66] 因素之一就是国务卿 Abrams 富有影响力的一个观点[67],他援引公共权利(比如公民和政治权利)与社会、经济和文化权利之间的差异,认为后者被"留在私领域"。公私的二分法对思考公司的本质和住所(place)具有重大影响,而且与被 Alston 确认为美国精神一部分的个人主义紧密相关:"这个国家选择了个人主义作为一个中心价值。其支撑了该国复杂的多元文化和多种宗教带来的多样性,并通过将教堂与政府相分离,将国家统治排除出家庭生活,避免了对抗。"[68] 正如我们将要看到的,对私人个人主义(private individualism)这一概念的坚持,大大地影响了公司法法理,给予法律契约主义及经济契约主义以重大的信任。

---

[65] UN Doc E/C. 12/1992/2, 82. See D. Beetham, "What Future for Economic and Social Rights?" (1995) *Political Studies Association* 43.

[66] P. Alston, "US Ratification of the Covenant on Economic Social and Cultural Rights: The Need for an Entirely New Strategy" (1990) 84 *American Journal of International Law* 365.

[67] *Review of State department Country Reports on Human Rights Practices for 1981*, Hearing before the Subcommittee on Human Rights and International Organisations of the House Committee on Foreign Affairs, 97th Congress, 2d Sess 7 (1982).

[68] E. Erikson and K. Fritzell, "The Effects of the Social Welfare System on the Well-being of Children and the Elderly" in A. Palmer, T. Smeeding and E. Torrey (eds.), *The Vulnerable* (University of Chicago Press, Chicago, 1988), cited in Alston, "US Ratification", 384.

政治分水岭

部分是因为经济、社会和文化权利被认为是与私人自由相冲突的,它们在美国被众人嘲笑为试图引进"非经济的、社会主义的和集体的权利"[69],反过来,这又导致引进这类权利被当作是摧毁资本主义的"幕后动机"(hidden agenda):"说白了,这一幕后动机的实施就是促使市场经济(资本主义)不再具有合法性,而后者是传统自由(中产阶级)社会不可或缺的前提条件。"[70]

慢慢地就形成了这样一种感知:西方的观念将政治权利放在优先位置,而社会主义/第三世界的观念则优先推崇社会、经济和文化权利。Alston通过援引西方政府对《经济、社会和文化权利公约》的遵守,并确认这是美国而非整个西方的问题,从而解释到,这是一种错误的感知。[71]

最初将公民和政治权利划为一方,而将经济、社会和文化权利作为另一方,是源于联合国大会在1951年作出的"一个有争议且受到质疑的"[72]决议。该决议给予一个基本假设:公民和政治权利是绝对的、立刻的以及可司法裁决的(absolute, immediate and justiciable),而经济、社会和文化权利则是规划性的(programmatic)且执行的成本巨大。即使在该类权利被阐述为对契约国家创设了具有法律约束力的义务时,个人仍无权要求强制执行:"公民和政治权利在传统上被看作是可司法裁决的,即个人可以援引这些权利来对抗公共权力;反之,经济和社会权利则一般被看作是'规划性的'。"[73]尽

---

[69] Alston, "US Ratification", 366.
[70] Irving Kristol, "Human Rights: the Hidden Agenda", *National Interest* (winter 1986/7) 3; and Alston, "US Ratification", 391.
[71] Alston, "US Ratification", 387.
[72] Eide, Krause and Rosas (eds.), *Economic, Social and Cultural Rights*, 22.
[73] L. Betten and N. Grief, *EU Law and Human Rights* (Longman, London, 1998), 10.

管人们不得不认可[74],这一"干脆利落的区分"在目前太过于简单化[75],但它是真实的:那些由经济、社会和文化条约确立的权利,总体上更不为人所知,且更难于强制执行。比如,劳工权利"的诉讼化(juridization),还远远未能达到一种合理的程度"。[76]

从经济、社会和文化权利的恶意批评者的角度来看,这类权利的性质提供了两个明显相互矛盾的观点。一方面,这类权利成本和负担过重,以至于难以执行;另一方面,它们性质模糊并缺乏精确标准,这意味着它们根本不是权利,而不过是转瞬即逝的东西(ephemera)。比如,Alston 援引了 J. P. Anderegg[77] 的观点。一方面认为,接受《经济、社会和文化权利公约》将"随之给一个扩张的、中央集权的福利国家带来巨大且无法计算的承诺,同时缩小了个人的自由"。另一方面,力劝那些试图说服美国政府批准该公约的人不要再坚持如下立场:"该公约被令人信服地描绘为缺乏实质操作性意义或法律意义。打个比喻而言,它可以被描绘为根本没有牙齿的老虎。"[78]

积极和消极的执行

作为一方的公民和政治权利,与作为另一方的经济、社会和文化权利之间的区别,经常被看作存在于积极和消极两类权利之间的区别中。这种区别再次导致了两种反对采纳经济、社会和文化

---

[74] 正如 Betten 和 Grief 所做的。Ibid.
[75] See, for example, Michael K. Addo, "Justiciablity Re-examined" in R. Beddard and D. Hill (eds.), *Economic, Social and Cultural Rights: Progress and Achievements* (Macmillan, London, 1992). 该文指出可以通过"审问式可裁性"(inquisitorial justiciability),并利用很多这类规定中内嵌的调查程序,来获得可裁性。And see Eide, Krause and Rosas (eds.), *Economic, Social and Culture Rights*, chs 1, 2 and 3.
[76] K. Drzewicki, "The Right to Work and Rights in Work" in Eide, Krause and Rosas (eds.), *Economic, Social and Cultural Rights*, 172.
[77] Adjunct Professor, Columbia Law School, in hearings before the Senate Committee on Foreign Relations 1979.
[78] Alston, "US Ratification", 366.

这一分类的观点。推行改革计划之类的积极义务的履行，与不受干预这类个人权利的执行相比较，前者要难得多。[79] 这类困难刺激了如下担忧：承认社会、文化和经济权利的存在，将以一定方式稀释公民和政治权利。国务卿 Abrams 使用了积极和消极类权利的分类，但没有给它们贴上这类标签，并得出如下结论："不能因那些政府应该尽力去确保的权利（即经济、社会和文化权利），而使得政府不得侵犯的权利（即公民和政治权利）的地位被掺水冲淡（watered down）"。[80] 在提出这些假设过于简单化并且现在已被表明缺乏根据（ill founded）后，Eide 指出：

> 一些公民权利要求了各个层面上的国家义务——也就是在有需要的情况下提供直接帮助的义务。而在另一方面，通过国家不干涉自由和个人利用其掌握的资源，经济和社会权利在很多情形下就可以得到最好的维护。[81]

后果

尽管反对者对社会、文化和经济权利发出的许多担忧逐渐丧失了人们的支持，但仍然存在着由这类权利的二等地位所带来的一些重大后果。这类后果中的很多反映在现在影响着欧盟和英国的有关劳工权利的渊源中。特别是欧盟经济高歌猛进[82]但决定将人权问题留给欧洲理事会（Council of Europe）[83]，以及欧洲理事会（Council of Europe）对公民和政治权利与经济、社会和文化权利加以区分，这种双重分割将劳工权利置于一种双重不利的地位。

---

[79] 要获得在刑事制裁领域对该问题的思考，参见 J. Dine, *Criminal Law in the Company Context* (Dartmouth, Aldershot, 1995)。

[80] Alston, "US Ratification", 373.

[81] Eide et al., *Economic, Social and Cultural Rights*, 38—9.

[82] 《罗马条约》在序言中声明，"共同体内人民生活和工作条件的持续改进"是其"根本目标"。然而，其设想的是，这一目标将"主要通过贸易自由化和经济流动……而非社会立法的融合"来实现。S. Deakin and G. Morris, *Labour Law* (Butterworth, London, 1995), 99.

[83] See Betten and Grief, *EU Law*, 53.

下面的部分将以经济、社会和文化权利争论中的一个要素为例,对其进行更加细致的分析。这就是对劳工权利(尤其是参与公司决策的权利)的思考。正常而言,雇员不仅仅被认为是受公司决定影响最大的群体(在股东之后),而且对待和约束(policed)他们参与(input)的方式,可以被看作是其他群体参与[84]以及提供有关公司决策控制手段的样板。[85]

劳工法和人权

Valticos 指出了国际劳工法的三个目的:推动公平竞争,促进和平事业,但最主要还是实现"社会正义的理念"本身。[86] Drzewicki 同意:"无论一开始的历史动机是什么,社会正义的价值观一直是国际劳工组织的主要目的。"[87]《国际劳工组织章程》(1946年修订)宣称,"劳动不是商品","所有人,无论其种族、宗教信仰或性别,均有权在自由、尊严、经济安全和平等机会的前提下,追求物质上的幸福和精神上的发展"。[88] 缔结有关劳工权利的国际条约的原因,就被认为主要是为了保护雇员,对他们原本柔弱的地位所导致的不平衡状态加以矫正。

然而,这将工人的参与置于一种"取胜无望"(no-win)的境地。

---

[84]　See C. Villiers, *European Company Law—Towards Democracy* (Ashgate, Aldershot, 1998).

[85]　参见第 6 章。

[86]　N. Valticos, "International Labour Law" in R. Blanpain and C. Engels (eds.), *Comparative Labout Law and Industrial Relations in Industrialised Market Economies* (Kluwer, London, 1993), 49.

[87]　Drzewicki, "The Right to work", 169. 在1919年《国际劳工组织章程》的序言中,和平和社会正义被认为是不可分割的:"惟有奠定在社会正义的基础之上,才能确立起普遍且持久的和平"(第 1 段)。But see *Democratisation and the ILO—Report of the director General* (part Ⅰ), International Labour Conference 79th session, 1992, 23.

[88]　See K. Ewing, *Britain and the ILO* (2nd edn, Institute of Employment Rights, London, 1992); and K. Ewing, "The Bill of Rights Debate: Democracy or Juristocracy in Britain?" in K. Ewing, C. Gearty and W. Hepple (eds.), *Human Rights and Labour Law: Essays for Paul O'Higgins* (Mansell, London, 1994).

借道于人权的执行困难重重;同时,坚持"权利"基础的结果是远离了那种强烈地信任市场力量的文化。经济、社会和文化权利相对弱势的地位,在两个方面强化了对法律和经济契约主义的支持。首先,有关它们不是强有力的或基本的权利的认知,留下了如下漏洞:其他政治理论同样有效。其次,强调把权利授予工人,将鼓励了这样一种认知:雇员与中央决策不相容——这样对那些将公司仅仅看作是股东财产的人有利。正是工人的这种远离,成为法律和经济契约主义勃兴的原因之一。其作为公司法的基础性理论,随之将工人看作是"外部者"。

国际劳工组织拒绝采纳该种理论并转而投向"劳动不是商品"的原则,Paul O'Higgins 在对此所作的分析中,详尽地描述了市场经济学在工人利益提升方面所扮演的破坏性角色。[89] Paul O'Higgins 提请大家注意 Higgins 法官在 *Ex Parte H v McKay* 一案[90]中所作的判决,该案的焦点是雇主是否支付了"公平合理的工资"。他说道:

> 如果国会的意图是,待遇应该是他们通过个别的讨价还价而所能得到的(如果这意味着通过服务合同,雇员们将接受、同时雇主们将提供的待遇是公平合理的),那么本来不需要这类的规定。报酬本来可以放心地留待这种平常的对抗加以解决,但是为劳动而进行的"市场的讨价还价"是不均衡的,一方有着要得到面包的压力,另一方则承受着获取利润的压力。因此,"公平合理"的标准必须是某种别的东西。相对于一般雇员——被看作一个生存于文明社会的人——正常需求的标准,我无法想象出其他别的标准更合适。

正如我们将要看到的,市场经济学家已经试图对这种理论加以额外考虑(factor out)。

---

[89] Paul O'Higgins, "Labour Is Not a Commodity—An Irish Contribution to International Labour Law" (1977) *Industrial Law Journal* 225.

[90] (1907) 2 CAR 2-18.

《国际劳工组织章程》)(Constitution of the International Labour Organisation)

国际劳工组织运作于一种由政府、雇主和雇员的代表三方当事人所组成的框架之上。国际劳工组织的章程包括了很多原则,比如结社自由(freedom of association)和非歧视原则,但是在公约和建议中却很少将普遍标准奉为圭臬。根据该章程第19(5)(d)条,一国一旦批准了一项公约,就必须采取"必要的行动使其有关规定生效"。建议(recommendations)为大会决议的具体执行提供了一种软法的指引(soft law guidance)或者劝告(exhort)采取一些更高的标准。[91] 在国际劳工大会上得到2/3多数的投票,则一项新的公约或建议得以采纳。其由各成员国的代表团组成,每个代表团包括两名政府代表、一名雇主代表和一名雇员代表,后者根据相关成员国国内最具代表性的组织的同意来提名。国际劳工组织的章程规定,对于有关该章程或一项公约的解释的争议,国际法院有司法管辖权。然而,只有一项争议遵循了这一程序。更为普遍的是,提交给国际劳工组织的常设秘书处——国际劳工办公室,由其对公约的含义作出咨询意见。[92] 个人没有可能对有关的标准加以强制执行,但是成员国必须定期(两年或四年)提交报告。报告先由一个专家委员会进行审查,然后再提交给公约和建议执行委员会。尽管这些程序与《欧洲社会宪章》(the European Social Charter, ESC)之下的程序有着相似之处,但是国际劳工组织所有机构的三重特性使其成为一个更值得信任的操作。此外,还有一个申诉(complaints)制度,其可以由有关成员国针对成员国发动,也可以通过政府机构、雇主组织或雇员组织发动。

---

[91] See Ewing, *Britain and the ILO*; Deakin and Morris, *Labour Law*, 115.

[92] 有关意见还将与国际劳工组织的另外一个机构——理事会(the Governing Body)——进行沟通,并将其发布在官方公告中。

《欧洲社会宪章》(The European Social Charter)

《欧洲社会宪章》是在 1961 年由欧洲理事会(Council of Europe)的 11 个成员国签署的。之后采纳了几个补充协议，分别是 1988 年的《第一附加协议》、1991 年的《修订协议》和 1995 年的《第二附加协议》。至 1996 年，又对该宪章进行了修订。《第一附加协议》包含了工人享有的获取信息与参与协商(Information and consultation)、参与决策以及改善工作环境的权利[93]——这些规定现在已经被包含在 1996 年的所作的合并中。到 1997 年 11 月为止，有 21 个欧洲理事会成员国都已经批准了最初的《欧洲社会宪章》，有 13 个成员国签署了修订后的《欧洲社会宪章》。

因为《欧洲社会宪章》中奉为圭臬的权利并不能由个人在国内或国际法庭上援引，也由于将经济、社会和文化权利作为第二等级权利的观念，《欧洲社会宪章》与类似的《欧洲人权公约》相比较，前者为公众知晓的程度要低得多。《欧洲社会宪章》无论是在国内法庭上，还是在国际法庭上，仅仅在极个别的情形下能被个人加以援引。[94]

第 21 至 29 条中精心设计的报告程序，是其执行机制。缔约方定期提交报告并由独立专家委员会进行审查，随后又由政府代表委员会(committee of Governmental Representatives)和欧洲委员会议会(Parliamentary Assembly)加以审议。这些报告和所有上述机构的意见将归集到欧洲委员会部长委员会(Committee of Ministers)，由其对那些未能遵循《欧洲社会宪章》要求的缔约方发布相关建议。该程序的重大缺陷之一，是部长委员会并不愿意发布这些建

---

[93] 第 1—4 条。
[94] Grief 和 Betten 的《欧盟法》(*EU Law*)一书，在第 47 页引用了荷兰的罢工权作为一个可能的例外。

议。[95] 1991年的《修订协议》确认了新的程序,然而其不具有正式的强制力,但可以应部长委员会的要求而运作。现在,那些未批准《欧洲社会宪章》的国家不再对建议议题有投票权,而且建议必须得到缔约国2/3投票权的批准。此外,还有程序性的流程,比如专家委员会有权寻求从缔约国获得澄清和附加信息。[96] 1995年采纳的《第二附加协议》规定了对《欧洲社会宪章》"令人不满的适用"进行申诉的制度。申诉可由得到认可的机构提出,包括被认可的成员国雇主或雇员组织。[97] 当有5个欧洲理事会成员国表示同意受其约束时,这一程序将予以生效。然而,《欧洲社会宪章》仍是《欧洲人权公约》一个可怜的影子,从而催生了这样的建议:在某些情形下应当赋予其特有的执行性权利,比如参与性权利。[98]

《工人基本社会权利宪章》(The Charter of the Fundamental Social Rights of Workers)[99]

该宪章包含了一项不具备约束力的政治宣言,由11个欧盟国家首脑于1989年发布。[100] 其在任何情况下都不具备法律效力,但同时规定了一个报告程序,欧洲委员会(European Commission)据此每年发布一项关于《工人基本社会权利宪章》执行情况的年度报告。[101] Betten和Grief指出,报告程序遭到作为其运作基础的三项

---

[95] 直到1993年为止,都从未发布过。按照Grief和Betten的观点,部分是因为政客们不愿意互相批评,部分是由于部长委员会的构成——其包含了来自于未批准《宪章》的国家的代表。可以理解的是,他们并不愿意去批评那些至少在纸面上承诺遵守《宪章》的国家。See *EU Law*, 48.

[96] 《修订协议》第2条,其针对《欧洲社会宪章》第24条进行了修订。

[97] 包括欧洲雇主联盟(UNICE)和欧洲工会联盟(ETUC)。

[98] Grief and Betten, *EU Law*, 52.

[99] Commission of the European Communities, *Charter of the Fundamental Rights of Social Workers* (Office of Official Publications of the European Communities, Luxembourg, 1990).

[100] 要获得详细的讨论,参见B. Bercusson, *European Labour Law* (Butterworth, London, 1996)一书第575页及以下。See also C. Barnard, *EC Employment Law* (rev. edn, Wiley, Chichester, 1996), 59 et seq; Deakin and Morris, *Labour Law*, 102 et seq.

[101] Charter of the Fundamental Social Rights of Workers, 1989, para. 29.

基本原则的削弱:尊重补充原则(the principle of subsidiarity)＊、尊重国家制度的多样性原则和保留商业竞争原则("注意到协调经济和社会考虑的需要")。[102] 他们认为,尤其第三项基本原则与人权的基本特性是不一致的。Deakin 和 Morris 注意到,"在某些方面,其大大弱于国际劳动组织和欧洲理事会的类似机制。"[103]

设置报告程序的目的是为了强制推进相关职能的发展。[104]《欧洲劳资联合会指令》(the European Works Council Directive)的第 17 条和第 18 条就涉及劳方的知情、协商和参与权。最初的草案要求考虑"当前规范"(present norms),但这一要求被终稿删除了,改为参考"各成员国的有效实践"。Bercusson 直指由参考各成员国有效规范改为参考各成员国"实践"的做法,质疑这是否意味着更不尊重各国的自治,意味着将标准从各种实践中简单地分离出来。[105] 考虑到 Davignon 专家组(Davignon Group of Experts)采取的路径,这是一个有趣的意见。该专家组寻求通过提供一个谈判日程而非实质性的规范,找到对各国在参与实践方面的差异予以尊重的一种方式(参见第六章)。

尤其是处于下列情形时,上述两条规定强制要求将劳方的知

＊《欧洲联盟条约》序言宣称:各成员国"决心继续创建一个欧洲人民间日益紧密的联盟,使各事项的决策能依照补充原则,尽可能与其公民贴近"。第 1 条规定:"条约标志着创造一个欧洲人民更紧密联盟的新阶段,欧洲的决策应尽可能的公开、尽可能的贴近欧洲公民。"第 2 条规定:"本联盟各项宗旨之实现,应根据本条约所规定的方式,依照其确立的条件和时间表,并尊重《建立欧洲共同体条约》第 5 条所确立的补充原则"。《建立欧洲共同体条约》第 5 条规定:"共同体应在条约及其目标授予的权限范围内采取行动。在其非专属权能领域,本共同体应根据补充原则,只有当成员国没有充分能力完成拟议中的行动目标,而出于拟议中的行动的规模和效果的原因,本共同体能更好的完成时,才由本共同体采取行动。共同体的行动不应超过实现条约目标所必需的范围。"或参见第 102 页关于补充原则的译者注。——译者注

[102] Betten and Grief, *EU Law*, 71.
[103] Deakin and Morris, *Labour Law*, 103.
[104] Bercusson, *European Labour Law*, 595.
[105] Ibid.

情、协商和参与作为先决条件:

(i) 当技术革新——从工作环境和工作组织的观点看,对工人们具有重要的意义——被引入企业;

(ii) 与企业的重组运作相关,或存在着影响工人雇佣合同的企业合并的情形;

(iii) 涉及集体裁减冗员的程序(collective redundancy procedure)的情形;

(iv) 当境外工人特别地受到其雇主企业所采取的雇佣政策的影响。[106]

《关于社会政策的协议》(the Protocol on Social Policy)

在1991年的马斯特里赫特峰会上提出了一个"社会篇"(Social chapter),由关于条约第117—120条(仅仅这些条款包含了重大社会政策目标)的若干修正条款组成。[107] 这一提议遭到英国的反对,但其赞成欧盟其他14个成员国可以继续一个单独的《关于社会政策的协议和协定》,旨在"执行1989年的'社会篇'"。该协议第2(1)和(2)条对卫生和安全、工作环境以及工人的知情与协商权等问题规定了合格的多数票规则,但在这些问题中据称并不包括共同决策机制(第2(3)条)。尽管有关该机制的法律地位在英国引发了很多的讨论,但这些机制的法律地位和法律后果仍不明确。[108] 现在,这一困难得到了解决,欧盟成员内部重建共识,一致同意将"社会篇"纳入《阿姆斯特丹条约》当中。[109]

---

[106] Directive 94/45/EC (OJ L254/64 of 30 September 1994).

[107] 现在的第136—143条。第117条包括,成员国之间一致同意,需要改进工人的工作条件和进一步提高业已改进的生活水平。第118条促进了成员国之间关于社会政策相关事务的合作。只有第119条(同工同酬)和第120条(要求成员国"努力维持各带薪休假计划之间现存的对应关系)向成员国施加了实质性义务。第120条被证明意义不大,并被1992年在马斯特里赫特达成的《欧盟条约》废止。

[108] Deakin and Morris, *Labour Law*, 105 ; Barnard, *EC Employment Law*.

[109] See C. Barnard, "The UK, the Social Chapter and the Amsterdam Treaty" (1997) *Industrial Law Journal* 275.

《欧洲"劳工法"指令》：集体裁员、获得性权利、欧洲劳资联合会

有了这一大的背景，一些包含协商、告知和保护的指令得以制定。

涉及集体裁员的 75/129/EEC 号理事会指令[110]的第 2 条规定：

1. 当雇主打算进行集体裁员时，他应当适时地与工人代表进行协商，以达成协议。

2. 以上协商应当至少包括避免集体裁员或者减少受影响工人数量的方式和手段。

为了达到这一目标，必须向工人提供准确的（proper）信息。[111]

相同的权利出现在《获得性权利指令》（Acquired Rights Directive）[112]，后者规定了发生企业转让时的雇佣合同的转让。新企业必须提供与让与人提供的相同的雇佣条件。[113] 第 6（1）条要求让与人和受让人都应"适时"地向雇员代表通报。[114]

关于建立欧洲劳资联合会（European Works Councils，EWCs）的 94/45/EC 号理事会指令，于 1994 年 12 月 22 日得到批准通过。这是一项根据《关于社会政策协议和协定》通过的措施，因此最初并未适用于英国企业。对于那些在所有成员国内至少拥有 1000 名雇员或在至少两个成员国内分别拥有至少 150 名雇员的欧盟范围的企业（EU-scale Undertakings），该指令要求建立一个欧洲劳资联合会。[115] 毋庸置疑的是，这对于塑造公司结构的未来具有重大

---

[110] 17 February 1975（OJ L48/29 of 22.2.1975），as amended by Directive 92/56/EEC of 24 June 1992（OJ L245/3 of 26.8.92）.

[111] 第 3（2）条。

[112] 77/187/EEC of 14 February 1977（OJ 1977 L61/126）.

[113] 第 3（1）条。

[114] And See Barnard, *EC Employment Law*, 7.76 et seq.

[115] 第 2（1）（a）和（c）条。And See J. Dine and P. Hughes, *EC Company Law*（Jordans, Bristol, 1991, looseleaf）；Bercusson, *European Labour Law*, ch. 19.

的影响[116],而且当前对于欧洲公司(European Company)的建议就以此为基础。

结构方面的建议:欧洲公司(societas europa)*和第五号指令

关于《第五号公司法指令》的提议和拟议中的《欧洲公司法》(European Company Statute)[117],已经被讨论了很多年。[118] 两个草案都包含了各式各样的关于公司结构和工人参与的模式。几乎可以肯定的是,这一漫长且默默无闻的讨论过程受到相同的担心的影响,从而妨碍到社会、经济和文化权利的引入。即公司被当作是私领域,同时工人的参与被认为是过重的负担且不明确,集体权利则被看作是摧毁资本主义的"秘密议程"。很可能正是在这种未能将实质性权利融入到公司结构中的阶段,对经济、社会和文化权利的恐惧症在公司的语境中被看得最为清晰。凭借对这种恐惧的表达,人们成功地从公司法中掳走了对管理层加以控制这一至关重要的要素;并通过坚持契约主义理论,使得这种控制已然遭到系统性的摧毁。

寻找平衡点

> 有一种倾向将(劳工)立法描绘为向工人授予"权利"……可能更为精确的是,将劳工立法看作是对商业行为进行法律监管的一种形式……这种监管或明或暗地在管理层的自治和工人利益的保护之间寻找平衡点。[119]

---

[116] 要获得对于其经济意义的评估,参见 Bercusson, *European Labour Law*, ch. 19。

* 指根据欧盟理事会 2001 年 10 月 8 日的第 2157/2001 号条例设立的公司,欧盟官方统一使用的拉丁文名称为 Societas Europa(简称 SE)。——译者注

[117] 也可参见第 3 章。

[118] See Dine and Hughes, *EC Company Law*.

[119] Steven D. Anderman, *Management Decision and Worker's Rights* (3rd edn, Butterworth, London, 1998), 1.

近似于劳工权利的经济、社会和文化权利的失败达到顶点,以及作为其结果的个人主义哲学的勃兴,将公司置于一种不平衡状态。股东对于管理层控制的缺失,以及雇员在公司决策结构中的缺位,留给我们的是缺乏相应责任的管理层权力。这是怎么发生的?自由市场的个人主义理论被给予了太多的信任,足以阻碍普遍高标准在工作场所内的引入以及公司法的和谐,因为担心"外部者"——比如雇员——获取公司的战略。这导致了包括劳工权利在内的经济、社会和文化权利每况愈下的情势。

这样,在欧盟各成员国内存在广泛差异的工人参与模式,多年以来已经成为在欧洲层面上努力协调的题目[120],而且已经做了艰辛的努力以在董事会层面引入工人代表。出于与采纳一个经济契约主义视角有关的原因,英国强烈反对这些动议。首先,工人明显被视为外部人,以至于他们吐露了这样的担心:如果工人被允许进入董事会(sit at board level),对保密义务的违反将是不可避免的。[121] 英国的律师一贯希望将"劳工法"(处理任何有关雇员的事务)和"公司法"(与其他法律一道,被视为与公司内部的决策结构有关)相分离。另外明显地,随着谈判的进展,设想的结构将创设一个"收购障碍"。收购机制被经济理论学家看作是自由市场的派生物,作为一种公司控制权市场,充当着确保经营管理有效的警察机制(a policing mechanism)。[122] 在工人于董事会占据一席之地的公司结构中,不再是仅仅通过购买股份才可能获得对经营管理的

---

[120] See Dine and Hughes, *EC Company Law*; Bercusson, *European Labour Law*; J. Dine, "Why Not Employee Participation in the European Community Context?" (1995) 16 Company Lawyer 44.

[121] F. Kubler, "Dual Loyalty of Labour Representatives" in K. Hopt and G. Teubner (eds.). *Corporate Governance and Directors' Liabilities: Legal, Economic and Sociological Analyses on corporate Social Responsibility* (Walter de Gruyter, Berlin, 1985).

[122] B. Cheffins, Company Law (Clarendon, Oxford, 1997), 119. 尽管其起作用的方式远非清晰明了。See J. Charkham, *Keeping Good Company: A study of Corporate Governance in Five Countries* (Clarendon Press, Oxford, 1994), 309.

控制,因为股东不再享有解除所有董事会成员职务的至高无上的权利。这类收购的难度大大增加,而且变得更没有吸引力。英国政府缓和了其对欧洲立法的一贯态度,目的是敦促立法来排除收购障碍。[123] 然而,这类立法并未降临;相反,对于提升所有公司内工人的代表权,仍然有着强大的压力。可以看到的是,工人代表权可以发挥有价值的作用(因为将这一机制插入公司的决策程序,可以阻止突然的收购和潜在的资产掠夺),可以将局部问题插入决策中,并因此潜在地稳定公司的文化。这可能也是对跨国公司殖民主义的部分矫正。

结论

跨国公司不受控制。尽管关于这一假设的批评,将指向在很多公司的行为规范和单独的良好实践中提及的"可持续发展"计划[124]、环境审计(environmental auditing)[125]以及诸如《关于多国企业的OECD指南》(OECD, 1992)之类的国际行为规范,但仍然存在一个重大的问题,并将不可避免地与对"增长"的痴迷混杂在一起。很多跨国公司政治和经济方面的能力,使得传统的监管者——民族国家——都相形见绌,使得股东控制的想法变得可笑,并将我们置于去摸索替代性控制机制的境地。一个经常得到的建议是,主要在诸如万维网和新闻界等国际通讯的推动下,将压力集团和消费者联合起来。[126] 下一章将基于对一种支持雇员参与的可能的公司结构的思考,进一步考虑这一想法并寻求用一个法律框架加以支撑。

---

[123] Dine and Hughes, *EC Company Law*, ch. 8.
[124] M. McIntosh, D. Leipziger, K. Jones and G. Coleman, *Corporate Citizenship* (pitman, London, 1998)一书对此做了很多详细的阐述。
[125] 但是,F. Clarke, G. Dean and K. Oliver (eds.), *Corporate Collapse* (Cambridge University Press, Cambridge, 1997)一书对财务审计给了一个负面的评论。
[126] Karliner, *The Corporate Planet*; McIntosh et al., *Corporate Citizenship*.

对经济、社会和文化权利赋予的附属性角色,以及对个人主义哲学夸张性的信任,所共同作用的后果是,留给欧洲诸多存在广泛差异的工人参与模式。只有在这种参与变得普遍时,欧盟的国际责任和社会雄心才能得到实现。然而,各种各样的参与模式,使得这一点极为困难。作为根据指令进行监管的替代方案,Hepple 提出[127]了跨境监控,来确保各国执行它们自己的劳工法律和行为规范,坚持国内立法的域外实施,以及增强消费能力的动员。这些想法,也构成了本书最后一章中所提出的理论的基础。

---

[127] W. Hepple, "New Approaches to International Labour Regulation" (1997) *Industrial Law Journal* 353.

6 前方的路

迄今为止,尚待将讨论中的千头万绪聚拢起来;此外,还需提出一个法律框架,以便多少有助于逆转世界资源不断地更加两极分化的倾向。法律框架的任何变化仅仅是基于政治意愿,而且正如我们所看到的,全球公司的巨大能力和影响带来了变数,这种变化被认为有损于他们的直接利益,从而极难协商。然而,只要意在鞭策公司做出更大的努力来证明控制是不必要的,提议中的法律框架就值得推广。

对于本书的读者来说,这样的一个观点并不令人惊讶:朝向制定一个法律框架迈出的第一步,是拒绝自由市场经济的基础以及相应的允许公司自我管控的要求。正如我们在第五章所看到的,全球公司正通过创造一种独裁的气候潜在地损害着民主,而且接下来,这种独裁作为一个稳定的体制受到欢迎。甚至协商体制的产生也被认为是非民主的,因为它"将公民及其所属的社会群体重新定义为世界经济中的跨国公司的'选民'"。[1]

世界经济将被视为处于这样一种情形:"系统性崩溃"已是一种切实的危险,因为自然资源正日益遭到毁坏或污染,而且无数人唯一期盼的就是将他们的生活水平提高到与西方国家相当的水平。在缺乏资源的再分配机制时,只能以进一步破坏生态系统为代价换取这种发展。

---

[1] P. Harrison, *Inside the Third World* (3rd edn, Penguin, Harmondsworth, 1993), 4oo et seq.

全球公司扮演的角色,已然是将污染从发达国家输出,利用贫困的人们去生产廉价商品,以及在发达国家推销极端奢侈浪费的生活方式,代价是损害了其他国家穷苦百姓的利益。系统性崩溃作为简单的解决方案或一种路径,并非是可接受的。但有必要首先承认形势的严峻性并认可经济的增长并不能为此提供答案,因为生活方式的提升不可避免地随之带来环境的损害。

形势的严峻性意味着强有力的监管是正当的。然而,困难在于去找到一个合适的监管者。财务领域的监管当局,常是自由市场经济监管俘获(regulatory capture)*的对象。能存在一个替代者吗?

我们在第四章中看到,近些年来,法典化和程序化在有关监管的争论中获得了发展,而且似乎为那些调整公司治理、劳工和环境问题的众多行为规范的崛起明显地留有空间。[2] 与这些行为规范或标准相适应,法典化和程序化的任务是创造出一个法律框架,能够对被置于适当位置的(put in place)内部自我监管的加强有所帮助。这存在着相当大的困难,因为全球公司的能量已经导致人们对联合国关于公司治理的草案视而不见,此外还被用来压制许多其他的立法案。[3] 然而,应该可以将公司创造商誉(goodwill)并借鉴最佳实践(他们广泛宣传藉此对某部《行为规范》赋予了新的生命)的意愿加以利用。这样一部行为规范的目的是,要求公司清晰地阐述其内部规则,使得那些受公司运营影响最大的社会群体能

---

* 又称管制俘获。与通常认为监管当局致力于追求社会公共利益目标的假设相反,监管俘获理论认为,监管实际上是为了满足被监管者为寻求垄断的需要而产生并运作的,即政府监管为产业所俘获和控制。监管俘获理论,从政府监管的利益导向着手,分析评判各种利益集团对监管政策形成和导向的影响,从而试图从总体上揭示政府监管的局限性和可能存在的弊端。当前,监管俘获理论已经成为对政府监管最具挑战性的诘难。——译者注

[2] 对于国际动机,参见 M. McIntosh, D. Leipziger, K. Jones and G. Coleman, *Corporate Citizenship* (Pitman, London, 1998).

[3] For examples see J. Karliner, *The Corporate Planet* (Sierra, San Francisco, 1998), ch. 6.

够享有协商权。

下一步需要接受双重特许理论。[4] 这意味着认可,公司行为的合法性取决于与公司运营有关的社会群体,而不仅仅是"赋予"它们有关能力资格的国家。我们已经在第一章中看到,作为其享有股份财产权的直接后果,股东被认为拥有一项确保公司正确经营的派生性权利。然而,尽管对利润最大化这一宗教信条的忠诚是压倒性的,但股东控制公司集团的无节制行为的能力和意愿,受到了严重的怀疑。因而理解这样一点是重要的:控制的合法性取决于国家赋予的以有限责任运营的能力资格以及创立者的授权,其先决条件是当地社会群体的有关规范得到遵守。

很多人主张,在阻止资源分配的进一步两极分化以及环境的进一步恶化时,一个需要考虑的因素就是那些受到公司运营影响的社会群体。因此,"每个用权利和义务装备起来的区域性社会群体,都成为一个关注环境的新全球秩序的一部分"。[5]

问题是要精心创建这么一个体系:在其中,那些受到公司运营影响的社会群体被装备起来,以挑战那些全球性公司。这是一场比 David 和 Goliath 之间更为不公平的战争。因此,在世界上那些因为极度贫穷而受到利用的区域内,所有权广泛地参与到公司中[6]之类的解决方案,其价值是有限的。而且,正如 Karliner 所解释的,任何进展都必须依赖于"同时在区域性和全球性的层面上开发出思考和行动的有关方式"。[7] 它可能是乐观的,但它确实是沿着正确的方向前进:

> 现在,紧随不受监管的资本国际化之后的,是人民的行动和组织的国际化。建立人民的国际化组织及联合(solidarity),

---

[4] 参见第 1 章。
[5] Vandans Shiva, Indian environmentalist, from Karliner, *The Corporate Planet*, 197. See also Harrison, *Inside the Third World*; D. Korten, *When Corporations Rule the World* (Kumarian Press, Connecticut, 1995).
[6] Jeff Gates, *The Ownership Solution* (Penguin, Harmondsworth, 1998).
[7] Karliner, *The Corporate Planet*, 199.

将是一种内生的变革：一个没有边界的市民社会。这种国际化或"自下而上的全球化"将成为参与型和持续型地球村的基础。[8]

似乎正是那些由国际性集团（它们能够调动新闻舆论的报道和组织消费者的联合抵制）在背后支持的区域性组织，很可能代表了那些贫穷的区域性社会群体的唯一重要的声音。[9] 回应于这一压力：

> 在世界各地各种不同社会里运营的公司，已经暂停或显著减少了它们对该区域的水、土地和空气资源的污染……一些运动成功地说服跨国公司，在区域性的且有时是在全国或全公司的范围内为它们的工人，不仅仅提供更优裕的工资待遇，而且还在工厂内提供改善了的健康和安全环境。[10]

接下来，为了创造一个法律框架来推动这一开端，似乎有必要在区域性和全球性两个层面上进行思考。区域性层面上的思考，要求该社会共同体内的公共利益团体（public interest groups, PIGs）参与协商。[11] 这是双重特许理论的基本要求，因为除非那些受其重大影响的人们参与了决策过程，否则公司在该社会共同体内的运营是无效的。在促进协商时有两点是重要的：记住参与协商人不但是全球公司的公民，而且还是其祖国的公民；在那些于该国之内所作的决策中恢复民主参与，非常重要。因此，赋予人们对违反协商程序所作的决策的有效性进行挑战的权利，是当地政府的职责所在。尽管对于民族国家在全球化进程中的适当角色还存在着

---

[8] *From Global Pillage to Global Village*（北美自由贸易区协议达成之后一次组织会议的会后声明）；see Karliner, *The Corporate Planet*, 200.

[9] For instances of success see McIntosh et al., *Corporate Citizenship*; H. Heerings and I. Zeldenrust, *Elusive Saviours* (International Books, Utrecht, 1995); Karliner, *The Corporate Planet*.

[10] Karliner, *The Corporate Planet*, 201.

[11] 参见第 4 章。And see I. Ayres and J. Braithwaite, *Responsive Regulation* (Oxford University Press, Oxford, 1992), 82 et seq.

很多争论[12]，它们仍然是国际法的主要参与者，而且只有国际法的调整范围很可能影响到全球公司。然而，正如我们在第四章所看到的，在一国范围内（更不用说在国际范围内），要求和强加绝对的标准可能是极端困难的。

当然，协商不是包治百病的解决方案，因为被协商人很可能遭到忽视。然而，如果一个合理的顾虑（legitimate concern）能够在当地层面提出来，并传递给财大气粗的西方压力集团，那么通过向公众公开来施加压力也不失为一个处方。

这一建议是这样运作的：为公司创立《行为规范》的一项国际条约，将要求民族国家命令那些在其领土上运营的公司制定相关的内部规则，为那些受公司的重大经营行为影响的当地社会群体规定协商权。正如稍后要解释的，这些权利的结构，被设想为与劳资联合会中的权利结构相同。不可避免地，将产生如何界定这类群体的困难，但这一困难能够以一种类似于 Ayres 和 Braithwaite 为公共利益团体所建议的投标程序的方式加以解决。那些寻求参与协商的人们将发出一份标书，标书中包含了他们关注的理由及参与的需求。该投标的有效性可以通过以下两种方式之一进行评估：或者在该阶段对其公正地发表意见，或者将其留待该公司自由裁量是接受还是拒绝该投标。如果该公司拒绝了这一投标，则该拒绝行为将使其面临随之而来的对该决定进行挑战的危险。在以这种方式进行的投标中，很多区域性集团将需要获得西方的或西方资助的压力集团的帮助。在此，国际通信的发展，特别是因特网的出现，将有极大的帮助。

未进行协商的后果

在此，我们需要考虑两个因素：其一是提升民族国家内决策的

---

[12] J. Dunning (ed.), *Governments, Globalisation and International Business* (Oxford University Press, Oxford, 1997).

180 民主化程度的需要,其二是双重特许理论提出这一建议的基础。因此,民族国家被建议使用其国际条约订立权,将司法审查机制置于合适的位置并延伸适用于公司决定。如果公司所做的决定违反了《规范》和/或它们为遵守《规范》而制定的内部规则,那么在可能受到该决定影响的国家中,这些决定将被视为无效。

正如我们在第四章中看到的,司法审查机制的这一运用具备两个可能的基础。其一是传统的国家特许/授权理论。[13] 但是有人,尤其是那些主张司法审查基于决策的合法性——源自于协商或参与过程——的人,认为存在着一种更为自下而上的视角。其二,"对参与政府管理的诉求加以支撑的理念,以及表明其基础……超越了仅仅保护实体利益的……过程监管之间,存在着一种充分密切的关系"。[14]

正如我们在第四章所看到的,这些对于越权决定的司法审查,非常类似于关于公司决策有效性的司法意见。在英国尤其是这样。因而,这样一种主张并非是反常的:授权当地团体参与协商,将增进他们的民主权利,因为这些公司的决定经常是在当地政府的同意之下作出的。

到目前为止,我们同时拥有一个区域性战略和一个全球性战略,但还是存在一个实质性的缺陷。因为即使一个穷国的当地团体能够动员各种支持力量来帮助它们力求获得参与协商的邀请,但如果它们被拒绝给予协商权或者协商以一种欺诈的方式举行,那么很可能发生的是,对于试图阻止随之而来的决定被执行的努力,该国的制度采取一种冷眼旁观的态度。在此,我们必须再次站

---

[13] See C. Forsyth, "Of Fig Leaves and Fairy Tales: The Ultra Vires Doctrine, The Sovereignty of Parliament and Judicial Review" [1996] *Cambridge Law Journal* 122; D. Oliver, "Is the Ultra Vires Rule the Basis of Judicial Review?" [1987] *Public Law* 543; P. Craig, *Administrative Law* (3rd edn, Sweet & Maxwell, London, 1994).

[14] G. Richardson and H. Genn, *Administrative Law and Government Action* (Oxford University Press, Oxford, 1994), 124; and see P. McAuslan, *The Ideologies of Planning Law* (Pergamon Press, Oxford, 1980).

在全球性的角度进行思考,记住正是集团结构使得全球性实体如此强大。我们需要回顾法律的冲突,放弃基于自由市场的公司注册地(place of incorporation)概念[15],而拥护改进的"真实住所"(real seat)概念。后者在公司的决定与受其重大影响地的法律相抵触时,允许对该决定提出挑战。而且,这可能需要成为国际条约的一部分:在集团进行实质性运作的任何国家之内,集团不正当的决定应当都是可挑战的。当然,这需要对集团结构做出一些界定。正如我们在第二章所看到的,在对集团的监管中最难处理的问题之一,是试图界定集团的参数(parameters)。然而,如果我们认可在界定公司之间是否存在实质关系时,最重要的因素之一是现金流(the flow of money)[16]而非股权结构,并因此避免正式的 *Konzernrecht* 陷阱[17],那么有可能基于在《欧共体第四号指令》和《欧共体第七号指令》中可以找到的控制(dominance)概念,整理出一个标准。[18]

目前,要认定母子公司的关系,控制概念并非是一个独立的(free-standing)标准,此外还需有证据表明在所指称的关联公司之间存在着实质性的所有权和投票权。但是,如果去掉后面两个必要条件,剩下的唯一标准就是经济上的控制加上/或者决策中的主导,那么这可以涵盖诸如特许经营(franchising)和外包(outsourcing)等关系。这样一种安排可因此允许在西方国家——是很多全球性公司的客户的居住地——对协商进程进行检测。人们认为,这类行动将确实削弱全球公司掩盖其更为可疑的经营行为(从其最终用户的视角来看)的能力。当然,对其在东道国之内作出的决策进行挑战并试图让那些在那里切实正在发生的事情停下来或发生逆转,很可能是无效的;但是,经济处罚与有限的公开(poor pub-

---

[15] 参见第 3 章。
[16] *DHN Food Distributors and Tower Hamlets LBC* [1976] 1 WLR 852.
[17] 参见第 2 章,以及参见现行的 1999 年《OECD 关于公司行为的原则》。
[18] Fourth Council Directive of 25 July 1987, 78/660/EEC (OJ 1978 L222); Seventh Council Directive of 13 June 1983, 83/349/EEC (OJ 1983 L193).

licity)的相互结合,可以成为一种非常有效的武器。

这一方案严格地遵循了 Ayres 和 Braithwaite 的与监管者合作的观念——如果这一合作未能来临,跟随而来的将是日益严厉的惩罚。

还剩下两件事:其一是希望该结构有一天可以得到考虑;其二是更加详细地解释其运作的方式。紧跟着的是以一项研究的方式阐释了如下一点:未能遵循《欧洲劳资联合会指令》[19]的要求与劳资联合会进行协商,如何使得该公司作出的某项决定归于无效。其阐释的是,一个基于契约观念的体系(即认为公司的运营仅仅是为了其股东的利益,且董事们因此是为了这些股东的利益而对公司的管理负责),如何才能经过重新校正,得以符合那些要求雇员参与协商的规则。这种重新校正使用了"缺乏章程上的能力"(constitutional disability)的概念,这也正是本章所概括的建议的核心。

缺乏章程上的能力:《欧洲劳资联合会指令》的影响

大量的想法被应用于信托义务体系当中,其意图在于重新协调董事对公司的责任与其个人利益之间的关系,以及阻止他们私下利用其富有权势的职务所带来的各种便利。然而,对这一方程式中"所有权"(ownership)部分所担当的角色,有关的分析却更为粗略。如果股东也处于一种其个人利益与公司利益相抵触的情形,传统的基于契约理念的公司法坚持认为这种情形无关紧要,因为股东正行使财产权利,而且对于这种权利的行使不应当施加任何限制。正如我们所看到的,这种理念使得股东能够迫使公司追求短期的利润最大化。其后果是,即使股东是高效的控制者,他们的控制所采取的执行方式也很可能提升资源的集中化。

对于股东支配性地位的强调,随之而来的一个推论是,如果董

---

[19] Directive 94/95/EC of 22 September 1994 (OJ 254/64).

事的行为违背了信托义务,股东们有权对这种违背行为加以原谅。这一理念将公司的概念过于简单化了,使其类似于一个单独且特别的人。

在英国,用以限制这种极端观点的机制包括:限制批准多数派股东对公司实施的欺诈行为[20],非为公司利益不得更改章程细则[21],承认在破产时股东不得凌驾于债权人之上[22],以及附带地声明公司不仅仅是其股东的简单之和[23]。其他的法域在这方面的规定更为健全:在发生利益冲突时将某些决策权从通常的决策机构的权限范围内排除,以及要求一个适当的决策体系应当尽可能地阻止这类冲突的发生。[24] 在英国也有类似的方法:对非执行董

---

[20] *Atwool v Merryweather* (1867) LR 5 EQ 464n; *Estmanco (Kilner House) Ltd v Greater London Council* [1982] 1 WLR 2; *Smith v Croft* (No 2) [1988] Ch 114. "股东放弃追究违背信托义务的权利,源自公司与其股东之间在传统上具有排他性的章程。然而新的观念表明,某一利益共同体将在某些情况下代替股东而成为'所有者',并因此使得在这些情况下股东对这种违背行为的原谅变得不适当"。(Ross Grantham, "The Judicial Extension of Directors" Duties to Creditors' [1991] *Journal of Business Law* 1)

[21] *Allen v Gold Reefs of West Africa* [1900] 1 Ch 656; *Dafen Tinplate v Llanelly Steel* [1920] 2 Ch 124; *Greenhalgh v Arderne Cinemas* [1951] Ch 286.

[22] *Liquidator of West Mercia Safetywear v Dodd* [1988] 4 BBC 30; *Kinsella v Russell Kinsella Pty Ltd* (1986) 10 ACLR 395; *Winkworth v Edward Baron Development Co* [1987] 1 All ER 114; *Standard Charted Bank v Walker* [1992] 1WLR 561; Grantham, "The Judicial Extension of Directors' Duties'; L. Sealy, "Liquidator of West Mercia Safetywear v Dodd" [1988] *Cambridge Law Journal* 175.

[23] 比如在 *Fulham Football Club v Cabra Estates* [1994] 1 BCLC 363 一案中,上诉法院承认,"董事对其任职公司负有义务,而且公司不仅仅是其成员的简单之和"。转引自 S. Deakin and A. Hughes, Chapter 3 in *Company Directors: Regulating Conflicts of Interest and Formulating a Statement of Duties*, Law Commission Consultation Paper No. 153 (Law Commission, London, 1999)。

[24] 例子之一是,欧洲法院(ECJ)在 *Cooperative Rabobank "Vecht en Plassengebied" B. A. v Minderhoud* [1998] 1WLR 1025 一案中对荷兰法律的审查。也可参见安永准备的有关报告:"The Simplification of the Operating Regulations for Public Limited Companies in the European Union"(European Commission, 1995); 以及 Nils Clausen, "The Monitoring Duty of the Danish Board of Directors" (1991) 12 *Company Lawyer* 68。

事参与的日益强调,以及诸如薪酬委员会(remuneration committee)之类的机制。值得注意的是,*Guinness v Saunders* 一案[25]首开先河,针对某委员会作出本应属于董事会职权范围内的决定,宣布该委员会缺乏章程上的能力。

我们可以看到两个不同但又有重叠的法律动向。它们分别是,与公司契约理论渐行渐远,以及将未能建立适当的控制体系归类为对信托义务的违反。在朝着这两个方向发展的过程中,英国可能正在为处理欧洲立法的影响做一些基础性的工作。后者采取了一种更为激进的路径,指定了特定的决策结构以适应于公司特定决定的作出。关于董事信托义务的法律还需经过重大的更改,以正确地执行现存的欧盟各项措施,尤其是《欧洲劳资联合会指令》。[26] 该指令的第11(3)条对成员国强加了如下义务:"对于未遵守该指令的情形提供适当的措施,尤其是要确保提供适当的行政或司法程序,使得源自于该指令的各项义务能够得到履行"[27]。

这一义务可能超越了执行性立法的要求,而包括审查一些基础概念以确保在英国法中和谐地嵌入这一立法。Wedderburn 注意到,处于不同情形之下的概念之间并不匹配,但是和谐实施的概念用简单的语言阐释了这一问题。Wedderburn 认为,欧盟有关雇佣的立法案拥有双重目的:保护工人,以及对反竞争策略加以

---

[25] *Guinness v Saunders* [1990] 2 AC 663.
[26] European Works Council Directive 94/95/EC of 22 September 1994 (OJ 254/64 of 30.9.94). 很可能存在相同的观点,与《关于集体解雇的指令》(Directive 75/129, OJ L48/29 of 22.2.1975)和《关于企业变更的指令》(Directive 77/187/EEC, OJ L61/26 of 5.4.77)相关。
[27] See also Cases C-382/92 and C-383/92, EC Commission v UK [1994] ECR 1-2435; B. Bercusson, *European Labour Law* (Butterworth, London, 1996), 269—71.

控制。[28]但是他争辩说,由于劳动关系的本质是个体之间的契约,"在欧盟层面上经过协商达成的集体协议,在英国则作为个体间的雇佣契约而被解释为国内法问题"[29]。这样,狭义的对公司(仅仅意味着股东)所负的信托义务(fiduciary duties)概念的不完备,以及在履行信托义务时将注意和技能的要求(a standard of care and skill)从中排除,都折射出普通法上的契约自由原则。[30]这种狭义的信托义务概念也在这为欧洲立法创造了一种敌意的实施环境。

公司越来越多地被看作是一个利益共同体,当前信托义务与技能和注意义务之间内容的部分重叠可以为我们提供有关的工具来管理这一转变,而且对公司的忠诚义务(duty of loyalty)也正日益被反映在确保正确的决策体系得以设立的义务当中。雇员对管理层决策的真正监督,将最终取代现在的控制真空状态。

职工参与:Davignon 报告

1996 年设立了一个法律专家组的工作小组(working party),主席是 Viscount Davignon。他们试图找到一个解决方案,来解决针对

---

[28] "评论者认为,我们所拥有的这类与劳工法有关的共同体立法,不仅仅是为了保护劳工,而且还是一体化的自由经济市场各项安排中的一部分。比如一种有说服力的观点认为,《1975 年指令》要求对于拟议中的裁员必须与工人代表协商……其制定并不仅仅是为了工人的生产(原文如此)*,而是为了——且可能主要是为了——保卫竞争不受扭曲。"K. W. Wedderburn cited in Paul Davies, "The Emergence of European Labour Law" in W. McCarthy, *Legal Intervention in Industrial Relations* (Blackwell Business, Oxford, 1992), 54.

* 引文中的原文是"for production of the workers",本书作者认为有误,当是"for protection of the workers",即为了保护工人。——译者注

[29] Ibid., 54.

[30] 进一步的困难可能存在于,从劳工法的角度将雇主拟人化。其没有考虑到机构性质的公司结构:"很多法律体系将'雇主'拟人化。在私有部门,'他'通常是一家公司……一种有争议的观点是,雇佣法应当抛弃'雇主'的概念,其寻求的不再是人格面纱,而是公司或(更为现实地)公司集团的决策中心。" Wedderburn, cited in ibid., 54.

185 欧洲公司(Societas Europa)内职工参与的有关建议案的分歧。他们的报告于 1997 年 5 月得以发表。专家组采取的出发点是职工参与公司决策的重要性：

> 经济的全球化和欧洲工业的特殊位置，提出了一个有关公司内部各社会合作方(social partners)的权力这一基本问题。欧洲公司所需要的各种类型的劳工——熟练的、流动的、忠诚的、负责的以及能够使用各种技术创新并将其融入提升竞争力和品质这一目标的——并不能简单地被期望遵守雇主的指令。职工必须充分且永久地参与公司各个层面上的决策。[31]

此外，该专家组接受了这样的观点：关于公司内部工作组织(work organization)*的统一方针，"将改善劳资关系(industrial relations)，提高工人参与决策的程度，而且很可能导致产品质量的提升"。[32] 本章认为，雇员参与到公司治理的核心，不仅将提升"产品质量"，而且将提高决策的质量；此外，还能够在一定程度上取代那种在确保公司遵从信托理念(即基于公司的利益)进行决策方面存在缺陷的机制。

挑战

在相关欧盟立法案的背后，一个重要的推动力是这样一种愿望：在劳资双方之间建立一种真正的伙伴关系，并借以取代 Davignon 小组指出的那种过时的、拟制的股东凭借"利益共同体"的控制。[33] 自成立起，欧洲劳资联合会就"在关于业务的进展……和

---

[31] Report of the Davignon Group of Experts (European Commission, May 1997), para. 19.

* 工作组织(work organization)，指在一个或多个工作系统中，人与人之间的关系和相互作用。——译者注

[32] Ibid., para 20.

[33] See S. Wheeler, "Works Councils: Towards Stakeholding" (1997) *Journal of Law and Society* 44.

前景……特别是……业务和产销的结构、经济与财务状况及可能的增长,就业、投资及有关组织实质性变更的状况和可能趋势,新工作方法或生产工艺的引进,生产的转移,企业、机构或者其重要组成部分的合并、裁撤或关闭,以及集体裁员等方面……获得知情及协商的权利。[34] 有关"定义"规定,"协商"意指在雇员代表与核心管理层或任何更为合适的管理层之间,交换观点并建立对话关系。[35] 这是最低的要求。因而,这些要求在一定程度上迎合了人们对"一个界定并限制管理层对企业的控制的劳动法框架"[36]的呼吁。也因此,尽管有规定声称,当有关的专门会议存在着"在相当大的程度上影响到雇员利益"的特别情形时,这种告知或协商会议"不应侵犯核心管理层的特权"[37],但似乎显而易见的是,这些特权不再包括在缺乏与欧洲劳资联合会协商的情形下采取单边行动的能力。[38]

  为确保舒舒服服地执行这类对管理层权力的限制,究竟有什么工具可供我们支配? 一种有争议的观点是,信托义务的发展,在这点上将法律从其对契约的强调上转移,并将雇员置于公司治理的核心地位,因而在迎接这种挑战时可以成为一种核心支撑。

---

[34] European Works Council Directive, Annex, Para. 2.
[35] Ibid., Article 2(1)(f).
[36] B. Bercusson "Workers, Corporate Enterprise and the Law" in R. Lewis (ed.), *Labour Law in Britain* (Oxford university Press, Oxford, 1986), 153. "公司法能否集成到劳工法中,从而使得雇员成为企业法律的核心问题? 企业的运作能否依赖于对劳工法设定的标准和程序的遵循? 用一位杰出的法国劳工法律师的话来说(B. Goldman and A. Lyon-Caen, *Droit Commercial euopéen*, Daloz, Paris, 1983, pp. 301—2),只要公司法和劳工法这两个领域保持泾渭分明,'必然的结论是,未能遵循劳工法上的义务(将)不会影响到交易在商法上的有效性'。" Ibid., 154.
[37] European Works Council Directive, Annex, para. 3, subparas. 3&4.
[38] Bersusson, *European Labour Law*, 292—300.

信托义务：根据"公司的利益"行动

将信托义务强加于公司董事身上，长期以来为学术界所考虑。[39] 这已经有一段很长的历史了，而且在英国，这甚至是一段从未间断的历史。[40] 总的来说，"法律拒绝审查董事会的商业判断，但仍然站在人性潮流的对立面，要求公司董事的行为符合公司利益而非其自身利益"。[41]

这一坚决的立场[42]非常契合新古典主义市场经济理论对个人主义这一推动力的强调。[43] 它确实意味着，如果"公司利益"被当作一根准绳，那么它应当被赋予一些实际的内容。正如我们在第四章所看到的，Berle 仔细思考了这一问题并表达了这一担忧：对于认为董事会应当仅仅为了利润最大化而行使其权力的观点而言，任何对于这一观点的偏离都将导致放弃董事会的责任。因此，必须将公司利益看作是与股东利益在外延上是一致的，否则对董事

---

[39] L. Sealy, "Fiduciary Relationships" [1962] *Cambridge Law Journal* 69; A. Boyle, "A-G v Reid: The Company Law Implications" 16 *Company Lawyer* (5), 131; L. Sealy, "The director as Trustee" [1967] *Cambridge Law Journal* 83; L. Sealy, "The Director as Trustee" in E. McKendrick (ed.), *Commercial Aspects of Trusts and Fiduciary Obligations* (Oxford University Press, Oxford, 1992). 上诉法院法官 Lindley 在 *Re Lands Allotment* [1894] 1 Ch 616 一案中指出，"尽管从严格意义上讲，董事并非受托人，然而涉及那些流入他们手中并真正在其控制之下的金钱时，他们总是被认为和被当作是受托人。" R. C. Nolan, "The Proper Purpose Doctrine and Company Directors" in B. Rider (ed.), *The Realm of Company Law* (Kluwer, London, 1998).

[40] 不同于意大利和德国，这两个国家在公司理念方面不存在剧变。

[41] R. Grantham, "The Content of the Director's Duty of Loyalty" [1991] *Journal of Business Law* 1.

[42] *Regal Hastings Ltd v Gulliver* [1967] 2 AC 134n (HL); *Scottish Co-operative Wholesale Society Ltd v Meyer* [1959] AC 324.

[43] A. Byre, *EC Social Policy and 1992* (Kluwer, Deventer, 1992), 119. 其主张，"契约连结的理论（意味着）股东仅仅是这一连结中的投入者之一，所有权并非一个有意义的概念。每人对其投入拥有所有权但没有人对整体拥有所有权……如果连结理论被接受，那么就为公司的社会责任创造了空间。"

业绩的衡量将变得不可能。

在英国,一场类似的争论也在持续着。该争论主要思考的是,债权人是否以及在何种程度上应当承担哪些责任。[44] 就雇员而言,正如 Bercusson 所描述的,这一问题与他们无关:

> 在公司法上,股东是一个内部成员(insider member);与之相对照的是,雇员是一个外部人(outsider)——一个契约工人。工人与公司的唯一法律联系就是雇佣契约,凭此,他提供劳动以获取薪水。就一个个个体而言,他仅仅是另外一个非常次要的债权人。简而言之,公司法将某些终身为一家公司工作并成为其各项活动必要组成部分的人视为外部人;相反,却将某些很可能是偶然地获得一些股份但没有其他任何参与活动的人,看作是一个拥有公司成员的权利(rights)及能力资格(powers)的内部人。[45]

如果雇员占据了 Davignon 小组所设想的地位,而且其他"外部人"获得协商权,则公司法律师们必须扔掉由于 Berle 的观点冤魂不散而留下的桎梏,承认"公司利益"确实不仅仅意味着股东的利益。这将使得公司法符合董事实际上考虑了诸多利益集团利益的

---

[44] L. Sealy, "Casenotes" [1988] *Cambridge Law Journal* 175, commenting on *Liquidator of West Mercia Safetywear v Dodd* (1988) 4 BBC 30 中说道:"有关董事对债权人的'义务'的附带意见,含义丰富但中心不突出,可以认为既是不必要的,也是潜在有害的。"但是 Grantham, "The Content of the Director's Duty of Loyalty" 1 一文陈述了公司利益与股东利益同等重要的思想:"尽管在面对施加于董事之上的应顾及集团而非股东这样的义务时,过时的公司理念现在已经开始让位,但凭直觉这是有吸引力的。" Sealy, ("Casenotes", 175)指出了其中的危险:"只要遭受挑战的行为,可以用其与任何其他团体的利益相一致的理由加以抗辩时,那就不存在干预的基础了。结果,'企业'的概念仅仅在消极的意义上成为董事或控制人辩护的一部分:他们有正当的理由出于作为合成物的企业的内部其他利益的考虑,忽略公司成员在传统上具有排他性的要求。" See also L. Sealy, " 'Bona Fide' and 'Proper Purpose' in Corporate Decisions" (1987) *Monash University Law Review* 265.

[45] Bercusson, "Workers, Corporate Enterprise and the Law", 139.

现实。[46] 这包含了一个从简单的公司契约模型到利益相关者或"选民"模型的转变。[47]

用什么可以取代简单的股东标尺

正如我们所看到的,向任何形式的利益相关者模型敞开大门的主要问题,是如何平衡各个"选民"的利益。我们在第一章中看到,Sullivan 和 Conlon 指出[48],从契约模型到"选民"模型的转变导致了公司治理的危机。股东、董事和法院都丧失了股东多数决这样一个便利的标尺。

Leader 的方案是诸多解决方案之一[49],他提出董事在判断问题时,有义务对公司利益相关者自己的权利与派生的权利作出鉴别,并给予后者至高无上的地位,即把它与作为持续经营实体的公司的持续健康划上等号。[50] Xuereb 已经提出了一个类似的、涉及雇员和股东长期与短期利益的平衡之道。[51] 毫无疑问,这些分析

---

[46] As noted in the Hampel Report (*Committee on Corporate Governance Final Report*, Gee, London, 1997) and in Royal Society of Arts, *Tomorrow's Company* (RSA, London, 1997).

[47] 正如在德国得到广泛接受的是董事必须考虑到雇员的利益。See J. J. du Plessis, "Corporate Governance: Some Reflections on the South African Law and the German Two-tier Board System" in F. Patfield (ed.), *Perspectives on Company Law II* (Kluwer, London, 1997). See also G. Proctor and L. Miles, "Cutting the Mustard: Stakeholders in the Boardroom" [1998] *Business Law Review* 169.

[48] D. Sullivan and D. Conlon, "Crisis and Transition in Corporate Governance Paradigms: The Role of the Chancery Court of Delaware" (1977) *Law and Society Review* 713.

[49] S. Leader, "Private Property and Corporate Governance, Part I: Defining the Interests", in F. Patfield (ed.), *Perspectives on Company Law I* (Kluwer, London, 1995).

[50] 参见第 1 章。

[51] P. Xuereb, "The Juridification of Industrial Relations through Company Law Reform" [1988] *Modern Law Review* 156.

反映出摆在经理层面前任务的复杂性;或者在公司利益开始得以识别出来之时,将该公司表述为一家持续经营的企业是一个精确的描述。然而,它们未能指出有关决策的"内部规则体系"的重要性。[52] 职工董事(worker directors)参与决策所遇到的一个巨大障碍是,尽管他们事实上受制于与其他董事相同的有关忠诚于公司的信托义务并因此与委任董事(nominee director)处于完全相同的地位,但仍被认为很可能向作为他们同事的其他雇员泄露相关信息。[53] 因此,如果超过一方的利益将被考虑,有关决策过程的讨论在传统上将内部规则体系视为各种对立利益之间的一个平衡之道。[54]

持相互对立观点的 Grantham 和 Sealy 加入了这一争论。Grantham 呼吁将债权人的利益作为公司利益的一个因素而加以考虑,特别是当破产迫近时[55];Sealy 则反驳道,如果董事在一段时间内只被允许采取一个行动方针,而在另外的时间内与之相同的行为却被发现违背了相关义务,那将是可笑的[56]。这里的关键点不是关于债权人利益的对立观点,而是这么一个根本假设:必定存在观点的冲突性对立。而另外的可能性——事情可以通过信息交流与讨论而得以解决——似乎被忽略了。[57]

如果这种平衡呈现于决策系统之中,它应该能激励 Davignon

---

[52] 参见第四章有关巴林银行的案件研究。
[53] See the discussion of the Bullock Report (1977) in Bercusson, "Workers, Corporate Enterprise and the Law". 其表明,职工董事被认为很可能参与集体谈判。
[54] See E. Boros, "The Duties of Nominee and Multiple Directors" (1989) 10 Company Lawyer 211. 在 *Boulting v Association of Cinematograph, Television and Allied Technicians* [1963] 2 QB 606 一案中,丹宁勋爵指出:"因此,且如果公司的董事成为工会成员,并约定他将按照工会的指示或政策(而不是他所认为的公司最佳利益)处理公司事务,这样的会员协议是非法的。"丹宁勋爵的判词是少数意见(a dissent),但其仅仅涉及董事义务的问题。
[55] Grantham, "The Content of the Director's Duty of Loyalty".
[56] Sealy, "Casenotes". 尽管在引入 1986 年《破产法》第 214 条之后,这一观点可能已经不再有说服力。
[57] 可能作为根据 1985 年《公司法》第 425-7 条进行重组的动力的一部分。

和 Bercusson 所指出的那种共同利益,并且创造了一种可能性,即能够根据可获得的最优信息作出决策。对于当前的董事会而言,信息的输入创造了一种通常能够达成共识的氛围,尽管在单层体系中,执行董事不得不将他们对其单个部门的义务放在一边,以便处理对整个公司的义务这一问题。正是在这些旨在实现上述目标的制度规定方面,欧盟的立法案有着特别的价值。但是,正如Wedderburn 所指出的,制度的价值是微乎其微的,除非执行性法律能够适当地接受它们。[58]

英国的信托义务是否是欧盟友好型的(European Friendly)?

答案很可能是"否"。关键的陈述,出现在法律委员会的《第 153 号咨询报告》(Consultation Paper No.153)[59] 脚注 89 和第 2.21 条。脚注 89 回避了"利益相关者"的争论,并假设有可能系统、连贯地阐述董事的义务,而无需首先解决他们对谁负有这些义务的这一根本性问题。第 2.21 条清晰地宣称:"股东是企业的所有者。"

问题接下来变成有关信托义务的契约理念能否相适应地创造出一种氛围,使得欧盟立法案所带来的挑战在其中能够运转良好。对于经理层而言,是否已经负有一种义务,去确保公司治理体制处在公司的合适位置,以便帮助进行他们必须执行的复杂的平衡之道。通过给某些事情贴上"公司法"的标签,而给其他事情贴上"劳工法"的标签,使得这些问题在一定程度上已经模糊了,其后果是整个雇员和公司管理层的两极分化[60],以及对有关信托义务范围和内容的误解。

---

[58] Bercusson, "Workers, Corporate Enterprise and the Law", quoting Wedderburn.
[59] See now Law Commission Report No. 261, September 1999.
[60] 这似乎已经导致,德国的共同决策结构被看作是董事会层面的集体谈判,而非合作决策。关于前者,参见 Bercusson, "Workers, Corporate Enterprise and the Law", 146。Bercusson 在讨论《Bullock 报告》(1977 年)时说到,"该报告将董事会中的职工董事看作是在公司层面进行集体谈判的催化剂或促进因素。"

信托义务与技能和注意义务之间的互动

信托义务被作如下描述:"受托人(a fiduciary)是指在特定事件中以及将导致一种托付和信赖关系(a relationship of trust and confidence)的情形下,承诺为了或代表他人的利益而行事的人。[61] 受托人引人注目的义务就是忠诚义务。委托人(the pincipal)有权获得其受托人一心一意的忠诚。"[62]但是,正如Grantham所指出的,关于信托规则存在两种表达:其一是为公司利益而行事;其二是为公司的最佳利益而行事。前者在忠诚关系得以确立后给予了一定的裁量自由;后者则要求对商业判断进行审查。

在完全的主观表达中所用的诚实信用(honesty of the belief)与注意和技能的措辞之间,这一区别却是如此的明显。但是,向采纳客观结果的做法的转变,确实在某些方面使得这一区别模糊不清。一个既无私又因此被推定是忠诚的理性董事会,也会是一个展现出足够水平的注意和技能的董事会。因而,对于一个达到关于忠诚方面的理性董事会标准的董事会而言,它也必须展现出某种程度的注意和技能。[63]

如果"最佳利益"标准被采纳,那么技能和注意义务与信托中的忠诚义务之间几乎是完全重叠的。为什么这一点是重要的?这是因为它不仅为被理解为技能和注意义务的低标准这一问题引入了一个可行的解决办法[64],还可以很好地解释信托义务的外延,以弥补公司内部适当的控制体系的缺失。

---

[61] 在澳大利亚占据主流的说法是,"受托人在行使权力或作出决定时,如果将在法律或事实上影响到他人的利益,其承诺或者同意为了、代表或基于该他人的利益而行事"。See *Hospital Products Ltd v United States Surgical Corporation* (1984) 156 CLR 41.

[62] See Deakin and Hughes in *Company Directors*, 236—7.

[63] Grantham,"The Content of the Director's Duty of Loyalty",6.

[64] V. Finch,"Company Directors:Who Cares About Skill and Care?"[1992] *Modern Law Review* 179.

是否存在一项信托义务来确保适当的公司结构？

随着决策变得越来越复杂，加上由于管理的焦点日益集中于公司在商业上的持续经营，可论证的一点是，对公司的忠诚义务作为一个基本要素，其诠释了正确的公司治理体制。[65] 这可能被合适地认为在本质上是守信的，其源于旨在维护公司利益和决策者行为之间一致性的公司治理体制的目的。也就是说，公司治理体制是忠诚于公司这一精髓的基础，而后者正是信托义务的全部中心。[66]

在 *Selangor United Rubber Estates V Craddock（No 3）* 一案[67]中，Ungoed-Thomas 说道："不管公司的目的及其董事的义务、权力和职责，与严格的协议的目的及其受托人的义务、权力和职责有多大的不同，但毫无疑问的是，董事和这类受托人同样都应遵守一条：他们手中掌握或控制之下的财产必须被用于公司或协议的指定目的。"

这样，除了"首要的"[68]或包罗万象的(overarching)[69]对公司的诚信义务，董事还被要求基于正当目的行使他们的权力。现今关于信托义务的看法开启了两条路径，这将为采纳欧洲的立法案创造一种执行友好型(implementation-friendly)氛围——包括雇员

---

[65] 众所周知，适当控制机制的缺失导致了巴林银行的坍塌。See *Report of the Board of Banking Supervision Inquiry into the Circumstances of the Collapse of Barings* (HMSO, London, 1995).

[66] 在这方面必须注意的是，为将经理人的利益与机构的利益绑在一起而施加的该项义务，可以用经济学上的术语加以解释，但不能以经济契约主义的术语进行解释，因为契约主义的因素仅仅与基础的订约者有关。

[67] [1968] 1 WLR 1555 at 1575.

[68] Xuereb, "The Juridification of Industrial Relations" 156; A. Boyle and R. Sykes, *Gore-Brown on Companies* (44th edn, Jordans, Bristol, looseleaf), 27—4.

[69] See J. Dine, "Private Property and Corporate Governance Part II: Content of Directors' Duties and Remedies" in Patfield (ed.), *Perspectives on Company Law I*.

参与决策。这两条路径为：一是根据章程中关于公司决策的实然规定来看待"正当目的"理论；二是认可存在一种要求确保良好管理体制的信托义务。

章程问题和正当目的理论

董事信托义务的表现之一是，他们有义务"基于正当的目的"行使权力。[70] 最近的一个争论涉及这样一个问题：正当目的理论是仅仅界定了董事权力的范围，还是基于权力行使的目的存在着一类独立的控制性权力。[71] Nolan 令人信服地论证了第二类控制权力的存在。[72] 无论如何，这并不否定法院参照由章程界定和授予的权力范围所行使的控制权的存在和效用。人们在此提出，章程授予的权力应该得到更为细致的审查，以判断公司的哪个部门能够作出特定的决定或者没有资格这么做。在权力未被授予特定的、进行决策的法院的情形下，对这类权力的所谓行使被认为是基于不正当的目的使用权力。这是基于法院所强加的目的而以各种方式被裁定有意义，但是很可能更令人信服的是，其是基于仔细审查章程所洞悉的公司利益而被裁定有意义。

在 Howard Smith v Ampol Ltd 一案[73]中得到证实的是，作为权力授予基础的公司利益或正当目的，其确立的方式并非是调查董事的信仰忠诚度或计算对公司的客观好处，而可能是调查公司章程的正确运作方式。管理层行使的权力必须反映公司内部的章程上的制衡考虑：

> 正常而言，一家有限公司的章程规定了董事拥有管理权，以及股东拥有明确规定的投票权——其可用以任命董事，以及在股东大会上通过多数决对那些未授权给管理层的事项作

---

[70] 全面的分析，参见 Nolan, "Proper Purpose Doctrine and Company Directors"。

[71] See Nolan, Ibid., and R. Grantham, "The Powers of Company Directors and the Proper Purpose Doctrine" (1994—5) *King's College Law Journal* 16.

[72] Nolan, "Proper Purpose Doctrine and Company Directors".

[73] *Howard Smith v Ampol Petroleum Ltd* [1974] AC 821.

出决定。正如人们所接受的,董事在其管理权限范围内可以作出违反多数派股东意愿的决定;而且他们在行使这些权力时,多数派股东即使是在办公室也确实控制不了……因此,对于董事而言,如果纯粹为了摧毁既存的多数派或创造一个之前并不存在的新多数派,将受托的权力凌驾于公司股份之上,那必定是违反章程的。[74]

因此,董事如果是在公司章程实质所授予的权力之外行事,则被认为是基于不正当的目的利用权力,以及违反了其对公司负有的信托义务。Sealy 已经指出,"正当目的"案件的本质,是章程上的正当(constitutional propriety),而非特定案件中的被授予的权力范围:

> 有关建议提出,收购案聚焦于特定情形下董事所行使的权力范围,因而并未抓住真正的问题。如果能依赖于诸如 *John Shaw & Sons (Salford) Ltd v Shaw*[75] 之类案件中的基本原则,那将是更为令人满意的。在这些案件中,章程上规定的不同机构的不同角色得到了认可;并且宣称,与管理并非股东的关注范围一样,关于"哪些股东应当拥有控制权"的问题,根据章程的条款,至少在表面上(prima facie)也非董事的事务。[76]

权力分立的结果是导致了缺乏章程上的能力的可能性,这可以在公司决策机构超越章程规定的角色行事时,给予其沉重的打击。这还可以延伸至其违背责任和公司利益行事的情形。

章程界限和越权无效(ultra vires)

迄今为止,我们已经考虑了董事权力的滥用——其将导致被裁决违反了董事义务。然而对于董事而言,还有一种可能性,即导

---

[74] *Howard Smith v Ampol Petroleum Ltd* [1974] AC 837. See also *Lee Panavision Ltd v Lee Lighting Ltd* [1992] BCLC 22.

[75] [1935] 2KB 113.

[76] L. Sealy, *Cases and Materials on Company Law* (6th edn, Butterworth, London, 1996), 291.

致公司的行为超越了公司行为能力的范围。在英国的普通法之下，这类行为属于越权，不可得到承认且归于无效。[77] 现在，制定法允许这类行为通过特殊的决议而得到承认。[78] 董事权力的滥用可以通过股东的多数决而得到承认，这已经得到了很好的解决。[79] 但是 Sealy 指出还存在一种新的关于公司权力滥用的类别：

> 如果仔细阅读一些案件的判决，尤其是上诉法院法官 Browne-Wilkinson 在 *Rolled Steel* 一案[80] 的判决，我们会发现它们提及一些属于公司权力滥用而非仅仅是越权的行为。这可能是一个不同的概念……在（董事）滥用（公司）权力的情形下（一个很好的例子正如 *International Sales and Agencies Ltd v Marcus* 一案[81] 中的情形，其利用公司的钱去支付股东的债务），股东企图对此予以承认，正如董事早先所做的一样，都确实是一种权力滥用行为。[82]

不可得到承认的权力滥用行为：公司高于其股东

也许可因此提出，如果一家公司内章程上的安排遭到了忽略，作出的决策当然违反了董事义务，而且可能滥用了公司权力。在后面的情形下，公司被公认为是一个高于其股东简单相加的实体，且并不具备通过承认来谅解这类行为的资格（standing）。[83] Bennett 在其关于正当目的理论的思考中很好地表述了这个问题：

> "公司"一词，并不意味着该实体本身脱离于其成员，也不

---

[77] *Ashbury Railway Carriage and Iron Co Ltd v Riche* (1875) LR 7 HL 653.

[78] 1985 年《公司法》第 35 条。

[79] *Hogg v Cramphorn Ltd* [1967] Ch 254; *Bamford v Bamford* [1970] Ch 212.

[80] *Rolled Steel Products (Holdings) Ltd v British Steel Corporation* [1986] Ch 246.

[81] [1982] 3 All ER 551.

[82] Sealy, *Cases and Materials*, 156. 要获得有关公司权力可能滥用的例子，参见 *Att-Gen's Reference* (No 2 of 1982) [1984] QB 624; *R v Phillipou* (1989) 89 CrAppR 290; *R v Rozeik* [1996] BBC 271。

[83] D. Bennett, "The Ascertainment of Purpose When Bona Fides Are in Issue—Some Logical Problems" (1989) *Sydney Law Review* 5.

意味着成员脱离于其他在其中拥有利益的人。如果前一情形成立，那么对于董事而言，其投票赞成宣告分派股息的行为将总是违背董事义务的，因为分派股息在肥了那些公司成员的同时，公司付出了代价但并不能获得相应的利益。同样，如果后一情形成立，那么对于作为公司唯一董事和股东的这两个人，则可以为所欲为地挪用公司财产，或订立非常不利于公司的契约。[84]

如何将这一新的理解应用于一家负有向欧洲劳资联合会告知及与之协商的义务的公司呢？在那些情形下，没有进行协商可能被视为未能按照章程规定的公司结构进行运作。而任何缺乏正当程序而实施的行为将可能是基于非正当目的使用权力，并因而违反了信托义务。如果这类行为被股东——除了职工持股人（employee shareholder）——加以承认，则似乎是对他们职位的滥用，而且是对《欧洲劳资联合会指令》整个立法本质的颠覆。那么，有充分的理由将这类决定界定为对公司权力的滥用并因此是不可得到承认的。为了完全执行该指令的精神，很有必要将用于挑战这类行为的参与权（locus standi）授予雇员，以避免重复第309条的废话。[85]

这不是说，这类行为对于第三方是无效的。在 Rolled Steel 一案中得到认可的是，即使是在普通法的环境里，一个超越或滥用公司权限的行为也能向第三方赋予权利。[86] 问题是，滥用公司权力的行为能否通过股东的承认行为而解除董事的责任。Sealy 接着说道："确实不妨说，即使他们采取统一行动，股东也不比董事更有资

---

[84] D. Bennett, "The Ascertainment of Purpose When Bona Fides Are in Issue—Some Logical Problems" (1989) *Sydney Law Review* 6. See also Cases in Ibid.

[85] 1985年《公司法》第309条要求公司董事考虑雇员的利益，但对于董事未能遵守这一义务的相应救济措施，却是由公司（即股东）提起的诉讼。

[86] See Nolan, "The Proper Purpose Doctrine and Company Directors", 5—7; section 35 of the Companies Act 1985; *Freeman and Lockyer v Buckhurst Park Properties (Magnal) Ltd* [1964] 2 QB 480; *Hely Hutchison v Brayhead Ltd* [1968] 1 QB 549.

格采取滥用公司权力的行为。"[87] 这一问题在有关潜在的债权人权利方面，比在雇员权利的语境下，得到更为详尽的讨论。那么前提是，权力的滥用，也即在违反章程而漠视"选民"利益的情形下或通过不恰当地操弄章程上制度的方式而作出的一项决定，是不可得到股东谅解的。Sealy 试探性地引用了澳大利亚法院关于 *Kinsella v Russell Kinsella Pty Ltd* 一案[88] 的判决，并注意到，无论如何该案还存在一个借以粉饰的情况：在相关行动作出之时公司处于破产清算的边缘。首席法官 Street 在该案中指出："如果董事涉及违反其对公司负有的义务并影响到股东的利益，那么股东可以预先(in prospect)授权实施这一违反行为，或者予以追溯(in retrospect)承认。然而，如果受到威胁的是债权人的利益，我看在法律或逻辑上都没有理由认可股东可以授权实施这一违反行为。"同样，在 *Winkworth v Edward Baron Development Co Ltd* 一案中，Templeman 勋爵指出，董事对公司及其债权人负有义务，去确保公司事务得到妥善管理，以及不得将公司财产加以挥霍和用以自肥。"[89]

这些(以及其他)案件经常被引用来说明在某些情形下，尤其是当公司濒临破产时，董事必须考虑的不仅仅限于股东的利益。尽管这一点无可置疑，这类案件以及公司权力滥用的概念，蕴含了一个深层次的要求：董事应当根据章程上规定的正确的方式行事。换句话说，要求他们在履行对公司的忠诚义务时，应当基于正当目的使用权力，这可以确保遵循章程上规定的正确界限。也唯有以这种方式，董事们才能确信公司事务得到正确的运营。如果股东和董事因为在前面所描述的意义上处于利益冲突的情形下，从而各自或一起丧失作出特定决定的章程上资格，那么，企图这样做则不仅是对董事权力的滥用，也是对公司权力的滥用，并因此可能无法得到股东的承认。这种情形就是治理机构的利益与公司的利益

---

[87] Sealy, *Cases and Materials*, 156.
[88] (1986) 10 ACLR 395.
[89] [1987] 1 All ER 114, at 118.

相冲突。冲突得以发生的缘由是，公司利益被视为高于所有股东利益及董事利益的相加，并因此不可避免地将决策机构推入一种利益冲突的境地。

Cooperative Rabobank "Vecht en Plassengebied" B. A. v Minderhoud 一案[90]中，欧洲法院的判决对丧失章程上的能力这一概念做了新的解释。该案涉及某一公司集团中的一家控股公司和一家子公司，该控股公司是该子公司的唯一股东。两家公司都是一份与银行签订的协议的当事方，根据该协议，为该集团所属任何成员所持有的贷方和借方金额，可以相互抵消。在该子公司破产时，管理人(the receiver)试图以相当于(standing to)该子公司贷方金额的额度进行支付，但银行在抵消了各种相当于该集团内其他成员的借方金额后，提供了一个更小的金额。管理人提出和银行的该项协议是无效的，因为它有悖于《荷兰民法典》的有关条款。该条款规定，在董事和公司之间存在利益冲突的情形下，只有公司委任的专员(commissioners)才能缔结一项法律文书。问题产生了，即该项法律规定是否与有关公司法的《第一号指令》的第9(1)条相冲突？

第9(1)条规定：

> 对一个与公司诚信交易的人有利的是，任何由董事决策作出的交易，应当被视为是在公司的缔约能力范围之内作出的，而且对公司加以约束的该项董事权力，应当被视为免受章程大纲或细则的任何限制；此外，参与如此决策的交易的一方当事人，不应负有义务去询问有关公司的缔约能力和对董事权力存在的任何此类限制等信息，而且除非有相反的证据，该当事人应当被推定为诚信行事。

尽管承认《第一号指令》的目的之一是为了保护第三方当事人[91]，欧洲法院仍然指出，一项在发生利益冲突的情形下剥夺某一机构行为能力的成员国法是有效的，即使第三方当事人受到的影

---

[90] [1988] 1 WLR 1025.
[91] Directive 68/151/EEC, 1968 OJ Spec ED 41, para.19.

响是负面的。[92] 这一结论得到了《第五号指令草案》的支持[93]，其要求在发生利益冲突时应有监督机构对有关交易作出授权。[94] 乍一看，这是一个奇怪的决定，因为它显著地缩小了有关公司法的《第一号指令》的潜在适用范围和影响力。如果其意图确实是为了保护第三方当事人，那么这是一个非常糟糕的决定。《第一号指令》现在保护第三方可以对抗被纳入到公司章程性文件中（第三方当事人可能本来能够知晓这一信息，但他们仍然获得保护，除非被证明存在着恶意欺骗）的对决策机关的限制，以及他们在公司内部机关之间发生利益冲突时并不能得到保护（对于第三方当事人而言，要发现这类事情极其困难）。然而，从当前的视角看，重要的问题是外部的荷兰法律，它在发生利益冲突的情形下剥夺了某一机关的决策权。欧洲法院已经得出结论：如果一项外部的法律规范基于利益冲突而剥夺了一个决策机关的能力，那么即使是第三方当事人的权利也会受到影响。

因此产生了一个问题，即这一裁决在当前英国法中的适用性。有充分的理由认为，一部法律为了作出特定的决议指定了特定的决策机关作为相关方，将剥夺日常机构的能力，而且意味着这些机构作出的所谓决定是无效的。这似乎是 *Guinness v Saunders* 一案[95]背后的理论基础。有人指出，照目前的情况看，正常而言这类滥用公司权力而作出的决定——即在有利益冲突的情形下作出的决定——被认为不能影响到任何第三方当事人，因为这类决定将被认为是在公司行为能力范围之内作出的，尽管它们由于涉及与忠诚义务的冲突而很可能违反了信托义务。

---

[92]　Directive 68/151/EEC, 1968 OJ Spec ED 41, para. 24.
[93]　其因此可能获得"软法"的地位。See also A. Boyle, "Draft Fifth Directive: Implications for Directors' Duties, Board Structure and Employee Participation" (1992) 13 Company Lawyer 6.
[94]　《第五号指令草案》第10(1)条。See J. Dine and P. Hughes, *EC Company Law* (Jordans, Bristol, 1991, looseleaf).
[95]　[1990] 2 AC 663.

按照英国法的情况看，在 Cooperative Rabobank "Vecht en Plassengebied" B. A. v Minderhoud 一案中的情形下，该公司董事所作出的决策很可能违反了其义务。这不是越权，因为没有哪个成员国的法律在有利益和义务冲突的情形下剥夺了董事的决策权。另外，这也不可能被认为是公司权力的滥用，因为债权人的利益在这种背景下可以被看作是重要的，而且通过协议得到了满足。该协议确实违反了对股东负有的义务，因此股东可以承认这种违反。然而，如果存在着一个法律规范通过添补决策的结构，从而改变了一家公司的治理结构，那么，欧洲法院完全可以遵循相同于 Cooperative Rabobank 一案中的推理。如果这一改变治理结构的要求来自于欧盟立法案，那么情况尤其是这样。

《欧洲劳资联合会指令》的影响可能被认为是完全相关的。根据外部法令（与荷兰法相当），它在某些情形下将决策结构增加到一家公司的公司治理体制中，并且限定某些特定的决定必须经过相关的程序（正如当存在着利益冲突时，荷兰法要求特定的程序）才可以做出。单从英国法的角度看，不妨这么认为，在特定的决定里，要么雇员的利益已经成为公司利益的一部分，要么公司的章程结构已经遭到董事的侵犯——如果他们未能遵循正确的程序。这样，董事们未遵循正确的协商程序而作出的决议，根据欧洲法院关于违反《欧洲劳资联合会指令》程序性要求的后果的结论，可能不被认为属于超越权限；但其必定被看作或者是对公司权力的滥用，或者至少在最低的层面上也是对董事信托义务的违反。

采纳欧盟友好型的信托义务的路径将因此承认，一家公司的组织机构"丧失章程上的能力"意味着，不顾或违背这一能力的丧失而采取的行动，是对公司权力的滥用，同样也是对信托义务的违反且不容易得到股东的承认。这是对作为一家综合性企业的公司进行重组的第一步，而且其拥有一个有利的条件：重点是在决策程序上[96],而不是在单一决策机构试图达到一种对抗性平衡运作的情形上。执行的问题超出了本章讨论的范围,但其答案部分存在于已经增多的雇员/股东行动中。[97]

采纳正确决策体系的信托义务

创造执行友好型的信托义务的另外一个替代性路径,是集中关注于对正确决策体系的需求,而非更大的有关章程上平衡的问题。

非执行董事以及决定管理层薪酬的委员会的引入,构成了Cadbury、Greenbury和Hampel报告的成果的一部分。[98] 这些建议并未明确未能遵循这些建议而行动是否构成对信托义务的违反。然而,似乎存在着一个发展中的法律体系,其指向这样一个结论:未遵循正确的程序而作出的决定是无效的,而且可能相当于对信托义务的违反。在 Guinness v Saunders 一案[99]中,向 Mr Ward 支付52万英镑的行为是无效的,原因在于该笔支付的作出违背了章程细则。法院并未去判断作出这一决定是否违背了他们对公司背负的信托义务,但看起来事实确实很可能如此。Gower 没有明确,在遵循章程细则的明确条款(其"可能并未"构成对信托义务的违反)与基于不正当目的而行使权力(其显然违反了信托义务)之间,是否存在着差异。[100] 无论如何,这样一条界限是很难被画出来的,而且可能被关于"正当目的"是否具备客观基础或章程基础这一问题而进一步地复杂化。

---

[96] 很大程度上是由于"权利的程序化"(*la procéduralisation du droit*)——这是鲁汶天主教大学(尤其是 Jacques Lenoble 教授)所提出的理念。

[97] S. Schwab and R. Thomas, "Realigning Corporate Governance: Shareholder Activism by Labor Unions" [1998] *Michigan Law Review* 1018.

[98] See now the combined Code, para. 12.43A, *Listing Rules*, in force 11 January 1999 (Stock Exchange, London).

[99] [1990] 2 AC 663.

[100] L. Gower, *Gower's Principles of Modern Company Law* (6th edn, ed. Paul Davies, Sweet & Maxwell, London, 1997), 605.

正是在这一点上,以下两种观点是部分相同的:第一种观点认为,如果没有考虑到公司是一个整体的持续经营的企业(going concern)且其包含了所有利益相关者而不仅仅是股东的利益,则无法正确地作出一个有效的决策;另外一种观点认为,董事如果未能将能够保护公司利益的适当的管理体制摆放在适当的位置,则可能违反了他们所负有的忠诚义务。第二种观点并不依赖于认为公司高于股东的见解,而是基于这样一个事实:如果适当的管理体制并不到位,公司——无论其是否包含利益相关者——都将遭到损害。正常而言(正如在 Guinness 一案中),这样的管理体制是为了保护股东,但如果义务是由非公司法条例——比如卫生和安全条例——所强加的,那么可以论证的是,未能为这些其他的义务提供适当的管理体制,将违反了对公司所负的信托义务,因为这些法律制度的规定的直接受益者是公司——即使其间接受益者是其他利益相关者。

在这一背景下,一个有趣的发展是 Bishopgate Investment Management Ltd (in liquidation) v Maxwell (No 2) 一案[101],被告作为董事因未能遵循正确的股票转让程序导致被裁决违背了信托义务。在该案中,被告 Ian Maxwell 签署了股份转让文件,导致其担任董事的那家公司(作为很多养老基金的受托人),将其所持有的股份以无对价方式(for no consideration)转让给另一家公司。他并未询问有关转让目的就对股份转让加以签署,这仅仅是因为他的一个担任联合董事(co-director)的兄弟已经这么做了。

基于 McWilliams v Sir William Arroll & Co Ltd 一案[102],有观点认为,如果所谓的对相关义务的违背是一个疏忽,那么原告必须证明遵守义务的行为本将阻止有关损害的发生。因此,在那些问题

---

[101] [1994] 1 All ER 261. 在此,对于那些依据公司章程细则中的程序着手的股票转让,如未遵循相应的股票转让程序,则被裁决违背了信托义务。这或者是因为未遵循正确的程序,或者是因为该未遵循股票转让程序的行为构成了未能基于公司利益行事的证据。

[102] [1962] 1 WLR 295.

在于没有提供相关安全设备的案件中，"他或他的个人代理人，必须表明疏于提供安全设备的行为导致了有关事故。他或他的个人代理人，必须因此证明他本应使用安全设备且该设备是有效的。"[103] 尽管在 *McWilliams* 一案中，是由一位雇员针对其雇主及该场所的居住者未能提供安全设备而提起索赔要求，上诉法院仍运用该观点来阐述用以创造和追随正确决策体系的信托义务的要素。

在 *Bishopsgate* 一案中，上诉法院法官 Hoffman 拒绝接受这样的观念：要求在疏于行动与因集中关注于签署转让的积极行为——被他指称为违背信托义务的积极行为和基于不正当目的的权力使用行为——而引起的损失之间存在着因果关系。[104] 显而易见，该项转让是由两名董事根据章程细则而签署的。因此，该项违背行为是未能对转让的后果及其对公司的影响给予恰当的考虑。这一裁决导致了一种极大的可能性：任何未能遵循正确决策机制的权力行使行为，不论该项机制是由章程抑或是由外部约束所施加的，都可能被认为是对积极信托义务的违反，而非疏忽，并在因果论证方面取得巨大的进展。这样，在有关安全的情形下，一个将资源从基本安全设备的购买或维护活动中转走的积极决策，将构成对信托义务的违背，而不是疏于提供这类设备。

结论

本章首先着手于一个被设计为支撑如下理念的法律结构：阻止全球范围内财富的进一步两极化。根本的问题在于自由市场经济的契约理念——很多的全球公司法人以及银行和贷款的世界体系都基于此。其次在微观层面上，在有关《欧洲劳资联合会指令》

---

[103] Hoffman LJ in *Bishopsgate*.
[104] 上诉法院法官 Ralph Gibson 裁决该违约行为是对公司资金的滥用；上诉法院法官 Leggatt 则令人难以捉摸地表示了同意（*Bishopsgate*）。

的实施的研究中,我们可以看到,即使是在与雇员协商这样一个比较细微的层面上,实施这样一项制度的困难也是多种多样的,而且要做到完全契合条例的规定的复杂性也是令人生畏的。这一详细的研究的内涵意在表明,前面的障碍既没有被误解也没有被低估,但它是我们这些拥有资源对这些问题加以思考和写作的人的职责所在。我希望,丧失章程上的能力这一概念——其表现形式是对那些缺乏正确协商程序的公司决定的挑战——对于争论能够有所裨益;而且利用私法救济而非寻求全球性的外部监管者的可能性,能够为那些在经济事务中寻求公平的人们提供一项工具。

案 例 列 表

Adams v Cape Industries plc [1990]
  BCLC 479 46, 47, 48, 55
  Ch 433 38n, 87n, 88, 97
Administration delle Finanze dello Stato v Simmenthal Case 106/777 [1978] ECR 629 at 624 73n
Alexander v Automatic Telephone Co [1900] 2 Ch 56 34n
Allen v Gold Reefs of West Africa Ltd [1900]
  1 Ch 656 13, 34n, 53–54, 60n, 127, 182n
  1 Ch 671 26n
Antoniades v Wong [1997] 2 BCLC 419 54n
Arab Monetary Fund v Hashim (No 3) [1991] 2 AC 114 89, 90
Ashbury Railway Carriage and Iron Co Ltd v Riche (1875) LR 7 HL 653 124, 194n
Associated Shipping Services v Department of Private Affairs of H.H. Sheikh Zayed Bin Sultan Al-Nahayan, Financial Times 31 July 1990 (CA) 84n
Attorney-General's Reference (No 2 of 1982) [1984] QB 624 194n
Atwool v Merryweather (1867) LR 5 EQ 464n 182n
Autokran Decision (1985) 95 BGHZ 330 58n
Automatic Self-Cleansing Filter Syndicate Co Ltd v Cunninghame [1906] 2 Ch 34 4n, 35n

Bamford v Bamford [1970] Ch 212 194n
Banco de Bilbao v Sancha and Rey [1938] 2 KB 176 100n
Barcelona Traction Light and Power Co [1970] ICJ 3 159
Beattie v Beattie Ltd [1938] Ch 708 4n
Bell Houses Ltd v City Wall Properties Ltd [1966] 2 QB 656 126
Bishopgate Investment Management Ltd (in liquidation) v Maxwell (No 2) [1994] 1 All ER 261 200
Bonanza Creek Gold Mining Co v R [1916] 1 AC 566 (PC) 89n
Boocock v Hilton International Co [1993] 1 WLR 1065 86n

Boulting v Association of Cinematograph Television and Allied Technicians
[1959] AC 324 53n
Brady v Brady [1988] BCLC 20 33
Breckland Group Holdings Ltd v London and Suffolk Properties Ltd [1989]
BCLC 100 35n
British Equitable Assurance Co v Bailey [1906] AC 35 127
Broderip v Salomon [1895] 2 Ch 323 49n
Bullock [1960]
367 98n
AC 351 99n
Bulmer v Bollinger [1974] 2 All ER 1266 74n
Bumper Development Corpn v Commissioner of Police for the Metropolis
[1991] 1 WLR 1362 (CA) 84n

Carl Zeiss Stiftung v Rayner & Keeler Ltd (No 2) [1967] 1 AC 853, 907,
908 91n
Centrafarm BV and Adriaan de Peijper v Sterling Drug Inc Case 15/74
[1974] ECR 1147 56
Centre Distributeur Leclerc and Others v Syndicat des Librairies de Loire-Ocean 229/83 [1985] ECR 1 103n
Centros Ltd v Erhverus – og Selskabsstyrelsen, ECJ judgment of 9 March
1999, unreported 78n, 103–104
Cesena Sulphur Co Ltd v Nicholson (1876) 1 ExD 428, 454 99n
Charterbridge Corporation v Lloyd's Bank Ltd [1970] Ch 62 at 74 44n
CILFIT v Ministerio della Sanita Case 283/81 [1982] ECR 3415 at 3428
74n
Cohn-Bendit v Ministre de l'Intérieure [1980] 1 CMLR 543 71
Colonial Bank v Cady and Williams (1890) 15 App Cas 267 83
Commission v France Case 270/83 1986 ECR 273 102n
Comstock v Group of Institutional Investors (1948) 355 US 211 60n
Consolidated Rock Products v Du Bois (1941) 312 US 510 60n
Cooperative Rabobank 'Vecht en Plassengebied' BA v Minderhoud Case C-104/96 [1998]
1 WLR 1025 183n, 196, 198
2 BCLC 507 55
Cotman v Brougham [1918] AC 514 125
Cotronic (UK) Ltd v Dezonie t/a Wenderland Builders Ltd [1991] BCLC
721 93n

Dafen Tinplate Co v Llanelly Steel Co (1907) Ltd [1920] 2 Ch 124 26n,
34n, 54n, 182n

Daimler Co Ltd v Continental Tyre and Rubber Co (Great Britain) Ltd
    [1916] 2 AC 307 94n, 95
Dartmouth College v Woodward (1819) 17 US 518 21n
De Beers Consolidated Mines v Howe [1906]
    AC 351 97
    AC 455 at 458 97, 99n
    AC 455 at 459 99n
Delis Wilcox Pty v FCT (1988) 14 ACLR 156 45n
Deverall v Grant Advertising incorporated [1954] 3 All ER 389 87n
DHN Food Distributors v London Borough of Tower Hamlets [1976] 3 All
    ER 462 49n
DHN Food Distributors v Tower Hamlets Borough Council [1976] 1 WLR
    852 46, 48
DPP v Kent and Sussex Contractors Ltd [1944] KB 146 2n, 24n
Dunlop Pneumatic Tyre Co Ltd v A G Cudell & Co [1902] 1 KB 342 87n

EC Commission v UK [1994] ECR 1-2435 183n
Eley v Positive Government Life Assurance (1876) 1 ExD 88 4, 6n
Establissements Somafer SA v Saar-Ferngas AG Case 33/78 [1979] 1
    CMLR 490 87
Estmanco (Kilner House) Ltd v Greater London Council [1982] 1 WLR 2
    34n, 182n
Europemballage Corporation and Continental Can Co Inc v Commission
    Case 6/72 [1975] ECR 495 57n
Ex parte H v McKay (1907) 2 CAR 2-18 167

F & K Jabbour v Custodian of Absentee's Property of State of Israel [1954]
    1 All ER 145, at 152 88
F & K Jabbour v Custodian of Israeli Absentee Property [1954] 1 WLR
    139, 146 97, 98
Finanzampt Koeln-Aldstadt v Roland Schumacker [1995] ECR 1-225
    104
Firestone Tyre Co. v Llewellin [1957] 1 WLR 464 46
Foss v Harbottle (1843) 2 Hare 461 7, 54n
Foster v British Gas plc Case 188/89 [1990] IRLR 353 71n
Foto-Frost v Hauptzollant Lubeck-Ost Case 314/85 [1987] ECR 4199
    73n
Francovich and Boniface v Italian Republic [1993] 2 CMLR 66 71, 72
Freeman and Lockyer v Buckhurst Park Properties (Magnal) Ltd [1964] 2
    QB 480 195
Fulham Football Club v Cabra Estates [1994] 1 BCLC 363 183n

258   公司集团的治理

Gasque v Inland Revenue Commissioners [1940] KB 80 94n
George Fischer (Great Britain) Ltd v Multi Construction Ltd, Dexion Ltd (third party) [1995] BCLC 260 54n
Gilford Motor Co Ltd v Horne [1933] Ch 925 49n
Goerz & Co v Bell [1904] 2 KB 136, 138, 148 99n
Greenhalgh v Arderne Cinemas [1951] Ch 286 34n, 54n, 182n
Grimaldi v Fond des Maladies Professionelles [1989] ECR 4407 74n
Grupo Torras SA v Sheikh Mahammed al Sabah [1996] 1 Lloyd's Rep 7 89
Guinness v Saunders [1990] 2 AC 663 183, 197, 199, 200

Hely Hutchinson v Brayhead Ltd [1968] 1 QB 549 195n
Hesperides Hotels Ltd v Aegean Turkish Holidays Ltd [1978] QB 205, 218 91n
Hickman v Kent or Romney Marsh Sheepbreeders Association [1915] 1 Ch 881 4n
H.L. Bolton (Engineering) Co Ltd v T.J. Graham & Sons Ltd
 [1956] 3 All ER 624 99n
 [1957] 1 QB 159 2n, 24n
Hogg v Cramphorn Ltd [1967] Ch 254 194n
Hospital Products Ltd v United States Surgical Corporation (1984) 156 CLR 41 190n
Hotel Terrigal Pty Ltd v Latec Investments Ltd (No 2) [1969] 1 NSWLR 676 46
Howard Smith v Ampol Petroleum Ltd [1974] AC 821 192n
Howard v Patent Ivory Manufacture Co (1888) 38 ChD 156 94n
Hydrotherm Geratebau v Andreoli Case 170/83 [1984] ECR 2999 56

ICI Industries Plc v Colmer [1999] 1 WLR 108 104n
Imperial Hydropathic Hotel Co, Blackpool v Hampson (1882) 23 Ch D 1 4n
International Bulk Shipping and Services Ltd v Minerals and Metals Trading Corp of India [1996] 1 All ER 1017 89n
International Sales and Agencies Ltd v Marcus [1982] 3 All ER 551 194

J.H. Rayner (Mincing Lane) Ltd v Department of Trade and Industry
 [1988] 3 WLR 1033 46
 [1990] 2 AC 418, 477, 500 69n, 84, 89, 90, 101
Johannes Henricus Maria van Binsbergen v Bestour van de Bedrijfsvereniging Voor de Metalnijverheid, Case 33/74 [1974] ECR 1299 103n
John Shaw & Sons (Salford) Ltd v Shaw [1935] 2 KB 113 193n
Jones v Lipman [1962] 1 All ER 442 49n
Jones v Scottish Accident Insurance Co Ltd (1886) 17 QBD 421, 422–3 99n

Kinsella v Russell Kinsella Pty Ltd (1986) 10 ACLR 395 182n, 195
Kleinwort Benson Ltd v Malaysia Mining Corp Bhd [1989] 1 WLR 379 44n
Kodak Ltd v Clark [1903] 1 KB 505 45
Kutchera v Buckingham International Holdings Ltd [1988] IR 61 101n
Kwok v Commissioner of Estate Duty [1988] 1 WLR 1035 98n

Lindgren v L and P Estates [1968] Ch 572 53
Liquidator of West Mercia Safetywear Ltd v Dodd [1988] 4 BBC 30 182n, 187n
Liquidator of West Mercia Safetywear Ltd v Dodd and Another [1988] BCLC 250 33
Lister v Forth Dry Dock & Engineering Co Ltd [1990] 1 AC 546 73n
Lizard Bros v Midland Bank [1933] AC 289 89n
London and South American Investment Trust Ltd v British Tobacco Co [1927] 1 Ch 107 101n
Lonhro v Shell Petroleum [1980]
  1 WLR 627 33
  QB 358 46

Maclaine Watson & Co v DTI, Maclaine Watson & Co Ltd, International Tin Council [1990] BCLC 102 46
Macmillan case 403 83, 84
McWilliams v Sir William Arroll & Co Ltd [1962] 1 WLR 295 200
Marleasing SA v La Comerciale Internacional de Alimentacion SA Case 106/89 [1992] 1 CMLR 305 72
Marshall v Southampton and South West Hants Area Health Authority Case 152/84 [1986] ECR 723 71n
Menier v Hooper's Telegraph Works (1874) LR 9 Ch 250 31n, 126

National Bank of Greece and Athens SA v Metliss [1958] AC 509 101n
National Dock Labour Board Pinn & Wheeler Ltd & others [1989] BCLC 647 46
Nicholas v Soundcraft Electronics Ltd [1993] BCLC 360 43n
NV Algemene Transport-en Expiditie Onderneming van Gend en Loos v Nederlandse Administratie der Belastingen Case 26/62 [1963] ECR1 27n

Officier van Justitie v Kolpinghuis Nijmegan Case 80/86 [1987] ECR 3969 73n
Okura & Co Ltd v Fosbaka Jernverks Aktiebolag [1914] 1 KB 715 87n
Oshkosh B'Gosh v Dan Marbel (1988) 4 BCC 795 93n

Paramount Communications v Time Inc 571.A.2d 1140 (1989), 571.A.2d 1145 (Del. 1990) 32n
Parti Ecologiste 'Les Verts' v European Parliament [1986] ECR 1339 70n
Paula (Brazilian) Ry v Carter [1896] AC 31 98
Pender v Lushington (1877) 6 ChD 70, 75 31n, 126
Pepper v Litton (1939) 308 US 295 60n
Pergamon Press v Maxwell [1970] 1 WLR 1167 100n
Peter's American Delicacy Company Limited v Heath High Court of Australia 1938 (1939) 61 CLR 457 117
Presentaciones Musicales SA v Secunda [1994] Ch 271 100n
Prudential Assurance Co Ltd v Newman Industries (No 2) [1981] Ch 257 34n
Pubblico Ministero v Ratti [1979] ECR 1629 at 1640 71
Pulbrook v Richmond Consolidated Mining Co (1878) 9 ChD 610 4n

Quin & Axtens v Salmon [1909]
1 Ch 311 6n
AC 442 4n, 6n, 35n

R Bonacina [1912] 2 Ch 394 82
R v Benge (1865) 4 F & F 504 142n
R v Gomez [1992] 3 WLR 1067 34n
R v HM Treasury and Inland Revenue Comrs, ex p Daily Mail and General Trust plc Case 81/87 [1988] ECR 5483 68n, 78n, 85n, 101
R v Inland Revenue Commissioners, ex parte Commerzbank AG Case C-330/91 [1993] ECR 1-4017 78n, 104
R v International Stock Exchange of the United Kingdom and the Republic of Ireland ex p Elsa [1993] 1 All ER 420 74n
R v Lord President of the Privy Council, ex parte Page [1993] AC 682 122
R v Phillipou (1989) 89 CrAppR 290 194n
R v Rozeik [1996] BBC 271 194n
R v Secretary of State for Transport, ex parte Factortame [1989] 2 CMLR 353, (QBD) [1990] 2 AC 85 (HL), Case C-213/89 [1990] ECR 1-2433 73
Re Blue Arrow plc [1987] BCLC 585 54n
Re Bugle Press Ltd [1961] Ch 270 49n
Re Crown Bank (1890) 44 ChD 634 125
Re F H Lloyd Holding plc [1985] BCLC 293 101n
Re Full Cup International Trading Ltd [1995] BCC 682 54
Re Introductions [1970] Ch 199 126n
Re Lands Allotment [1894] 1 Ch 616 186n
Re Little Olympian Each-Ways Ltd (No 3) [1995]

1 BCLC 636, 638 54, 99n
1 WLR 560 96
Re Northumberland Avenue Hotel (1886) ChD 16 94n
Re Polly Peck International Plc (in administration) [1996] 2 All ER 433 47
Re Rolus Properties Ltd & Another (1988) 4 BCC 446 22
Re Saul D Harrison & Sons plc [1995] 1 BCLC 14 54n
Re Southard & Co Ltd 53
Re Tottenham Hotspur plc [1994] 1 BCLC 655 54n
Regal Hastings Ltd v Gulliver [1967] 2 AC 134n (HL) 187n
Republic of Somalia v Woodhouse Drake and Carey (Suisse) SA [1992] 3 WLR 744 91
Ringway Roadmarking v Adbruf [1998] 2 BCLC 625 47, 48
Rolled Steel Products (Holdings) Ltd v British Steel Corporation [1986] Ch 246 126n, 194, 195
Rover International Ltd v Cannon Film Sales [1987] BCLC 540 93n

Saab and Another v Saudi American Bank [1998], Times Law Report, 11 March 86n
Salomon v Salomon [1897] AC 22 47, 48, 50n
Schotte v Parfums Rothschild Case 218/86 [1987] ECR 4905 87
Scottish Co-operative Wholesale Society Ltd v Meyer [1959] AC 324 52, 53, 187n
Segers v Bedrijfsvereniging Case 79/85 [1986] ECR 2375 103
Selangor United Rubber Estates v Craddock (No 3) [1968] 1 WLR 1555 at 1575 191n
Sidebottom v Kershaw Leese & Co Ltd [1920] 1 Ch 154 54n
Smith, Stone & Knight Ltd v Birmingham Corporation [1939] 4 All ER 116 45, 46, 47, 48
Smith v Croft (No 2) [1988] Ch 114 182n
South India Shipping Corporation Ltd v The Export-Import Bank of Korea [1985] BCLC 163 87
Southern Pacific Co v Bogert 250 US 483 (1919) 60
Standard Chartered Bank v Walker [1992]
  1 WLR 561 33, 182n
  BCLC 603 127
Steel Authority of India v Hind Metals Incorporated [1984] 1 Lloyd's Rep 405 101n
Swedish Central Railway v Thompson [1925] AC 495, 503 98, 99n

T. Wagner Miret v Fondo De Granatia Salarial Case 334/92 [1993] ECR I-6911 73n
Task Supermarkets Ltd v Nattrass [1972] AC 153 99n

Tesco Supermarkets v Natrass [1972] AC 153 2n, 24n
The Eskbridge [1931] P 51 94n
The Kommunar (No 2) [1997] 1 Lloyd's Rep 8 89n
The Rewia [1991] 2 Lloyd's Rep 325 98
The Saudi Prince [1982] 2 Lloyd's Rep 255 100
The Theodohos [1977] 2 Lloyd's Rep 428 87n
The World Harmony [1967] P 341 87n
Tomberger v Gebruder von der Wettern GmbH Case C-234/94 [1996] 2 BCLC 457 76
Toprak Enerji Sanayi A.S. v Sale Tilney Technology Plc [1994] 1 WLR 840 89n

Union Corporation v IRC [1952] 1 All ER 646 at 654–63 98n
Unit Construction Co Ltd v Bullock [1960] AC 351 at 366 46, 97, 98n

Van Duyn v Home Office [1974] ECR 1337 70n
Viho Europe BV v Commission of the European Communities (supported by Parker Pen Ltd, Intervener) The Times, 9 December 1996 56
Von Colson v Land Nordrhein Westfalen [1984] ECR 1891 72n

Wadman v Farrer Partnership [1993] IRLR 374 74n
Weinberger v UOP, Inc [1983] 457 A.2d 701 61n
Western Airlines v Sobieski [1968] 191 Cal. App.2d 399 68n
Westland Helicopters Ltd v Arab Organisation for Industrialisation [1995] QB 282 89
Winkworth v Edward Baron [1987] BCLC 193 33
Winkworth v Edward Baron Development Co [1987] 1 All ER 114 at 118 182n, 195–196
Woolfson v Strathclyde Regional Council (1978) 38 P & CR 521 46

Yukong Line Ltd v Rendsburg Investments [1998] 2 BCLC 485, 496 47, 48

法条列表

Civil Jurisdictions and Judgments Act 1982
   s.42 94
   s.43 88
Companies Act 1898, s.130 92
Companies Act 1948, s.210 52n
Companies Act 1985 86, 95, 99
   s.14 4
   s.35 194n
   s.36 99
   s.36A 99, 100
   s.36A(6) 100n
   s.36C 92, 93, 99, 100
   ss.228 to 230 77
   s.258 44n
   s.309(1) 30
   ss.425 to 427 189n
   s.459 54
   s.609A 86n, 87
   s.691(1)(b)(ii) 86
   s.695(2) 86
   s.725 86n
   s.741 51n
   Sched. 21A, para.3(e) 86n, 87
Companies Act 1993, ss.271 and 272 51n
Contracts (Applicable Law) Act 1990 91–94
Criminal Justice Act 1993, Part V 148

Finance Act 1988
   s.66 95n
   Sched. 7 95n
Financial Services Act 1986 147
Foreign Corporations Act 1991, s.1 90

Foreign Corporations (Application of Laws) Act 1989, ss.7, 8 89n

Income and Corporation Taxes Act 1988, ss.65(4), 749(1) 95n
Insolvency Act 1986
  s.213 51n
  s.214 45n, 50n, 51n, 189n
  ss.238, 239, 245 51n

Joint Stock Companies Act 1844 5n

Konzernrecht 57, 58n, 181

Land Clauses Consolidation Act 1845, s.121 45n
Limited Liability Act 1855 5n

New Jersey Act 1888, ch 269 s.1 37n

Sex Discrimination Act 1975 74n
Stock Corporation Act 1965
  para.291 et seq 57n
  para.312 58n

索 引

（索引中页码为原书页码,即本书边码）

Alston, P. 163, 165
Anderegg, J. P. 165
articles of association　章程细则
　　alteration of 34, 35, 54　的变更
　　contract, as 4—5, 6　作为契约
　　nature of 4　的性质
　　special rights 4　特殊权利
Austin, R. 40
Ayres, I. 111, 129, 131, 132, 136, 143—4, 147, 179, 181

Ballantine, J. 11
Barings Bank　巴林银行
　　collapse of 141—2, 143, 144—6, 148, 149, 150, 158　的破产
Bennett, D. 194
Benston, G. 140
Bercusson, B. 171, 187, 189
Berle, A. 17—18, 187
Betten, L. 170
Blumberg, P. 37, 59—60, 62
Bornschier, V. 153
Bottomley, S. 1, 3, 5, 14, 16, 23
Boulding, Kenneth 160
Braithwaite, J. 111, 129, 131, 132, 136, 143—4, 147, 179, 181

Cadbury Code 133—5, 147, 148
Campbell, D. 16, 111—12, 114—15
Ceroni, Luca 102
Chambers, R. 130

Cheffins, B. 8
Coase, R. H. 8, 110, 112, 131
codes of conduct 133—6, 147—8, 150, 177, 179, 180　行为规范
comfort letters　告慰函
　　UK case law 44—5　英国案例法
communitaire theories　社群理论
　　autonomy of the corporation 19　公司自治
　　enterprise corporatism 19　企业社团主义
　　fiction theory 18—19　拟制理论
　　generally 3, 17—21　一般地
　　Germany 55—6　德国
　　liberal corporatism 19—20　自由社团主义
　　regulation, justification for 108, 116　监管的正当性
　　regulatory consequences of 121—2　的监管后果
　　shareholders 17—18　股东
　　social conscience 107, 116　社会良心
　　stakeholder theory 20　利益相关者理论
concession theories　特许理论
　　charter companies 21—2　特许公司
　　constitutionalism 23　立宪主义
　　dual concession theory 22, 26—9, 177, 178, 180　双重特许理论
　　fiction theory 22, 24, 25　拟制理论
　　generally 3, 21—5　一般地
　　limited liability 22　有限责任
　　organic theory 24, 25　有机理论
　　"real seat" doctrine 67—8, 101　"真实住所"理论
　　regulation, justification for 106, 116　监管的正当性
　　regulatory consequences of 122—8　的监管后果
　　social conscience 23—4, 107　社会良心
　　ultra vires doctrine 5, 22, 27, 122—7　越权无效原则
conflict of laws　法律的冲突
　　conflicts rules 68—9　冲突规范
　　conflicts tools 69—84　解决法律冲突的工具
　　English law　英格兰法
　　　　characterisation 82—4　识别
　　　　Contracts (Applicable Law) Act 1990 91—4　1990年《合同(准据法)法》
　　　　domicile 94—5　住所
　　　　　　capacity and internal management 99—101　权利能力和内部管理
　　　　　　place of incorporation 94—5　公司注册地

    identification of law of 90—1 的法律的确定
  international treaties 69 国际条约
  jurisdiction 86—9 法域
  pre-incorporation contracts 92—4, 100 先法人契约
  recognition of corporate entities 89—90 公司实体的承认
  residence 95—8 居所
    central management and control 中央管理和控制
      determination of place of 98—9 的职权的判断
      test 96—8 标准
    place of control 95 控制活动所在地
siège réel doctrine 96 真实住所理论

European Union 欧盟
  Article 234（ex 177）references 73—4 第 234 条（以前的第 177 条）项下的提交
  company law 公司法
    Commission consultation on 80—2 欧盟委员会关于……的咨询活动
    harmonisation 75 融合
  creditors, protection of 78 债权人的保护
  direct effect 70—2 直接效力
  disapplying national law 73 不适用成员国法
  employee rights 79 雇员的权利
  free movement of companies 82, 85, 96 公司的自由迁徙
  generally 69—70 一般地
  harmonising directives 76—80 融合指令
  indirect effect 72—3 间接效力
  interpretation of soft laws 74 "软法"的解释
  interpretative tools 72—3 解释工具
  proposed European Company（Societas Europa）80 拟议中的欧洲
  shareholders, rights of 79 股东权利
  supremacy of EU law 70 欧盟法至上
  uniform supra-national instruments 75—6 统一的超国家工具
  generally 67—8 一般地
  international conventions 69 国际公约
    types of 69 的类型
  issues in company law conflicts 公司法律冲突中的问题
    equivalence of treatment of constituencies 85 对"选民"同等对待
    free movement 84—5, 96 自由迁徙
    generally 84 一般地
    insolvency 85—6 破产
    recognition 84 承认

"place of incorporation" theory 67, 94—5　"公司注册地"理论
"real seat" doctrine 67—8　"真实住所"理论
residence　居所
　　central management and control　中央管理和控制
　　　　determination of place of 98—9　的职能的判断
　　　　test 96—8　标准
　　freedom of establishment, and　和设立自由
　　　　generally 101　一般地
　　　　primary establishments 101　主要经营场所
　　　　secondary establishments 102—5　次要经营场所
　　generally 95—8　一般地
　　place of control 95　控制职能
　　residence connecting factor 101—5　作为连结点的居所
　　siège réel doctrine 96　"真实住所"理论
Conlon, D. 31—2, 35, 158, 188
constituency/multifiduciary models　"选民"/多层信托模型
　　alteration of articles 34, 35　章程细则的修改
　　creditors, interests of 33　债权人的利益
　　division of powers 34—5　权力的划分
　　generally 31—3, 188　一般地
　　ratification 34, 35　批准
constitutional disability 55, 196—7　丧失章程上的能力
constitutionalism 23　立宪主义
contractual theories　契约理论
　　criticism of 2, 12—17　有关的批评
　　economic contractualism *see* Economic contractualism　经济契约主义
　　foundational theory 1,2,6,7,14—15　基础理论
　　generally 1—2, 3　一般地
　　legal contractualism *see* Legal contractualism　法律契约主义
　　"main objects" rule 125—6　"主要目的"规则
　　operational theory 1,2,14—15　具备可操作性理论
　　"place of incorporation" theory 67　"公司注册地"理论
　　shareholders　股东
　　　　economic contractualism 8, 10　经济契约主义
　　　　generally 1,27,30—1,32,118—19　一般地
　　　　legal contractualism 6,7　法律契约主义
　　　　subjective clause 126　主观性条款
　　takeover market 32　并购市场
Cooter, Robert 15, 19, 26, 110—11
Craig, P. 124
Craypo, C. 115

creditors 债权人
    interests of, constituency/multifiduciary models 33 的利益,"选民"/多层信托模型
    protection of 的保护
        European Union law 78 欧盟法
        groups of companies 40—1, 50—1 公司集团
        German law 57 德国法
crisis in corporate governance 35—6, 188 公司治理中的危机

Davignon Report 171, 184—5, 188, 189 Davignon 报告
Deakin, S. 20, 27, 170
Dicey, A. 90, 91, 94, 98, 100
Directors 董事
    fiduciary duties *see* Fiduciary duties 信托义务
Dodd, E. 17—18
Drury, R. 67—8
Drzewicki, K. 167
dual concession theory 22, 26—9, 177, 178, 180 双重特许理论
    see also Concession theories
Dworkin, R. M. 112—14

economic contractualism 经济契约主义
    criticism of 12—17 有关批评
    efficiency 9—10, 13 效率
        Kaldor-Hicks test 9, 13, 118 卡尔多—希克斯标准
        Pareto efficiency 9, 118 帕累托效率
    generally 8—12 一般地
    human rights 167 人权
    implied terms/incomplete contracts theory 10, 13, 15 默认条款/不完全契约
    information 8, 9, 12, 109 信息
    legal contractualism compared 8 作为比较的法律契约主义
    limited liability 10—11 有限责任
    negative externalities, problem of 14, 108 负外部性问题
    public interest 13—14 公共利益
    rationality 9, 12, 14, 109, 110 理性
economic contractualism (*cont.*) 经济契约主义(内容)
    regulation 监管
        corrective for "market failure", as 10, 12, 109 "市场失灵"的矫正
        generally 10—12 一般地
        justifications for 的正当性

     generally 106, 107—8　一般地
  regulatory consequences of　的监管后果
    interests of the company 119—20　公司利益
    market for corporate control 120—1　公司控制权市场
    shareholder control　股东控制
      primacy of 118—19　的首要地位
      purpose of 119　的目的
  shareholders 8—9, 10, 118—19　股东
  short-termism 14　短期化
  social responsibilities, exclusion of 16—17　社会责任的排除
  state intervention 10—12, 15, 16　政府干预
Eide, A. 165—6
Eisenberg, T. 39, 62
Ekins, Paul 153
European Community　欧盟
  Acquired Rights Directive 172　获得性权利指令
  Charter of the Fundamental Social Rights of Workers 170—1　工人基本社会权利宪章
  collective redundancies 172　集体裁员
  company law　公司法
    Commission consultation on 80—2　欧盟委员会关于……的咨询活动
    Fifth Directive 77, 173　第五号指令
    First Directive 92, 93　第一号指令
    harmonisation 75　融合
  conflict of laws *see* Conflict of laws　法律的冲突
  creditors, protection of 78　债权人保护
  direct effect, doctrine of 70—2　原则的直接效力
  employee rights 79　雇员权利
  European Social Charter 169—70　欧洲社会宪章
  European Works Councils 55, 77, 172, 181,182—6, 194—5　欧洲劳资联合会
    Directive 77, 170, 172, 181,195, 198　指令
      impact of 182—4, 201　的影响
  free movement of companies 82, 85, 96　公司的自由迁徙
  groups of companies　公司集团
    abuse of dominant position 57, 181　滥用支配地位
    constitutional disability 55, 196—7　丧失章程上的能力
    distortion of competition 56—7　扭曲竞争
    economic unit approach 56—7, 64　经济单元理论
    "enterprise" 56—7, 64　"企业"
    generally 55—6　一般地

  proposed Ninth Directive 59 拟议中的第九号指令
  "undertaking" 56 "机构"
  works councils 55, 77, 172, 181, 182—6, 194—5, 198, 201 劳资联合会
harmonising directives 76—80 融合指令
labour law Directives 劳工法指令
  Acquired Rights Directive 172 获得性权利指令
  collective redundancies 172 集体裁员
  European Works Council Directive 77, 170, 172, 181, 195, 198 欧洲劳资联合会
    impact of 182—4, 201 的影响
  structural proposals 173 结构方面的建议
legal order 27 法律秩序
proposed European Company (*Societas Europa*) 80, 172, 173, 185 拟议中的欧洲公司
Protocol on Social Policy 171—2 《关于社会政策的协议》
shareholders, protection of 79 股东的保护
Social Chapter 171—2 社会篇
works councils *see* European Works Council *above* 劳资联合会,参见上文欧洲劳资联合会

Farrah, J. 41, 46
fiction theory 拟制理论
  communitaire theories 18—19 社群理论
  concession theories 22, 24, 25 特许理论
  dual concession theory 28 双重特许理论
fiduciary duties 信托义务
  acting in the "interests of the company" 186—8 根据"公司利益"行动
  "best interests" test 191 "最佳利益"标准
  adoption of proper systems of decision-making 199—201 采取正确的决策体系
  constitutional issues 192—4 章程问题
  duties of skill and care, interaction with 190—1 与技能和注意义务的相互作用
  ensuring proper structures 191—2 确保正确的结构
  nominee directors 52—5 委任董事
  non-ratifiable abuse of powers 194—9 不可得到承认的权力滥用行为
  proper purpose doctrine 192—3 正确目的理论
  UK, in 187 在英国
    Europe and 190, 197—8 和欧洲
  ultra vires doctrine 193—4 越权无效原则

United States 61   美国
financial services sector regulation *see under* Regulation   金融服务部门监管
Forsyth, Christopher 122—3, 124
Freund, Otto Khan 47
Friedman, Milton 7, 17, 109

Germany   德国
    groups of companies *see under* Groups of companies   公司集团
Goodhart, C. 138, 143, 144
Grantham, R. 189, 190—1
Greenbury Code 133, 135, 147, 148
Greenfield, K. 7, 11
Grief, N. 170
groups of companies   公司集团
    advantages and disadvantages of "group" decision-making 62—4   "集团"决策的利弊
    conflict of law *see* Conflict of laws   法律冲突
    corporate veil, using to shift resources between companies 43 et seq   公司面纱, 借以在公司之间转移资源
    corporations as shareholders 37—8   作为股东的公司
    creditor protection 40—1, 50—1   债权人保护
        German law 57   德国法
    directors, duties of   董事的义务
        nominee directors 52—5   委任董事
        United States 61   美国
        see also Fiduciary duties   也可参见信托义务
    enterprise liability 60   企业责任
    European Community law   欧盟法
        abuse of dominant position 57, 181   滥用支配地位
        constitutional disability 55, 196—7   丧失章程上的能力
        distortion of competition 56—7   扭曲竞争
        economic unit approach 56—7, 64   经济单元理论
        "enterprise" 56—7, 64   企业
        generally 55—6   一般地
        proposed Ninth Directive 59   拟议中的《第九号指令》
        "undertaking" 56   机构
        works councils 55, 77, 170, 172, 181, 182—6, 194—5, 198, 201 劳资联合会
    generally 37—9   一般地
    German law   德国法
        contractual groups 57—8, 59   契约型的集团

    creditors, protection of 57　董事保护
    de facto groups 58—9　事实上的集团
    generally 55—6　一般地
    minority shareholders, protection of 57—8　少数派股东的保护
    proposed EU Ninth Directive and 59　和拟议中的《欧盟第九号指令》
H-form 63　H 型
horizontal groups 39—40　横向集团
industrial *keiretsu* 40　工业财阀
interdependent company liability 51—2　相互依存的公司责任
limited liability 37, 38—9, 44—8, 50—1　有限责任
M-form 63　M 型
multinational 41—2　多国公司
nature of 39—41　的性质
protection of minority shareholders 40, 53—5　少数派股东的保护
    German law 57—8　德国法
single economic unit　单一经济单元
    difficulties of defining 64—5　界定的困难
    EC law approach 56, 64　欧共体法律的路径
status of 2　的地位
traditional *keiretsu* 39—40　传统的财阀
transnational *see* Transnational corporations　跨国公司
U-form 63　U 型
United Kingdom case law　英国案例法
    agency 45—8　代理人
    creditors, Protection of 50—1　债权人的保护
    directors' duties 52—5　董事义务
    generally 43—4　一般地
    interdependent company liability 51—2　相互依存的公司责任
    lifting the veil 44—8　揭开面纱
        letters of comfort 44—5　告慰函
    Salomon principle 46—7　*Salomon* 原则
    subjective and objective factors 48—50　主客观因素
    United States approaches 59—62　美国路径
        directors, duties of 61　董事义务
        dominant shareholders 60, 61　占支配性地位的股东
        enterprise liability 60　企业责任
    vertical groups 40　纵向集团
    works councils, and 55, 77, 170, 172, 181, 182—6, 194—5, 198, 201　劳资联合会

Hadden, T. 39, 63, 64

Hampel Code 133, 135, 147, 148　Hampel 法案
Harrison, P. 154—5
Hepple, W. 175
Hertsgaard, Mark 162
Holt, D. 41, 42, 64
Hopt, K. 58
Hughes, A. 20, 27
human rights, transnational corporations, and *see under* Transnational corporations　人权、跨国公司,参见跨国公司标题下的内容

IMF/World Bank reforms　国际货币基金组织/世界银行的改革
　　developing countries, and 155—8　和发展中国家
International Labour Organisation 167　国际劳工组织
　　constitution of 168—9　的章程
international money and banking systems, effects of 155—8　国际货币和银行体系的影响

Japan　日本
　　industrial *keiretsu* 40　工业财阀
　　traditional *keiretsu* 39—40　传统财阀
judicial review　司法审查
　　legitimacy of decisions 27　决定的合法性
　　ultra vires doctrine 123—7, 180　越权无效原则

Karliner, J. 155, 159, 161, 178
Kaufman, G. 140
Kay, J. 56
Korten, D. 153, 156, 160

labour laws *see* Transnational corporations; Worker participation　劳工法,参见跨国公司;职工参与
Leader, S. 29, 188
Leeson, Nick 141—2, 144—5
legal contractualism　法律契约主义
　　aggregate theory 3　聚合理论
　　articles of association as contract 4—5, 6　作为契约的章程细则
　　criticism of 4—7, 14—17　的批评
　　economic contractualism compared 8　作为比较的经济契约主义
　　effect of 3—4　的影响
　　foundational theory 1, 2, 6, 7　基础理论
　　free enterprise rights of contractors 6—7　订约人的自由企业权

　　　　generally 1, 3—8　一般地
　　　　human rights 167　人权
　　　　insiders and outsiders, designation of 4, 6　内部人和外部人的称号
　　　　realist theory, and 7　和现实主义理论
legal contractualism (*cont.*)　法律契约主义（内容）
　　　　shareholders 6, 7　股东
　　　　social responsibility 3—4, 7　社会责任
　　　　the state, role of 4, 5—6, 7　政府的角色
letters of comfort　告慰函
　　　　UK case law 44—5　英国案例法
limited liability　有限责任
　　　　concession theories 22　特许理论
　　　　economic contractualism 10—11　经济契约主义
　　　　groups of companies 37, 38—9, 44—8, 50—1　公司集团
　　　　legal contractualism 5—6　法律契约主义
　　　　shareholders, of 37—8　股东

Means, G. 18
memorandum of association　章程大纲
　　　　nature of 4　的性质
　　　　subjective clause 126　主观性条款
Morris, G. 170
multifiduciary models *see* Constituency/multifiduciary models　多层信托模型，参见"选民"/多层信托模型
multinational groups of companies 41—2　多国公司集团

Nolan, R. 122, 192

Ogus, A. 13, 14, 107, 118
O'Higgins, Paul 167—8
one-man companies 24　一人公司
O'Neill, T. 16
organic theory 24, 25　有机理论

Posner, R. 10, 118
pre-incorporation contracts 92—4, 100　先法人契约
Prentice, D. 38, 44, 45, 51
public interest 29—31　公共利益
public interest groups　公共利益集团
　　　　empowerment of 132, 178—9　的授权
　　　　failure to consult 179—82　未能进行协商

realist theory 7, 26, 27　现实主义理论
regulation　监管
　　communitaire theories　社群理论
　　　　justification for regulation 108, 116　监管的正当性
　　　　regulatory consequences of 121—2　的监管后果
　　concession theories　特许理论
　　　　justification for regulation 106, 116　监管的正当性
　　　　regulatory consequences of 122—8　的监管后果
　　contractual theories　契约理论
　　　　interests of the company 119—20　公司的利益
　　　　justifications for regulation 10—12, 106　监管的正当性
　　　　market for corporate control 120—1　公司控制权市场
　　　　regulatory consequences of 118—21　的监管后果
　　　　shareholder control　股东控制
　　　　　　primacy of 118—19　的首要地位
　　　　　　purpose of 119　的目的
financial services sector, in Barings Bank, collapse of 141—2, 143, 144—6, 148, 149, 150, 158　巴林银行倒闭时的金融服务部门
　　conduct of business regulation 138—9　商业行为监管
　　generally 136—8　一般地
　　identifying systemic risk 139—42　识别系统性风险
　　model of regulator 142—4　监管模式
　　prudential regulation 138—9　谨慎监管
generally 39, 149—50　一般地
justifications for　的正当性
　　communitaire theories 108, 116　社群理论
　　concession theories 106, 116—17　特许理论
　　corporatist views 116　社团主义的观点
　　distinct treatment for companies 107—9　对公司特别对待
　　economic theories 109—16　经济学理论
　　generally 106, 107　一般地
　　justifications for methods of regulation distinguished 106　区分出监管手段的正当性
　　　　perfecting the market 109—16　使市场完善
　　　　social conscience 107, 116　社会良心
　　methods of　的手段
　　　　Cadbury Code 133—5, 147, 148　Cadbury 法案
　　　　codes 133—6, 147—8, 150, 177, 179, 180　法案
　　　　criminal penalties 128—30　刑事处罚
　　　　dual-purpose regulator 130—1　双重目的监管者
　　　　enforced self-regulation 131—2, 136, 143, 147—9　强制的自我监管

　　　　　external regulation　外部监管
　　　　　　　prescriptive rules 146　说明性规则
　　　　　　　punitive 128—30　刑罚的
　　　　　　　regulator 136, 147　监管者
　　　　　Greenbury Code 133, 135, 147, 148　Greenbury 法案
　　　　　Hampel Code 133, 135, 147, 148　Hampel 法案
　　　　　internal regulation 131, 136　内部监管
　　　　　justifications for 106, 128—36　的正当性
　　　　　　　justifications for regulation distinguished 106　区分出监管的正当性
　　　　　procéduralisation 132—3, 136, 148　程序化
　　　　　public interest groups　公共利益集团
　　　　　　　empowerment of 132, 178—9　的授权
　　　　　　　failure to consult 179—82　未能进行协商
　　　　　tit for tat 143, 147　争锋相对
　　　reasons for 106　的理由
　　　structure of 106　的结构
Riley, C. 108

Scholz, F. 147
Scott, J. 37, 39
Sealy, L. 35, 100, 125, 189, 194
Selznick, P. 116
Shareholders　股东
　　　alteration of articles 34, 35, 54　章程细则的修改
　　　communitaire theories 17—18　社群理论
　　　contractual theories　契约理论
　　　　　economic contractualism 8, 10　经济契约主义
　　　　　generally 1, 27, 30—1, 32, 118—19　一般地
　　　　　legal contractualism 6, 7　法律契约主义
　　　corporations as 37—8　公司
　　　creditors, interests of, and 33　和债权人利益
　　　division of powers 34—5　权力的划分
　　　groups of companies 40, 53—5　公司集团
　　　　　protection of minority shareholders 40, 53—5　少数派股东的保护
　　　　　　　European Union 79　欧盟
　　　　　　　German law 57—8　德国法
　　　limited liability of 37—8　有限责任
　　　protection of　的保护
　　　　　European Union 79　欧盟
　　　　　minority shareholders 40, 53—5　少数派股东

European Union 79　欧盟
German law 57—8　德国法
public interest, and 29—31　和公共利益
ratification of decisions 34, 35　批准决定
rights of 4, 29　的权利
derivative rights 29　派生权利
personal rights 29　个人权利
role of 29　的角色
shareholder control　股东控制
primacy of 1, 118—19　的首要地位
purpose of 119　的目的
single fiduciaries, as 32　单层信托
see also Constituency/multifiduciary models　也可参见"选民"/多层模型
takeover bids 32　收购要约
Silberton, A. 56
Smith, Adam 114
social conscience　社会良心
communitaire theories 107, 116　社群主义
concession theories 23—4, 107　特许主义
regulation, justifications for 107, 116　监管的正当性
social responsibility　社会责任
economic contractualism 16—17　经济契约主义
legal contractualism 3—4, 7　法律契约主义
stakeholder theory 20, 135, 188　利益相关者理论
Stamm, H. 153
state concession theories see Concession theories　政府特许理论,参见特许理论
Stokes, M. 6, 20
Sugarman, D. 63
Sullivan, S. 31—2, 35, 158, 188

takeover market 32, 120—1　收购市场
Taylor, M. 137—8, 140
Teubner, G. 15, 18—19, 25, 63
theories of company existence see Communitaire theories; Concession theories; Contractual theories　关于公司存在的理论,参见社群、特许和契约理论
transnational corporations　跨国公司
absence of control 65, 158—9　控制权的缺失
allocation of profits and costs 65　利润和成本的分配
defining 42　界定
development, effect on 153—4　对发展的影响

dictatorship, and 159, 176 和独裁
domestic production, displacement of 154—5 国内生产的被取代
environmental issues 153, 160—2, 176 环境问题
European Works Council 55, 77, 170, 172, 181, 182—6, 194—5 欧洲劳资联合会
  Directive 77, 170, 172, 181, 195, 198 指令
    impact of 182—4, 201 的影响
  generally 41—2, 151—2, 174—5 一般地
human rights 人权
  economic, social and cultural rights 经济、社会和文化权利
    civil and political rights distinguished 164, 165—6 区分出公民和政治权利
    consequences 166 后果
    generally 163, 174—5 一般地
    political divide 164—5 政治分水岭
    positive and negative enforcement 165—6 积极和消极的执行
    private individualism, effects of 163 私人个人主义的影响
labour law issues 劳工法问题
  Charter of the Fundamental Social Rights of Workers 170—1 《工人基本社会权利宪章》
  European Directives 欧盟指令
    Acquired Rights Directive 172 获得性权利指令
    collective redundancies 172 集体裁员
    European Works Council Directive 77, 170, 172, 181, 195, 198 《欧洲劳资联合会指令》
      impact of 182—4, 201 的影响
    structural proposals 173 结构方面的建议
  European Social Charter 169—70 《欧洲社会宪章》
  generally 162, 166—8 一般地
  International Labour Organisation 167 国际劳工组织
    constitution of 168—9 的章程
  Protocol on Social Policy 171—2 《关于社会政策的协议》
  purposes of international labour law 166—7 国际劳工法的目的
  Social Chapter 171—2 社会篇
    worker participation 167, 173—4 职工参与
international money and banking systems, effects of 155—8 国际货币和银行体系的影响
  IMF/World Bank reforms 155—8 国际货币基金组织/世界银行的改革
political systems, undermining of 158—9 政治体制的蚀变
transfer pricing 65 转移定价

works councils *see* European Works Council *above*　劳资联合会,参见上文的欧洲劳资联合会

ultra vires doctrine　越权无效原则
 concession theories 5, 22, 27, 122—7　特许理论
 fiduciary duties, and 193—4　信托义务
 judicial review, and 123—7, 180　司法审查
United States　美国
 groups of companies 59—62　公司集团

Valticos, N. 166

Wedderburn, K. 18, 184, 190
Wieacker, Franz 15
Wojnilower, Al 141
Wolff, M. 24—5
worker participation　职工参与
 Davignon Report 171, 184—5, 188, 189　Davignon 报告
 European Works Councils 55, 77, 170, 172, 181, 182—6, 194—5　欧洲劳资联合会
 Directive 77, 170, 172, 181, 195, 198　指令
  impact of 182—4, 201　的影响
 generally 167, 173—4, 185—6　一般地
 proposed European Company (*Societas Europa*) 80, 172, 173, 185　拟议中的欧洲公司
World Bank *see* IMF/World Bank reforms　世界银行,参见国际货币基金组织/世界银行的改革

Xuereb, P. 188